TERAPIA COGNITIVA PROCESSUAL

Irismar Reis de Oliveira, MD, PhD, é professor titular no Departamento de Neurociências e Saúde Mental da Universidade Federal da Bahia, Brasil. O Dr. Irismar mantém um consultório particular e é editor do livro *Standard and Innovative Strategies in Cognitive Behavior Therapy* e coeditor do *Integrating Psychotherapy and Psychopharmacology*.

O48t Oliveira, Irismar Reis de.
       Terapia cognitiva processual : manual para clínicos / Irismar Reis de Oliveira ; tradução: Daniel Bueno. – Porto Alegre : Artmed, 2016.
       xv, 224 p. : il. ; 23 cm.

       ISBN 978-85-8271-255-9

       1. Psicoterapia. 2. Terapia cognitiva processual. I. Título.

       CDU 615.851(035)

Catalogação na publicação: Poliana Sanchez de Araujo – CRB 10/2094

Irismar Reis de Oliveira, MD, PhD

TERAPIA COGNITIVA PROCESSUAL
Manual para clínicos

Tradução:
Daniel Bueno

2016

Obra originalmente publicada sob o título *Trial-Based Cognitive Therapy*
ISBN 9781138801448

All Rights Reserved. Authorized translation from English language edition published by Routledge, an imprint of Taylor & Francis Group LLC.
Copyright © 2015, Routledge, a Taylor & Francis Group LLC company.

Gerente editorial: *Letícia Bispo de Lima*

Colaboraram nesta edição:

Editora: *Priscila Zigunovas*

Assistente editorial: *Paola Araújo de Oliveira*

Capa: *Kaéle Finalizando Ideias*

Leitura final: *Leonardo Maliszewski da Rosa*

Editoração: *Techbooks*

Reservados todos os direitos de publicação, em língua portuguesa, à
ARTMED EDITORA LTDA., uma empresa do GRUPO A EDUCAÇÃO S.A.
Av. Jerônimo de Ornelas, 670 – Santana
90040-340 – Porto Alegre – RS
Fone: (51) 3027-7000   Fax: (51) 3027-7070

Unidade São Paulo
Av. Embaixador Macedo Soares, 10.735 – Pavilhão 5 – Cond. Espace Center
Vila Anastácio – 05095-035 – São Paulo – SP
Fone: (11) 3665-1100   Fax: (11) 3667-1333

SAC 0800 703-3444 – www.grupoa.com.br

É proibida a duplicação ou reprodução deste volume, no todo ou em parte, sob quaisquer formas ou por quaisquer meios (eletrônico, mecânico, gravação, fotocópia, distribuição na Web e outros), sem permissão expressa da Editora.

IMPRESSO NO BRASIL
PRINTED IN BRAZIL

AGRADECIMENTOS

Gostaria de agradecer primeiramente a minha esposa, Mônica, por sua infinita paciência e apoio. Ela generosamente perdoou minhas ausências em momentos sociais e familiares importantes, durante os quais eu estava escrevendo este livro. A Amy Wenzel, pelo apoio e pelos conselhos sobre os aspectos teóricos utilizados na construção desta abordagem.

A Donna Sudak, que esteve presente e atenta durante todo o desenvolvimento da terapia cognitiva processual (TCP) e que, além do encorajamento, colaborou com importantes sugestões. Ensinar TCP a seus residentes na Drexel University em 2011 e, subsequentemente, ter sua ajuda como membro do corpo docente em outros *workshops* pelos Estados Unidos foi um verdadeiro prazer e uma oportunidade para introduzir a TCP no país.

Gostaria, também, de agradecer a Robert Friedberg, por ser a primeira pessoa que me encorajou a escrever este manual. Além disso, Peter Trower fez comentários úteis que me ajudaram a aperfeiçoar o uso da reescrita de imagens da TCP.

Também é preciso agradecer a Vania Powell que, além de ser minha parceira no curso de especialização em Salvador durante vários anos, ajudou-me a realizar o estudo da TCP no transtorno de ansiedade social. Ricardo Wainer foi incansável em motivar-me a continuar meu trabalho durante o desenvolvimento da TCP, acreditando em seu valor muito antes que eu pudesse imaginar sua importância.

Durante o período em que estive escrevendo este manual, Érica Duran foi responsável por manter nosso curso de especialização em terapia cognitiva em funcionamento. Érica é, da mesma forma, reconhecida por seu papel de liderança em um ensaio clínico randomizado para avaliar a eficácia da TCP em um estudo do transtorno de estresse pós-traumático conduzido no Instituto de Psiquiatria da Universidade de São Paulo. Parte dos diálogos apresentados neste manual, com a paciente fictícia Leslie, mostrados no fim de todas as sessões, foi extraída e modificada da simulação de um tratamento conduzido por mim e pela psicóloga Christiane Peixoto em um *workshop* que ministrei vários anos atrás em Maceió. Evidentemente, gostaria de agradecer aos meus pacientes que autorizaram a inclusão de trechos de suas sessões gravadas, que também foram modificados para serem incluídos em algumas das sessões de Leslie.

Uma vez que o inglês não é minha primeira língua, tive a sorte de conhecer Linda Soules, que não apenas revisou a versão original deste manual como também ajudou a tornar minha comunicação escrita e oral em inglês mais clara e mais consistente durante os últimos anos.

Este livro não seria possível sem uma completa assistência editorial. Assim, sou grato pelo cuidadoso apoio oferecido por Anna Moore, editora sênior na Routledge. Da mesma forma, Bret Moore tornou esta publicação possível ao aceitá-la em sua série. Também sou grato por sua constante disponibilidade e pelas valiosas sugestões.

Por fim, gostaria de expressar minha mais profunda gratidão a Stephen Stahl, por sua amizade fraterna e pelo incentivo dado durante as duas últimas décadas. Supervisionei a tradução de todas as edições de seu livro-texto *Essential Psychopharmacology* para o português durante os últimos 15 anos. Steve tem sido um grande entusiasta de minha abordagem e um amigo incansável ao me incentivar a desenvolver a TCP nos Estados Unidos e ao me mostrar como essa técnica poderia ser acrescentada como uma nova estratégia não farmacológica para aumentar a eficiência dos psicofarmacologistas.

APRESENTAÇÃO

O leitor deste livro pode se preparar para um verdadeiro deleite. O manual a seguir explica como aplicar a terapia cognitiva processual (TCP), um novo tipo de psicoterapia – ou pelo menos uma nova versão da psicoterapia oriunda da conhecida e amplamente definida escola da terapia cognitiva. O psicoterapeuta clínico que vier a aplicar o treinamento aqui oferecido terá uma surpresa ainda maior: a TCP funciona e pode até ser divertida, tanto para o terapeuta quanto para o paciente. Eu tive o prazer de ler este livro, participar de um extenso treinamento presencial com o autor e aplicar essa abordagem em minha própria prática. Sim, devo admitir que, embora eu seja um "psicofarmacologista em recuperação", a TCP tem uma presença importante na prática clínica de orientação psicofarmacológica, porque potencializa os tratamentos medicamentosos, sendo prazeroso aplicá-la e gratificante ver tantos resultados positivos.

O surgimento de um novo tipo de psicoterapia é um acontecimento raro. Ainda mais especial é que uma psicoterapia seja construída em torno de evidências científicas e não do carisma de seu criador. A TCP baseia-se em evidências e mostrou-se eficaz em estudos clínicos randomizados realizados pelo autor. Ela está calcada no sólido alicerce da terapia cognitiva popularizada por Aaron Beck. Inclusive, praticantes e especialistas em terapia cognitiva têm brincado ao dizer que o autor deste manual, Irismar Reis de Oliveira, deve ser considerado "o Beck brasileiro" – sem dúvida um grande elogio.

Você vai aprender que a TCP possui três níveis e três fases e baseia-se em uma formulação de caso que visa desmascarar crenças nucleares negativas intimamente mantidas pelo paciente. Esse é um breve enunciado da ciência. O que é realmente novo e interessante sobre essa abordagem é a oportuna analogia com a Lei. Hoje, muitos romances, filmes e programas de televisão populares são baseados em romances policiais, com investigadores resolvendo os crimes e promotores exagerados condenando os culpados. Os pacientes são imersos nesses aspectos da cultura popular e, quando buscam ajuda para resolver suas crenças nucleares negativas sobre si mesmos, são cativados quase de forma unânime pela perspectiva de investigar essas crenças, a fim de verificar se elas são exageradas ou falsas, colocando-as, literalmente, em julgamento.

Irismar de Oliveira foi inspirado a "metamorfosear" os sólidos princípios da terapia cognitiva nos procedimentos formais de um tribunal, não apenas devido a sua popularidade e familiaridade entre os pacientes hoje, mas também devido à verdade fundamental sobre as crenças nucleares exemplificadas pelo clássico personagem Joseph K., no romance *O processo*, de Franz Kafka. Assim como a origem de muitas das crenças nucleares de nossos pacientes está envolta em mistério, Joseph K. foi detido e acusado por algo que nunca lhe disseram e por razões que nunca lhe foram reveladas. Em vez de permitirmos que nossos pacientes continuem suas vidas sendo condenados por suas crenças nucleares negativas, Oliveira nos ensina a "colocar essas crenças negativas em julgamento" e, assim, a reconhecê-las como surreais e absurdas, causadas por um promotor abusivo e não por verdades a nosso respeito. Quando concluo com êxito um julgamento em que pacientes percebem que suas crenças nucleares são excessivas e sentem alívio subjetivo com essa percepção, sinto um prazer especial em ajudá-los a processar seu promotor interior por "negligência profissional". Esse prazer pode ter mais a ver comigo do que com o paciente, pois eu, como médico, não sinto entusiasmo por advogados.

Assim, convido-lhe a sentar, a relaxar e a desfrutar sua viagem à TCP e ao princípio de que a autoacusação excessiva é universal e pode ser aliviada por meio de uma perspectiva cognitiva – a de organizar nossa própria defesa e, assim, reestruturar crenças nucleares terapeuticamente úteis a nosso próprio respeito.

Stephen M. Stahl, MD, PhD

FIGURAS

1.1 Diagrama ilustrando o modelo cognitivo e as influências recíprocas exercidas por seus componentes ... 6

1.2 O diagrama de conceituação cognitiva (DCC), fase 1, nível 1, e seus componentes cognitivos em três níveis: pensamentos automáticos (PAs), pressupostos subjacentes (PSs) e crenças nucleares (CNs) ... 7

1.3 Ilustração de caso do diagrama de conceituação de caso (DCC), fase 1, nível 1, destinado a ensinar ao paciente a relação entre a situação, o pensamento automático (PA), a emoção e o comportamento e resposta fisiológica ... 9

1.4 Ilustração do primeiro nível do diagrama de conceituação cognitiva (DCC, circuito 1), destinado a ensinar ao paciente a relação entre a situação, o pensamento automático (PA), a emoção e o comportamento e resposta fisiológica. As setas também mostram que as emoções e comportamentos influenciam a geração de novos pensamentos e suas influências recíprocas ... 11

1.5 Ilustração do primeiro nível do diagrama de conceituação cognitiva (DCC) da TCP de Leslie, ensinando-lhe a relação entre a situação, o pensamento automático (PA), a emoção e o comportamento e resposta fisiológica, e como essas emoções e comportamentos geram novas situações e pensamentos ... 23

3.1 Registro de pensamento intrapessoal (RP-Intra) na TCP, em que se pede aos pacientes que respondam às perguntas numeradas na ordem em que são apresentadas ... 45

3.2 Registro de pensamento intrapessoal (RP-Intra) durante a TCP de Kátia ... 46

3.3 Registro de pensamento interpessoal (RP-Inter) da TCP, em que se pede aos pacientes que respondam às perguntas numeradas na ordem em que são apresentadas   50

3.4 Registro de pensamento intrapessoal (RP-Intra) durante a TCP de Leslie   56

4.1 A seta que se dirige da caixa da *resposta comportamental* para a caixa dos *pressupostos subjacentes* ilustra o segundo nível do diagrama de conceituação cognitiva da TCP, em que a repetição dos comportamentos situacionais os torna habituais e os transforma em comportamentos de segurança   65

4.2 O Circuito 2 compreende o PS, o comportamento de segurança, os PAs, as reações emocionais e os comportamentos habituais   66

4.3 Cartão de Hierarquia de Sintomas Codificados por Cores (HSCC) para facilitar a implementação da exposição   67

4.4 Pontuação dos sintomas de TOC de Kátia de acordo com o Cartão da Hierarquia de Sintomas Codificados por Cores   68

4.5 *Role-play* Consensual (RPC), uma abordagem para tomada de decisões   70

4.6 Plano de ação   72

4.7 *Role-play* Consensual de Merilyn para ajudá-la a aderir ao tratamento antidepressivo   74

4.8 Plano de ação de Merilyn para ajudá-la a aderir ao tratamento antidepressivo   75

4.9 RPC de Leslie, preenchido durante a Sessão 4   80

4.10 Plano de ação de Leslie   86

5.1 Sugestão para a posição das cadeiras durante o Processo I   93

5.2 Diagrama de conceituação cognitiva (DCC) mostrando a ativação da crença nuclear "Eu sou fraca" no nível 3 por meio da situação "Falando com meu marido"   94

5.3 Diagrama de conceituação cognitiva (DCC) mostrando o Circuito 3, composto de pressuposto subjacente, comportamento de segurança e crença nuclear — 95

6.1 Atribuição da tarefa de casa com cartão de significados baseados em evidências de Leslie, a ser consultado quando ela se sentir desconfortável ou angustiada — 126

10.1 Sugestão para a posição das cadeiras durante o Processo II — 160

11.1 Diagrama de conceituação de Leslie antes da terapia e após o seu início (fase 1) — 181

11.2 Diagrama de conceituação de Leslie durante a terapia (fase 2) — 182

11.3 Diagrama de conceituação de Leslie no fim da terapia (fase 3) — 183

A1 Diagrama de conceituação da TCP (fase 1, nível 1) — 192

A2 Diagrama de conceituação da TCP (fase 1, níveis 1 e 2) — 193

A3 Diagrama de conceituação da TCP (fase 1, níveis 1 a 3) — 194

A4 Diagrama de conceituação da TCP (fase 2, níveis 1 a 3) — 195

A5 Diagrama de conceituação da TCP (fase 3, níveis 1 a 3) — 196

A6 Registro de pensamento intrapessoal (RP-Intra) — 197

A7 Registro de pensamento interpessoal (RP-Inter) da TCP — 198

A8 Cartão de Hierarquia de Sintomas Codificados por Cores (HSCC) para facilitar a implementação da exposição — 199

A9 *Role-play* Consensual (RPC), uma abordagem para tomada de decisões — 200

A10 Plano de ação — 201

TABELAS

1.1 Lista de distorções cognitivas do CD-Quest — 13

3.1 Perguntas a serem respondidas pelo paciente quando preenche o RP-Intra — 47

3.2 Perguntas a serem respondidas pelo paciente quando preenche o RP-Inter — 51

4.1 Perguntas úteis a serem feitas ao paciente durante o Passo 2 do *Role-play* Consensual (RPC), supondo que as emoções do paciente sejam negativas (p. ex., medo, ansiedade, vergonha) — 72

5.1 Formulário da TCP (Processo I) — 98

5.2 Preparação para o recurso (formulário para uma crença) — 99

5.3 Formulário do "Processo I" de Leslie (RPBP), preenchido durante a Sessão 5 — 116

5.4 Preparação de Leslie para o recurso (formulário para uma crença) — 117

6.1 Formulário do "Processo I" de Leslie (RPBP), sob a forma de recurso, preenchido durante a Sessão 6 — 127

7.1 Preparação para o recurso (formulário para duas ou mais crenças) — 133

9.1 Formulário da TCP de Leslie para múltiplas crenças — 141

12.1 Grade de participação baseada no processo (GPBP, ou Processo III) — 187

C1 Resumo de técnicas, diagramas e formulários da terapia cognitiva processual (TCP). As colunas 2 e 3 mostram em quais sessões e níveis cognitivos são geralmente usados — 190

A1 Lista de distorções cognitivas do CD-Quest   202

A2 Formulário da TCP (Processo I)   213

A3 Preparação para o recurso (formulário para uma crença)   214

A4 Preparação para o recurso (formulário para duas ou mais crenças)   215

A5 Preparação para o recurso (formulário para três ou mais crenças)   216

A6 Grade de participação   217

SUMÁRIO

	Introdução	1
1	Apresentando o Modelo Cognitivo ao Paciente	5
2	Apresentando o Questionário de Distorções Cognitivas	27
3	Mudando Pensamentos Automáticos Disfuncionais	43
4	Avaliando e Mudando Pressupostos Subjacentes	63
5	Mudando Crenças Nucleares com o Processo I	91
6	Processo I sob a Forma de Recurso	119
7	Processo I para Mudar uma Segunda Crença Nuclear	129
8	Processo I sob a Forma de Recurso para Mudar uma Segunda Crença	135
9	Modificando Múltiplas Crenças Nucleares Negativas com o Processo I	139
10	Consciência Metacognitiva Baseada no Processo (Processo II)	159
11	Relaxamento e a Metáfora do Barco à Vela	173
12	Grade de Participação Baseada no Processo (Processo III)	185
	Conclusão	189
	Apêndice	191
	Referências	219
	Índice	221

INTRODUÇÃO

Definições: Terapia cognitiva comparada com a terapia cognitiva processual

A terapia cognitiva (TC) é uma das abordagens terapêuticas que fazem parte do grupo de terapias cognitivo-comportamentais (TCC) desenvolvidas por Albert Ellis, Aaron Beck e outros durante as décadas de 1950 e 1960. A TC é uma abordagem de tratamento ativa que ajuda os pacientes a reconhecerem pensamentos que surgem em diferentes situações e crenças inúteis que exacerbam o sofrimento emocional (Beck, 1979). Uma das principais metas da TC é ajudar esses pacientes a modificarem as chamadas crenças nucleares (CNs), que são aquelas percepções globais, rígidas e supergeneralizadas sobre si mesmos, consideradas tão absolutamente verdadeiras a ponto de não serem questionadas (Wenzel, 2012).

A terapia cognitiva processual (TCP) é conduzida como uma formulação de caso em três níveis e em três fases, desenvolvida por mim na Universidade Federal da Bahia, Brasil (de Oliveira, 2011b). Embora os fundamentos da TCP sejam os da TC, como desenvolvida por Beck (1979), ela possui conceituação e técnicas próprias, que a tornam uma intervenção distinta quanto à modificação das crenças nucleares dos pacientes, especialmente daquelas referentes a si mesmos (de Oliveira, 2014).

A principal técnica usada na TCP é o registro de pensamentos com base no processo (RPBP), também chamado de Processo I – uma estratégia estruturada que se apresenta como uma analogia à Lei, engajando o paciente na simulação de um processo judicial. A inspiração para o desenvolvimento dessa técnica foi o romance surreal de Franz Kafka, *O Processo* (Kafka, 1925/1998), em que o personagem principal, Joseph K., é preso e condenado sem saber por que crime foi acusado. Assim, é possível que a TCP seja a primeira abordagem que se propõe a lidar com a natureza altamente persecutória dos pensamentos e crenças de Joseph K. (de Oliveira, 2011b), que provavelmente eram os pensamentos e crenças do próprio Kafka, como demonstra sua *Carta ao Pai*, texto autobiográfico escrito em 1919 (Kafka, 1966), e como sugerem alguns de seus biógrafos (p. ex., Stach, 2005). Eu conjeturei que a intenção de Kafka era propor a autoacusação como um princípio universal, cuja consequência seria permitir ao sujeito organizar a sua própria defesa. Na perspectiva da TC, isso é o mesmo que reestruturar as CNs sobre si mesmo (de Oliveira, 2012b).

Pesquisa em TCP

O primeiro uso do RPBP, principal técnica usada na TCP, foi avaliado em uma sessão psicoterapêutica de uma hora em um estudo preliminar no qual, depois de participarem de uma simulação de júri, os pacientes (N = 30) apresentaram mudanças na adesão às CNs negativas, assim como na intensidade das emoções correspondentes. Reduções médias significativas foram observadas entre os percentuais após a investigação (tomada como valor basal), a alegação do advogado de defesa ($p < 0,001$) e o veredito do júri, tanto em termos de crenças ($p < 0,001$) quanto de intensidade das emoções ($p < 0,001$). Além disso, diferenças significativas foram observadas entre a primeira e a segunda alegações do advogado de defesa ($p = 0,009$) e entre a segunda alegação do advogado de defesa e o veredicto dos jurados em relação às CNs ($p = 0,005$) e às emoções ($p = 0,02$). A conclusão foi que o Processo I é capaz, ao menos temporariamente, de ajudar os pacientes a reduzir sua adesão às CNs negativas e às emoções correspondentes (de Oliveira, 2008).

O primeiro uso do RPBP também foi avaliado em uma replicação trans-diagnóstica (de Oliveira, Hemmany et al., 2012) da investigação preliminar (de Oliveira, 2008). Nesse estudo, 166 pacientes foram submetidos a TCP, e a adesão a CNs negativas e emoções correspondentes foram avaliadas. Reduções significativas foram observadas em valores percentuais após a primeira e a segunda alegações do advogado de defesa, bem como após o veredicto do júri e a preparação inicial para o recurso ($p < 0,001$). Contudo, não houve diferença entre os desfechos, independente do nível de exposição dos terapeutas (experiência) à TCP. A conclusão foi que essa abordagem pode ajudar os pacientes a reduzir a adesão a CNs negativas e emoções correspondentes, confirmando os resultados do estudo preliminar (de Oliveira, 2008). O tamanho da amostra do estudo foi aumentado para 259 pacientes (de Oliveira, Duran, & Velasquez, 2012), confirmando seus resultados sobre as CNs e a mudança nas emoções, mas indicando que o formato da cadeira vazia pode ser mais eficiente do que o formato estático convencional para reduzir a intensidade das emoções correspondentes, e um número significativamente maior de pacientes tratados com o formato da cadeira vazia concluíram todos os passos da técnica.

O RPBP foi analisado em um estudo clínico randomizado (de Oliveira, Powell et al., 2012) com 36 pacientes diagnosticados com transtorno de ansiedade social (TAS). Nesse estudo, o grupo experimental foi tratado com TCP (n = 17) e o grupo de contraste (n = 19) com um modelo convencional de TC que incluiu o registro de pensamentos disfuncionais em sete colunas (DTR; Greenberger & Padesky, 1995) e o registro de dados positivos (PDL; Beck, 2012). Após uma conceituação de caso individualizada, tanto o grupo de TCP quanto o de TC receberam psicoeducação explicando o modelo cognitivo e as distorções cognitivas. Ambos os tratamentos visavam reestruturar as CNs e reduzir os sintomas de fobia social. A exposição não foi ativamente estimulada em nenhum dos grupos. A ANOVA mista indicou reduções significativas ($p < 0,001$), em ambas as abordagens, nas pontuações da Escala de Ansiedade Social de Liebowitz (LSAS; Liebowitz, 1987), da Escala de Medo de

Avaliação Negativa (FNE; Watson & Friend, 1969) e do Inventário de Ansiedade de Beck (BAI; Beck, Epstein, Brown, & Steer, 1988). Contudo, a ANCOVA unidirecional, tomando os dados basais como covariáveis, indicou que a TCP foi mais eficaz do que o grupo de contraste para reduzir o FNE (p = 0,01) e a evitação social e o sofrimento (p = 0,03). A qualidade de vida foi melhor no pós-tratamento (dor corporal, funcionamento social e papel emocional) e no seguimento (papel emocional) no grupo do RPBP do que no grupo de contraste (Powell et al., 2013). Um efeito terapêutico significativo no domínio do papel emocional no seguimento de doze meses também implicou um efeito continuado da TCP em relação à TC convencional, sugerindo que essa abordagem é, ao menos, tão eficaz quanto a TC na melhoria de diversos domínios de qualidade de vida no TAS.

Um recente estudo randomizado de uma sessão (de Oliveira et al., 2013) para avaliar a eficácia diferencial do RPBP empregado na cadeira vazia (múltipla) em relação ao formato estático (o paciente permanecendo na mesma cadeira durante toda a sessão) foi conduzido com 41 pacientes que tinham algum diagnóstico psiquiátrico. A ANOVA mista indicou um efeito principal significativo, em que reduções significativas nos valores percentuais, tanto no crédito dado às CNs quanto na intensidade das emoções, foram observadas ao fim da sessão (p < 0,001) em relação à linha de base (fase de investigação). Não houve interação entre tempo e tratamento. A ANCOVA mostrou uma diferença significativa em favor da abordagem com cadeira vazia tanto para o crédito da crença quanto para a intensidade da emoção (p = 0,04), sugerindo que o RPBP pode ajudar os pacientes a reduzir a adesão às CNs e a intensidade das emoções correspondentes, o que confirmou as observações preliminares (de Oliveira, 2008, 2012b). Contudo, ao contrário de observações anteriores, o formato da cadeira vazia foi mais eficaz do que o formato estático na redução do crédito dado às CNs e da intensidade das emoções correspondentes (de Oliveira et al., 2013).

Duração do tratamento com a TCP

Embora a TCP seja apresentada neste manual em doze sessões semanais (três meses), o tratamento deve ser individualizado e adequar-se às necessidades e complexidades do paciente. Cada sessão, descrita neste livro como sessão única, deve ser subdividida em duas ou mais sessões quando necessário. Tomando o uso do registro de pensamentos intrapessoal (RP-Intra) como exemplo (ver Capítulo 3 deste manual), em situações reais de pacientes complexos, o terapeuta pode precisar de duas ou três sessões até sentir que o paciente dominou o uso do RP-Intra. Além disso, ao usar o *role-play* consensual (RPC) para ajudá-los a tomarem decisões (ver Capítulo 4 deste manual), tais decisões podem ter diferentes níveis de complexidade e, às vezes, precisam ser decompostas em um número maior de passos menos complexos. Nesse caso, o terapeuta deve propor ao paciente a repetição do RPC tantas vezes quanto necessário em várias sessões. Da mesma forma, ao realizar o Processo

I para mudar uma crença nuclear (ver Capítulo 5 deste manual), principalmente em pacientes gravemente doentes, podem ser necessárias duas ou três sessões para completar um único Processo. Para o Processo II, o paciente pode precisar repeti-lo várias vezes até desenvolver um verdadeiro senso de consciência metacognitiva. É lógico concluir que um processo de TCP na vida real pode levar vários meses ou até um ano para ser concluído, e ainda mais tempo em pacientes com transtorno da personalidade. Desnecessário dizer que a TCP é uma abordagem integrativa assimilativa (Messer, 1992) e que técnicas de outras abordagens podem ser empregadas durante a terapia. Não é raro, contudo, que alguns pacientes não complexos se beneficiem com um tratamento de duração muito mais curta, de quatro a oito sessões, ou ainda menos. Em situações emergenciais ou especiais em que um paciente pode ter uma única consulta, o terapeuta pode querer passar diretamente para o Processo I (ver ilustração teatral em http://youtu.be/s8NsdRDesfg).

Desafios relativos ao gênero

Ao longo deste manual, em vez de lidar com o gênero usando os pronomes "ele ou ela" e "dele ou dela" em situações abstratas, eu resolvi usar "ela" e "dela" ao referir-me ao paciente, e "ele" e "dele" ao referir-me ao terapeuta. A razão para isso é que sou o terapeuta em todos os diálogos de ilustração de caso apresentados neste livro, e a ilustração de caso de sessão completa usada como exemplo ao fim de cada capítulo é com uma paciente. Evidentemente, quando me refiro a paciente feminino ou masculino específico, "ele" ou "ela" são usados de acordo.

APRESENTANDO O MODELO COGNITIVO AO PACIENTE 1

Resumo de tópicos
- Introdução geral à terapia
- Conceituação de caso
- Explicando o modelo cognitivo a um paciente (Paulo)
- Explicando o modelo cognitivo a uma paciente (Kátia)
- Apresentando o conceito de distorções cognitivas a um paciente

Diálogo de ilustração de caso
- Introdução geral à terapia
- Identificando os problemas
- Estabelecendo metas para a terapia
- Apresentando o modelo cognitivo: primeiro nível do diagrama de conceituação cognitiva (Figs. 1.2 a 1.4)
- Apresentando as distorções cognitivas
- Planejando a tarefa de casa, resumindo e concluindo a Sessão 1

Introdução geral à terapia

As cognições podem afetar aspectos importantes de nossa vida diária, como a emoção, o comportamento e as relações interpessoais, e envolvem estruturas necessárias para sustentar o processamento eficiente de informações. Níveis implícitos (não conscientes) e explícitos (conscientes) de consciência interferem na troca de informações na terapia, tanto por parte do paciente quanto do terapeuta (Alford & Beck, 1997).

De modo geral, é aceito o fato de que as cognições podem ser avaliadas em ao menos três níveis de processamento de informações (Fig. 1.1). No nível mais superficial, as cognições são conhecidas como pensamentos automáticos (PAs). No nível intermediário, as cognições costumam ser chamadas de pressupostos subjacentes (PSs) ou crenças condicionais. No nível mais profundo do processamento de infor-

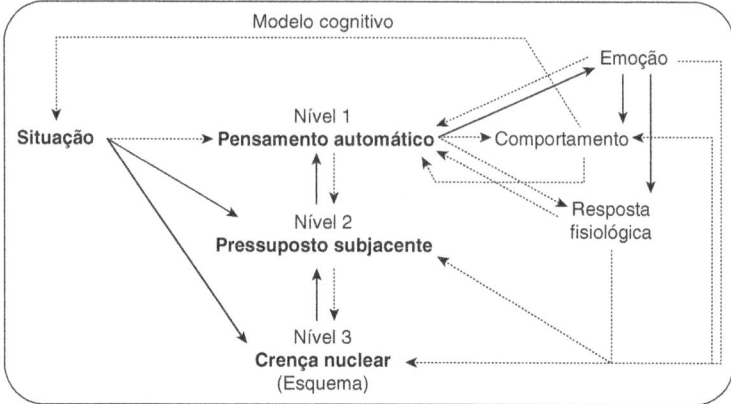

Figura 1.1 Diagrama ilustrando o modelo cognitivo e as influências recíprocas exercidas por seus componentes.

mações, as cognições são conhecidas como crenças nucleares (CNs), às vezes chamadas de esquemas. A terapia cognitiva processual (TCP) foi concebida para lidar com os três níveis, especialmente o terceiro, de maneira gradual (de Oliveira, 2014).

Nas etapas iniciais da TCP, o terapeuta educa o paciente quanto ao modelo cognitivo e seus conceitos básicos (p. ex., PAs), da mesma forma que na terapia cognitivo-comportamental (TCC).* Na TCP, como na TCC convencional, as sessões iniciais são voltadas para a identificação de problemas, o estabelecimento de metas para a terapia, a introdução do modelo cognitivo e a educação do paciente quanto às distorções cognitivas (de Oliveira, 2014).

A primeira sessão de TCP é ilustrada na transcrição de uma sessão completa, apresentada no final deste capítulo. Diálogos de ilustração de caso estão disponíveis no final de todos os capítulos ao longo deste manual e descrevem Leslie, uma paciente fictícia; esses diálogos de ilustração de caso são compostos de diálogos extraídos de *role-play* em *workshops* e de pacientes reais que tive.

Conceituação de caso

A conceituação de caso, às vezes chamada de formulação de caso, é um componente essencial da TCC. Ela pode ser definida como a descrição dos problemas apresentados pelo paciente que usa a teoria para fazer inferências explicativas sobre causas e fatores mantenedores, bem como para informar as possíveis intervenções (Kuyken,

---

*Para uma explicação mais detalhada dos conceitos básicos da TCC, sugiro a leitura da nova edição do clássico *Cognitive Therapy: Basics and Beyond* (Beck, 2012), ou o meu livro *Standard and Innovative Strategies in Cognitive Behavior Therapy* (de Oliveira, 2012b), este último disponível para *download* gratuito em http://intechopen.com/books/standard-andinnovative-strategies-in-cognitive-behavior-therapy.

Fothergill, Musa, & Chadwick, 2005). Contudo, compartilhar seus componentes com os pacientes é uma tarefa complexa. A conceituação de caso é um trabalho individualizado e deve ser desenvolvido cooperativamente com o paciente, enquanto este é educado sobre o modelo cognitivo. Existem muitos diagramas de conceituação de caso propostos por diferentes autores para diferentes transtornos e problemas. Entretanto, o diagrama de conceituação proposto por Judith Beck (2012) é o mais utilizado.

Ao desenvolver a TCP, criei um diagrama de conceituação cognitiva (DCC, Fig. 1.2) para que o paciente pudesse compreender mais facilmente o modelo cognitivo durante a terapia. Embora o DCC tenha sido criado para uso na TCP (de Oliveira, 2012b), ele não se limita a essa abordagem, considerando que seus componentes são os mesmos encontrados em outros diagramas de conceituação comumente utilizados na TCC convencional (J. S. Beck, 2012).

Além disso, como na TCC convencional, a TCP pode ser conceituada em três níveis de processamento de informações. No primeiro nível (Fig 1.2), uma situação que é avaliada pela paciente como perigosa (caixa do PA) pode gerar ansiedade (caixa da emoção), que por sua vez pode paralisá-la (caixa do comportamento e respostas fisiológicas). As setas que retornam à caixa da *emoção, PA* e *situação* informam a paciente sobre a natureza circular dessas interações (viés confirmatório) que a impede de reavaliar a situação e, consequentemente, mudar as percepções errôneas que ela desencadeia.

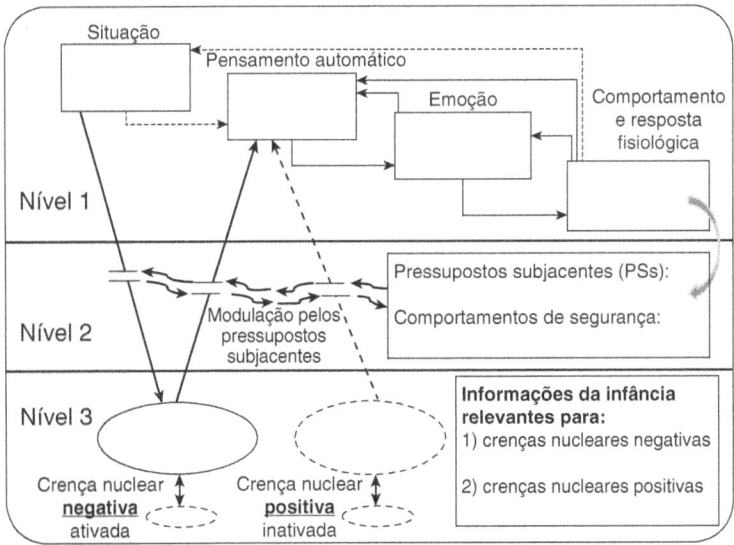

Figura 1.2 O diagrama de conceituação cognitiva (DCC), fase 1, nível 1, e seus componentes cognitivos em três níveis: pensamentos automáticos (PAs), pressupostos subjacentes (PSs) e crenças nucleares (CNs).

O DCC também é útil para ajudar a paciente a compreender que os comportamentos que ela usa em situações específicas, e que evocam menos ansiedade, gerando, assim, alívio imediato (p. ex., evitação), podem progressivamente tornar-se um *comportamento de segurança* (mostrado na Fig. 1.2 como uma seta dirigida da caixa do *comportamento e/ou respostas fisiológicas* para o segundo nível, do lado direito da figura). Isso significa que as percepções no primeiro nível (PAs) podem tornar-se PSs ou *regras condicionais* que são mantidas por *comportamentos de segurança* vistos no segundo nível. Pode-se aceitar aqui que os PSs e seus comportamentos de segurança resultantes possuem uma função moduladora. Sob a influência do apoio dos PSs a tais comportamentos de segurança, as avaliações de primeiro nível (PAs) podem ser repetida e indefinidamente confirmadas. Da mesma forma, *CNs incondicionais de terceiro nível* são ativadas quando PSs forem desafiados (p. ex., durante exposição) e desativadas quando PSs não forem desafiados (p. ex., por evitação).

Quando a paciente desenvolve prática suficiente na identificação e alteração de PAs, substituindo-os por avaliações alternativas mais funcionais, ela pode perceber mudanças em outros níveis de processamento de informações – por exemplo, ativando CNs positivas com mais facilidade. Entretanto, reestruturar CNs negativas (ver Capítulos 5 a 9) é um passo essencial para resultados mais duradouros na terapia. A Figura 1.2 ilustra graficamente essas mudanças.

Explicando o modelo cognitivo a um paciente (Paulo)

As cognições e suas relações com respostas emocionais e comportamentais são fenômenos complexos. As Figuras 1.1 e 1.2 ilustram interações altamente complexas entre diferentes elementos do modelo cognitivo e suas influências recíprocas. O DCC da TCP (Fig. 1.2) foi criado para facilitar a compreensão de tais relações complexas tanto por terapeutas como por pacientes. O DCC é apresentado ao paciente de maneira gradual durante todo o processo terapêutico, iniciando-se com o primeiro nível de cognição.

A seguinte transcrição fornece uma ideia de como o terapeuta pode apresentar, ao mesmo tempo, o modelo cognitivo e o primeiro nível do DCC ao paciente, Paulo, que é um jornalista (Fig 1.3):

T: Paulo, para ter uma ideia de como esta terapia pode lhe ajudar, é importante que você compreenda como nossos pensamentos estão ligados a nossos sentimentos e comportamentos. Eu gostaria que você olhasse este diagrama para que eu possa lhe mostrar isso de maneira mais clara. Você se lembra de uma situação recente que lhe causou desconforto?

P: Sim. Ontem, meu chefe fez correções em um parágrafo de meu texto.

T: Talvez possamos escrever exatamente o que você disse – "Meu chefe fez correções em um parágrafo de meu texto" – na caixa da situação que você vê neste

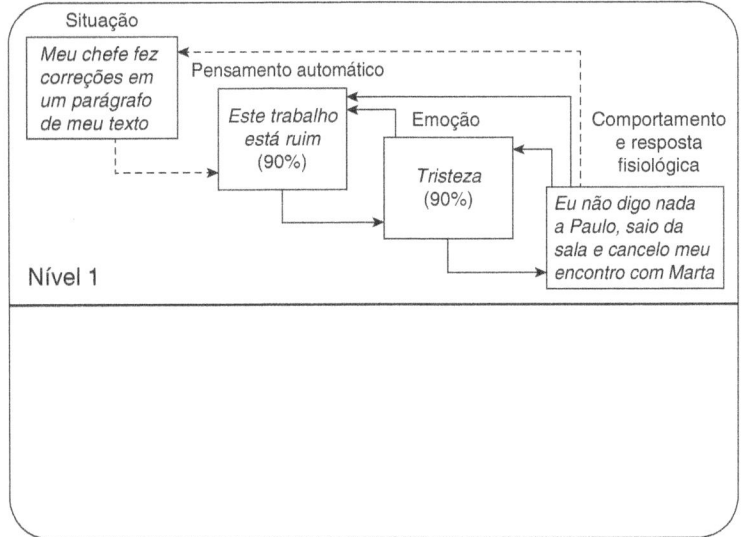

Figura 1.3 Ilustração de caso do diagrama de conceituação de caso (DCC), fase 1, nível 1, destinado a ensinar ao paciente a relação entre a situação, o pensamento automático (PA), a emoção e o comportamento e resposta fisiológica.

    diagrama. [O terapeuta apresenta o DCC a Paulo (Fig. 1.3).] O que lhe passou pela cabeça naquele momento?
P: Que o meu texto é ruim, e tenho certeza de que João não gostou dele.
T: Isso é o que chamamos de pensamento automático, porque ele vem a sua cabeça sem nenhuma deliberação. Vamos escrevê-lo na caixa de pensamento automático? [O terapeuta aponta para a caixa do PA no DCC para que Paulo possa escrever.] Paulo, em que medida você acreditou nesse pensamento naquele momento, de 0 a 100%?
P: Eu acreditei muito, 90%.
T: Por favor, você pode anotar isso aqui, também na caixa de PA? Você se lembra que emoção sentiu?
P: Tristeza. Eu me senti triste, muito triste.
T: Você pode, por favor, escrever a palavra "tristeza" na caixa de emoção?
T: Qual a intensidade da tristeza que você sentiu?
P: Também 90%, talvez mais.
T: Por favor, escreva isso na mesma caixa.
P: Claro.
T: O que aconteceu quando você se sentiu triste? Você reparou alguma coisa em seu comportamento ou em seu corpo?
P: Eu não disse nada a João e quis sair do escritório dele imediatamente. E percebi que meu coração estava acelerado.

T: O que aconteceu então?
P: Nada... Eu fui para casa. Eu tinha um encontro com Marta, mas dei uma desculpa e fiquei em casa. A ideia de que meu trabalho era ruim não saía de minha cabeça, e eu achei que não iria me divertir com Marta.
P: Olhando este diagrama, você vê essas setas indo da caixa da situação para a caixa do PA, depois para a caixa da emoção e finalmente para a caixa do comportamento e/ou resposta fisiológica?
P: Sim.
T: Além disso, você vê essas setas retornando?
P: Claro.
T: O que aconteceu depois que você saiu do escritório de João?
P: Eu me senti aliviado, mas a ideia de que João não gostou de meu texto continuou martelando em minha cabeça.
T: Você consegue ver um mecanismo circular, autoperpetuador, neste diagrama? Quando você teve o pensamento automático "João não gostou de meu trabalho", você se sentiu triste; daí você não disse nada e foi para casa. Isso produziu uma outra corrente de pensamentos automáticos como "Eu não vou me divertir saindo com Marta", o que lhe deixou ainda mais triste. Esse padrão está mais claro para você?
P: Sim, muito claro. Ele fecha um círculo incessante do qual eu mal posso escapar.

Explicando o modelo cognitivo a uma paciente (Kátia)

As setas inteiras que aparecem nas Figuras 1.1 a 1.3 representam efeitos mais diretos, enquanto as setas interrompidas representam possíveis efeitos indiretos desencadeados por uma situação. É importante que o terapeuta explique por que situações diferentes provocam reações diferentes (p. ex., a seta interrompida entre *situação* e *PA*) em pessoas diferentes ou nas mesmas pessoas em diferentes situações. O DCC tem por objetivo facilitar a compreensão dessas interações realizadas pelo paciente durante o processo terapêutico. Ele começa a identificar cognições no primeiro e mais acessível nível de processamento de informações – PAs negativos. A parte superior (nível 1) do DCC é explicada ao paciente para que ele compreenda a natureza circular dos PAs (circuito 1 na Fig. 1.4). Esta é uma maneira alternativa que utilizo para explicar o modelo cognitivo para meus pacientes.

T: Kátia, você consegue imaginar alguém na cadeira ao seu lado? O que você acha que essa pessoa sentiria se eu dissesse, "Você é uma pessoa legal. Eu gosto de você."?
P: Ela se sentiria contente.
T: Por que você acha que ela se sentiria contente? Como você explicaria isso para mim de acordo com este diagrama?

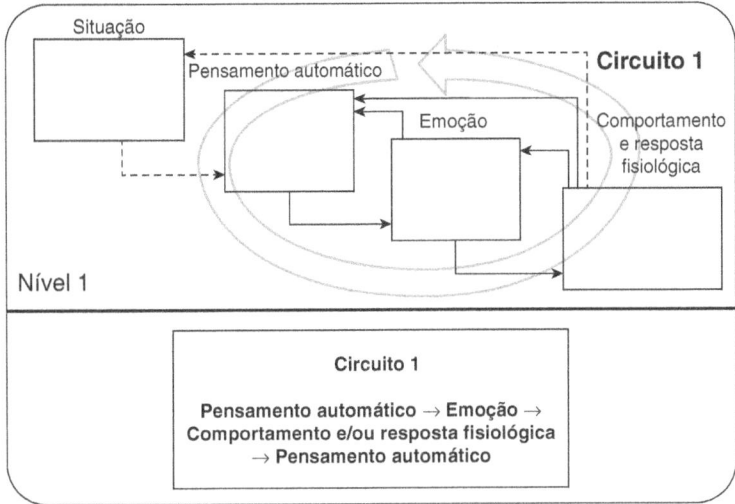

Figura 1.4 Ilustração do primeiro nível do diagrama de conceituação cognitiva (DCC, circuito 1), destinado a ensinar ao paciente a relação entre a situação, o pensamento automático (PA), a emoção e o comportamento e resposta fisiológica. As setas também mostram que as emoções e comportamentos influenciam a geração de novos pensamentos e suas influências recíprocas.

P: Quando você diz que gosta dela – que é a situação –, isso a faz pensar algo semelhante a "O Dr. Irismar gosta de mim, e isso faz eu me sentir bem". Esse é o pensamento automático.
T: O que você acha que ela faria?
P: Eu acho que ela sorriria e agradeceria.
T: Você consegue imaginar uma segunda pessoa nessa cadeira que poderia se sentir triste na mesma situação, depois que eu dissesse "Você é uma pessoa legal. Eu gosto de você."?
P: Mal consigo imaginar isso, mas acho que é possível.
T: Por que? Como você explicaria isso de acordo com este diagrama?
P: Talvez ela tenha pensado: "O Dr. Irismar só está tentando me agradar. Não acredito que ele esteja dizendo a verdade. As pessoas geralmente não gostam de mim."
T: Certo. Você consegue imaginar uma terceira pessoa sentindo raiva na mesma situação?
P: É possível. Talvez ela pense, "O Dr. Irismar não é sincero. Ele está tentando me manter como paciente e lucrar às custas de meu sofrimento."
T: Perfeito! E qual seria o comportamento das três pessoas nas três situações diferentes?

P: A primeira pessoa sorriria e relaxaria. A segunda, que estava triste, ficaria distante e em silêncio. E a terceira pessoa, zangada, poderia não voltar.
T: Exatamente. É claro, novas situações surgiriam a partir de cada um desses comportamentos, confirmando os pensamentos, não é verdade? Você vê como este círculo se perpetua? As setas inteiras que voltam da caixa do comportamento e resposta fisiológica para a caixa da situação representam possíveis efeitos indiretos desencadeados pela situação.

Apresentando o conceito de distorções cognitivas a um paciente

Pensamentos automáticos são distorções cognitivas ou erros consistentes no pensamento dos pacientes. A seguinte transcrição demonstra como o terapeuta pode usar a lista de distorções cognitivas para ensinar ao paciente como identificá-las por meio de uma prática diária.

T: Paulo, eu acho que ficou mais claro para você como nossos pensamentos influenciam nossas emoções e nossos comportamentos, correto? Esses pensamentos automáticos negativos às vezes são chamados de distorções cognitivas. Eu gostaria de lhe apresentar essa lista de distorções cognitivas. Também gostaria que você lesse algumas delas. Na primeira coluna aparecem os nomes das distorções; na segunda, suas definições; e na terceira estão os exemplos. Você também tem espaço para anotar exemplos pessoais, mas usaremos isso como tarefa de casa. Falaremos sobre isso posteriormente. [O paciente lê duas ou três distorções cognitivas na folha de distorções cognitivas (Tabela 1.1)] Você consegue identificar alguma distorção que se encaixa na situação que discutimos alguns minutos atrás?
P: Sim: pensamento dicotômico. Assim como nesta definição, tendo a ver as situações como "uma coisa ou outra", colocando-as em apenas duas categorias extremas e não em um contínuo. Meu exemplo pessoal é "João corrigiu um parágrafo no meu texto; portanto, ele está ruim." Isso é o mesmo que o exemplo "Eu cometi um erro; sou, portanto, um fracasso".
T: Você está dizendo que vê as situações em dois extremos?
P: Sim, estou.
T: Estes quinze erros de pensamento diferentes presentes nesta lista são chamados de distorções cognitivas. Todo mundo as comete, e eu gostaria que você se familiarizasse com elas, a partir desta semana. Gostaria que você prestasse muita atenção em si mesmo para ver se encontra alguma destas distorções cognitivas durante a semana, quando se sentir desconfortável ou aflito. Caso identifique alguma delas, por favor, registre-a na quarta coluna, onde está escrito "Meus exemplos".
P: Claro, posso fazer isso.

Tabela 1.1 Lista de distorções cognitivas do CD-Quest

Por favor, leia as definições e exemplos de distorções cognitivas abaixo, para aprender a identificar seus próprios exemplos. Registre esses exemplos na quarta coluna, "Meus exemplos"

Distorção cognitiva	Definição	Exemplos	Meus exemplos
1. Pensamento dicotômico (também denominado pensamento do tipo tudo ou nada, preto e branco ou polarizado.	Vejo a situação, a pessoa ou o acontecimento apenas em termos de "uma coisa ou outra", colocando-as em apenas duas categorias extremas em vez de em um *continuum*.	"Eu cometi um erro, logo meu rendimento foi um fracasso." "Comi mais do que pretendia; portanto estraguei completamente minha dieta."	
2. Previsão do futuro (também denominada catastrofização)	Antecipo o futuro em termos negativos e acredito que o que acontecerá será tão horrível que eu não vou suportar.	"Vou fracassar e isso será insuportável." "Vou ficar tão perturbado que não conseguirei me concentrar na prova."	
3. Desqualificação dos aspectos positivos	Desqualifico e desvalorizo as experiências e acontecimentos positivos insistindo que eles não são importantes.	"Fui aprovado no exame, mas foi apenas sorte." "Entrar para a universidade não é grande coisa, qualquer um consegue."	
4. Raciocínio emocional	Acredito que minhas emoções refletem o que as coisas realmente são e deixo que elas guiem minhas atitudes e julgamentos.	"Eu acho que ela me ama, portanto, deve ser verdade." "Tenho pavor de aviões; logo, voar deve ser perigoso." "Meus sentimentos dizem que não devo acreditar nele."	
5. Rotulação	Coloco um rótulo fixo, global e geralmente negativo em mim ou nos outros.	"Sou um fracassado." "Ele é uma pessoa podre." "Ela é uma completa imbecil."	

(*Continua*)

Tabela 1.1 *(Continuação)*

Distorção cognitiva	Definição	Exemplos	Meus exemplos
6. Ampliação/minimização	Avalio a mim mesmo, aos outros e às situações ampliando os aspectos negativos e/ou minimizando os aspectos positivos.	"Consegui um 8 na prova. Isso demonstra o quanto meu desempenho foi ruim." "Consegui um 10. Isto significa que o teste foi muito fácil."	
7. Abstração seletiva (também denominada filtro mental e visão em túnel)	Presto atenção em um ou em poucos detalhes e não consigo ver o quadro inteiro.	"Miguel apontou um erro em meu trabalho. Então, posso ser despedido." (Não considerando o retorno positivo de Miguel.) "Não consigo esquecer que aquela informação que dei durante minha apresentação estava errada." (Deixando de considerar o sucesso da apresentação e os aplausos das pessoas.)	
8. Leitura mental	Acredito que conheço os pensamentos e intenções dos outros (ou que eles conhecem meus pensamentos e intenções) sem ter evidências suficientes.	"Ele está pensando que eu falhei." "Ela pensou que eu não conhecia o projeto." "Ele sabe que eu não gosto de ser tocada deste jeito."	
9. Supergeneralização	Tomo casos negativos isolados e os generalizo, tornando-os um padrão interminável com o uso repetido de palavras como "sempre", "nunca", "jamais", "todo", "inteiro", etc.	"Estava chovendo esta manhã, o que significa que choverá todo o fim de semana." "Que azar! Perdi o avião; logo, isso vai estragar minhas férias inteiras." "Minha dor de cabeça nunca vai passar."	
10. Personalização	Assumo que os comportamentos dos outros e que eventos externos dizem respeito (ou são direcionados) a mim, sem considerar outras explicações plausíveis.	"Me senti mal porque a moça do caixa não me agradeceu." (Sem considerar que ela não agradeceu a ninguém.) "Meu marido me deixou porque eu fui uma má esposa." (Sem considerar que ela foi sua quarta esposa.)	
11. Afirmações do tipo "deveria" (também "devia", "devo", "tenho de")	Digo a mim mesmo que os acontecimentos, os comportamentos das pessoas e as minhas próprias atitudes "deveriam" ser da forma que espero que sejam e não como realmente são.	"Eu deveria ter sido uma mãe melhor". "Ele deveria ter se casado com Ana em vez de Maria." "Eu não devia ter cometido tantos erros."	

12. Conclusões precipitadas	Tiro conclusões (negativas ou positivas) a partir de nenhuma ou de poucas evidências confirmatórias.	"Logo que o vi, soube que ele faria um trabalho deplorável." "Ele olhou para mim de um modo que logo concluí que ele foi o responsável pelo acidente."
13. Culpar (a outros ou a si mesmo)	Considero os outros como fontes de meus sentimentos e experiências, deixando de considerar minha própria responsabilidade; ou, inversamente, responsabilizo-me pelos comportamentos e atitudes de outros.	"Meus pais são os únicos culpados por minha infelicidade." "É minha culpa que meu filho tenha se casado com uma pessoa tão egoísta e descuidada."
14. E se?	Fico me fazendo perguntas do tipo "e se acontecer alguma coisa?"	"E se eu bater o carro?" "E se eu tiver um ataque cardíaco?" "E se meu marido me deixar?"
15. Comparações injustas	Comparo-me com outras pessoas que parecem se sair melhor do que eu e me coloco em posição de desvantagem.	"Meu pai prefere meu irmão mais velho a mim porque ele é mais inteligente do que eu." "Não consigo suportar o fato de ela ter mais sucesso do que eu."

*Copyright: Irismar Reis de Oliveira; http://trial-basedcognitivetherapy.com.

DIÁLOGO DE ILUSTRAÇÃO DE CASO

Introdução geral à terapia

TERAPEUTA (T): Bom dia, Leslie.
PACIENTE (P): Bom dia, Dr. Irismar.
T: Embora tenhamos nos encontrado na semana passada, esta é nossa primeira sessão de psicoterapia. Na semana passada você me deu uma ideia dos problemas pelos quais está passando, e chegamos à conclusão, depois de me contar sua história, que você tem fobia social. Você é tímida demais, o que limita muito sua vida; então, resolveu iniciar uma terapia comigo. Teremos encontros semanais. Hoje, quero explicar como vou lhe ajudar em relação a esse problema que diagnosticamos como fobia social, certo?
P: Certo.
T: A primeira coisa que eu gostaria de lhe explicar hoje, para que tenha uma ideia clara de como será nosso trabalho aqui, é como nossa mente funciona, como nossos pensamentos estão ligados a nossos sentimentos e ao que fazemos e o modo como nos comportamos, certo? O que você imagina que vai acontecer se essas coisas ficarem claras e você começar a entender o porquê de ter esta dificuldade com outras pessoas?
P: Acho que talvez eu possa ser capaz de lidar com as pessoas de uma maneira diferente; talvez eu possa – e é para isso que vim aqui – encarar as situações com tranquilidade e me comunicar com as pessoas sem suar ou enrubescer tanto.

Identificando os problemas

T: Bom, então, vamos fazer o seguinte: esta psicoterapia, que eu chamo de terapia cognitiva processual, e que estou lhe propondo, se baseia no mesmo tipo de terapia desenvolvida pelo Dr. Aaron Beck, mas eu a organizo com uma sequência de técnicas um pouco diferente. Ela tem uma sequência de passo-a-passo. Depois de conhecer esses passos, isso tudo ficará claro para você. Eu diria que o primeiro passo poderia ser você apresentar seus problemas de uma maneira mais específica. Por exemplo: você poderia me contar quais são os atuais problemas em sua vida? Depois poderíamos decidir claramente as metas que vamos trabalhar durante a terapia.
P: Meus problemas estão muito claros para mim, Dr. Irismar. Eu sou analista judiciária, trabalho em um cartório, e presto assistência ao público. Isso me causa muita ansiedade; sinto angústia e não consigo falar com as pessoas. Meu medo é que um advogado rude ou agressivo me pergunte sobre uma ação judicial. Eu não consigo dizer não. Por exemplo, eu não devo permitir que as pessoas usem a fotocopiadora, e eu acabo permitindo porque não consigo dizer não. Além disso, não tenho muitos amigos.

T: Muito bem. Se pararmos aqui e resumirmos esses itens, podemos ver que existem vários problemas que você gostaria de resolver. Se colocarmos os itens aqui, quais são esses problemas? Você começou dizendo que é muito ansiosa. Podemos colocar isso como um dos primeiros problemas?
P: Certo.
T: E você também mencionou algumas outras dificuldades. Eu não sei se poderíamos colocar isso assim, se você concorda comigo: "Tenho dificuldade para dizer não".
P: Sim, eu também tenho dificuldade para impor limites aos outros.
T: Você poderia me dar outros exemplos?
P: Eu também tenho dificuldade para ajudar as pessoas no trabalho. Começo a transpirar muito... e enrubesço. Tenho vários problemas de ansiedade.
T: Existem mais problemas que você poderia acrescentar?
P: Tenho dificuldade para lidar com minhas emoções.
T: Esse também poderia ser um problema que você queira incluir em sua lista de problemas. Essas são situações em que você imagina o que as pessoas podem estar pensando a seu respeito?
P: Correto. Eu tenho medo de fracassar. E sempre me sinto muito constrangida nessas situações. Tenho medo de não terminar o que quero dizer. E acho que os outros vão pensar que não sou capaz, que não sou competente, que as pessoas podem ver isso. E, por exemplo, quando eu digo que transpiro muito, eu tenho medo de que as pessoas notem o quanto suo e o quanto sou anormal.
T: Isso é medo do que as pessoas pensam sobre você, certo?
P: Sim, medo de ser incapaz em situações, como comprar alguma coisa em uma loja.
T: Portanto, se pudéssemos resumir, eu ouvi direito quando você falou em medo de fracassar?
P: Medo de fracassar.
T: Vamos colocar isso em nossa lista de problemas?
P: Só de falar sobre isso já sinto uma enorme ansiedade.
T: Tudo bem. Eu não sei se você realmente acha que esses itens abrangem o que são os atuais problemas de sua vida. Se pudesse resolver esses problemas, isso de alguma forma a levaria a uma situação mais confortável? Você acha que já se sentiria melhor?
P: Ah, sim. Com certeza seria muito bom.
T: Então vamos resumir isso. Ansiedade, dificuldade para dizer não, dificuldade para ajudar as pessoas, dificuldade para lidar com suas emoções, medo do que as pessoas pensam, poucos amigos e medo de fracassar.
P: Certo.
T: Ótimo. À medida que a terapia for avançando, podemos rever esses problemas, e, então, ver se precisaremos acrescentar alguma coisa que você tenha esquecido. E, é claro, teremos que torná-los mais específicos e concretos, entrar em mais detalhes.

P: Tudo bem.
T: Quando analisarmos os problemas com mais clareza, talvez seja mais fácil criar metas, você não acha?
P: Sim.

Estabelecendo metas para a terapia

T: Então, por que não começamos a estabelecer as metas que você gostaria de atingir, ou onde você gostaria de chegar? Partindo desses problemas, parece que eles já são metas, não é?
P: Sim. Imagino falar com as pessoas sem me sentir ansiosa.
T: Então vamos anotar isso como uma meta: "Falar com as pessoas sem me sentir ansiosa."
P: Certo.
T: Muito bem. Alguma outra meta?
P: Se eu conseguisse dizer não... Por exemplo, se alguém no trabalho me pedisse para fazer fotocópias e eu dissesse que não pode, por causa do sistema do cartório, isso me faria muito feliz.
T: Ou seja, dizer não sem muito sofrimento...
P: Isso, sem ansiedade, a ansiedade que sinto atualmente.
T: Certo. Então vou escrever aqui: "Dizer não sem muita ansiedade."
P: Prestar auxílio sem achar que sou um fracasso, sem pensar que não serei capaz.
T: Muito bem. "Prestar auxílio às pessoas sem pensar que não serei capaz," certo?
P: Falar com as pessoas com naturalidade, sem sintomas de ansiedade.
T: Perfeito. Com naturalidade, sem sentir muito nervosismo?
P: É. Eu acho que isso me ajudaria muito.
T: Você consegue identificar alguma outra meta que poderíamos tentar alcançar durante esta terapia, durante o trabalho que estamos fazendo aqui?
P: Eu vou sair mais, participar mais de reuniões sociais e, também, me relacionar mais. Eu acho que é isso, Dr. Irismar. Me sinto melhor comigo mesma quando me relaciono mais com outras pessoas.
T: Quando você atingir essas metas, o que você acha que irá acontecer?
P: Isso vai mesmo fazer eu me sentir bem?
T: Isso é muito importante, Leslie, porque quando estabelecemos metas, é fundamental que você saiba que as atingiu. E como você vai saber o momento em que atingiu essas metas?
P: Vou saber quando eu fizer essas coisas com naturalidade, sem muito nervosismo, certo?
T: Exatamente. E isso será algo que poderemos observar e medir. Você poderá confirmar isso, e, com o tempo, outras pessoas também poderão...
P: Certo. Se eu vir uma mudança prática em meu comportamento, isso vai me ajudar a acreditar que sou capaz.

T: Então está ótimo. Este é o primeiro momento. Se você identificar alguma outra meta ou problema durante essa semana, enquanto se observa mais atentamente, podemos fazer acréscimos.
P: Certo.
T: Então, como você resumiria o que fizemos até aqui?
P: Fizemos uma lista de situações difíceis na minha vida, e concluímos que se eu não tivesse esses pensamentos de fracasso, de não conseguir, e que se eu pudesse resolver isso na terapia, eu atingiria meus objetivos com muito mais facilidade.
T: Exatamente. Então você conseguiu listar os seus problemas e, consequentemente, agora temos metas muito claras em sua mente, as quais tentaremos alcançar.
P: Pensar sobre isso faz eu me sentir melhor, porque me dá esperança, Dr. Irismar.

Apresentando o modelo cognitivo: primeiro nível do diagrama de conceituação cognitiva (Figs. 1.2 a 1.4)

T: Talvez agora seja o momento de lhe mostrar como faremos isso. Se você aprender passo a passo o que faremos aqui, talvez consiga alcançar essas metas e, consequentemente, resolver estes problemas. Então, a primeira coisa que tenho que descrever é como nossa mente funciona, como nossos pensamentos estão ligados a nossos sentimentos e comportamentos. Então, posso lhe apresentar uma sequência que envolve exatamente como você pensa, qual é seu padrão de pensamento e como esse padrão influencia seus sentimentos e comportamentos. Vamos examinar isso?
P: Sim.
T: Talvez possamos examinar este diagrama para eu lhe mostrar isso com mais clareza. O primeiro passo é identificar uma situação que lhe causa desconforto.
P: Sim.
T: Você se lembra de algum acontecimento recente que tenha lhe causado muito desconforto? Você pode me dar um exemplo?
P: Quando eu cheguei ao cartório, um advogado me perguntou se podia pegar a transcrição de um processo que não podia sair do cartório.
T: Você acha que podia resumir a situação assim: "No trabalho, um advogado me pede ... " Por que você não escreve isso aqui, para que a situação fique bem clara? [O terapeuta pede à paciente que escreva o acontecimento desencadeador na caixa da *situação* na Figura 1.5.]
P: No cartório, um advogado me pede a transcrição de um processo que não pode ser tirada do escritório.
T: Ótimo. No momento em que ele lhe pede para fazer isso, o que se passa em sua cabeça?
P: Que se eu não fizer isso, ele será grosseiro comigo.

T: Certo. Então sua ideia é: "O advogado será grosseiro comigo." Isso é o que chamamos de pensamento automático, porque ele surge em nossas mentes sem nenhuma deliberação. Você pode escrever isso na caixa do pensamento automático? [O terapeuta aponta para a caixa do PA no DCC.] Quando você tem esse pensamento, quanto você acredita nele?
P: 100%.
T: Por favor, você pode anotar isso aqui? Você acredita nisso plenamente. Por acreditar 100% nesse pensamento, o que você sentiu naquele momento?
P: Eu me senti ansiosa.
T: Quanto?
P: 100%.
T: Por favor, escreva aqui, na caixa da *emoção* do DCC. Você agora percebe que existe uma relação direta entre o que você acreditava naquele momento e a intensidade de sua reação emocional?
P: Com certeza.
T: O que acontece quando você se sente ansiosa? Como você se comporta?
P: Eu dou a transcrição do processo.
T: Ao dar-lhe a transcrição do processo, você também reparou em alguma reação fisiológica? O que você percebeu em seu corpo?
P: Meu coração acelera, e eu transpiro muito.
T: Então por que você não escreve isso? Coração acelerado e transpiração. Tudo bem, Leslie. O que você observa até aqui? A situação ficou mais clara para você?
P: Sim, ficou. Eu percebo que quando existe uma situação que causa ansiedade, acho que a pessoa será hostil comigo, que serei criticada; isso causa mais ansiedade, e acabo fazendo alguma coisa para que a pessoa não fique zangada comigo.
T: Se você olhar este diagrama, existem setas aqui que seguem esta sequência: da caixa da *situação* para a caixa do *PA* e depois para a caixa da *emoção*, e então para a caixa de *comportamento e resposta fisiológica*. Você vê essas setas retornando? Vamos tentar compreender isso: quando você entrega a transcrição, o que acha que vai acontecer?
P: Ele não ficará zangado comigo.
T: E quando pensa "Ele não ficará zangado comigo", o que você sente?
P: Alívio.
T: E no momento em que você sente alívio, o que acontece?
P: Eu me sinto mais tranquila e relaxada.
P: Isso faz você se sentir mais tranquila e relaxada. Portanto, me parece que isso segue uma sequência em que uma coisa reforça a outra. Isso está claro para você? Isso aumenta a probabilidade de você agir da mesma forma.
P: Sim. Está claro, Dr. Irismar.
T: Por outro lado, quando você sente alívio ao entregar a transcrição, isso é exatamente o que quer fazer?

P: Não, pois é algo que eu não tenho permissão para fazer.
T: Então, quando você pensa "Eu não tenho permissão para fazer isso", como se sente?
P: Mais ansiosa. Daí tenho taquicardia e transpiro muito.
T: Você consegue ver aqui um mecanismo que parece ser autoperpetuador? Ele não termina, certo? Ou seja, você primeiro pensa (seu pensamento automático), sente-se ansiosa (sua emoção), depois faz alguma coisa, mas é algo que você fundamentalmente não pode fazer, ou, pelo menos, não quer fazer. Isso lhe leva a outro pensamento automático, "eu não deveria ter feito isso", o que lhe deixa mais ansiosa. Consequentemente, você continua se sentindo mal e fazendo coisas que não quer fazer. Quando percebe este padrão aqui, como você vê o problema? Ele lhe perece mais claro?
P: Sim, está mais claro, e o jeito como você o explicou me fez pensar agora sobre outra coisa: quando entrego a transcrição, faço isso para me sentir menos ansiosa. Na verdade, na hora eu me sinto menos ansiosa, mas depois fico mais ansiosa porque fiz algo que não deveria ter feito.
T: E, aparentemente, isso pode não terminar.
P: Sim.
T: Agora vamos ver se conseguimos compreender isso um pouco mais. Veja aqui e observe a situação que disparou o pensamento: "Ele será grosseiro comigo." Você está vendo esta seta tracejada? Por que você acha que esta seta entre a caixa da *situação* e a caixa de *PA* é tracejada?
P: Não sei, Dr. Irismar.
T: Talvez possamos descobrir juntos. Você consegue pensar em outra pessoa na mesma situação? Talvez um colega de trabalho?
P: Sim, consigo. Lembrei-me da Anna. Ela trabalha no cartório há tanto tempo quanto eu. Nesta situação, quando alguém pede alguma coisa que não pode sair do cartório, ela diz tranquilamente que os documentos pertencem ao cartório e não podem ser retirados, que ela não pode entregar os documentos.
T: Esse é um ótimo exemplo, porque escreveremos exatamente a mesma coisa nesta caixa de *situação*; ou seja, "O advogado pede a transcrição a Anna". Evidentemente, não podemos adivinhar os pensamentos de Anna, mas você faz ideia do que ela pensa, não?
P: Mas às vezes ela nos conta...
T: Ah, é? O que ela costuma pensar nesse momento?
P: O advogado sabe que a transcrição não pode ser retirada. E ela acha que o advogado tem muita coragem para pedi-lo, mesmo sabendo que o documento não pode sair do cartório.
T: Então, no momento em que esse advogado pede o documento a Anna, ela irá pensar "Puxa, ele tem muita coragem para pedir isso". Você pode escrever isso aqui na caixa de *pensamento automático*?
P: Certo.

T: O que Anna sente?
P: Ela permanece tranquila, e até acha engraçado.
T: Acha engraçado e sente-se tranquila. Por favor, escreva aqui na caixa da *emoção*: tranquila. O que ela faz?
P: Ela diz de uma maneira muito adequada, Dr. Irismar, que a transcrição não pode sair do cartório e que ela não vai dar o documento.
T: Você poderia, por favor, anotar isso aqui na caixa de *comportamento*? Enquanto Anna não entrega a transcrição, o que você imagina que ela continua pensando e sentindo?
P: Que ela pode fazer isso facilmente. Que isso faz parte do trabalho diário.
T: Certo. Isso parece estar resolvido na mente de Anna.
P: Sim.
T: Então, você entende que a mesma situação é avaliada aqui e considerada de diferentes formas por diferentes pessoas?
P: Sim, entendo.
T: Se você entendeu isso até aqui, agora você vê que, como eu disse antes, é como se a situação continuasse para sempre, porque, se você faz alguma coisa da qual se arrepende, isso parece provocar mais pensamentos negativos, os quais lhe fazem sentir emoções negativas, que, por sua vez, a levam a ter reações fisiológicas (como taquicardia) e comportamentos indesejáveis (como entregar o documento). Não é assim?
P: Sim, exatamente. É como se eu ficasse refém de meus próprios pensamentos.
T: Exato. Ainda não iremos trabalhar nesses dois outros níveis deste diagrama de conceituação cognitiva que eu acabo de lhe apresentar. Deixaremos o segundo e o terceiro níveis para mais tarde.
C: Tudo bem.
T: A este respeito, então, eu gostaria que você saísse daqui com uma clara noção sobre como esta terapia vai acontecer. É provável, como conversamos em nosso primeiro encontro, que trabalhemos várias semanas, provavelmente alguns meses – talvez três ou quatro. À medida que fizermos avanços, você trabalhará para compreender os três níveis vistos neste diagrama. Mas você já consegue ter uma ideia do que está acontecendo?
P: Sim, consigo.
T: Como você vê isso?
P: Compreendo o que você está dizendo sobre os pensamentos negativos que tenho durante esses acontecimentos e situações desencadeadoras, como o pensamento de que não vou conseguir dizer não.
T: Mas o que você imagina que estaria acontecendo com Anna? Ela tem esse tipo de pensamento?
P: Não. Não.
T: Então, o que Anna pensa?

P: Que é fácil dizer não ao advogado, que não há absolutamente nenhum problema, que isso faz parte do trabalho diário e que não tem problema.
T: Então, parece que está muito claro para você agora.
P: Sim, está.
T: Então, o que eu gostaria de propor a partir de agora é um trabalho passo a passo.
P: Certo.
T: E, mais tarde, você vai compreender o que significa estarmos trabalhando em cada uma destas etapas, está bem? Apenas para avançarmos um pouco, gostaria que você resumisse o que foi importante para você até aqui.
P: O que acho que foi muito importante até aqui é que quando o advogado me pede a transcrição do processo, eu tenho um pensamento negativo; esse pensamento criará uma emoção em mim, que influenciará tanto o que eu farei, meu comportamento, quanto minhas sensações físicas. E uma coisa prolonga a outra. Assim, minha emoção reforça meus pensamentos, e isso continua.

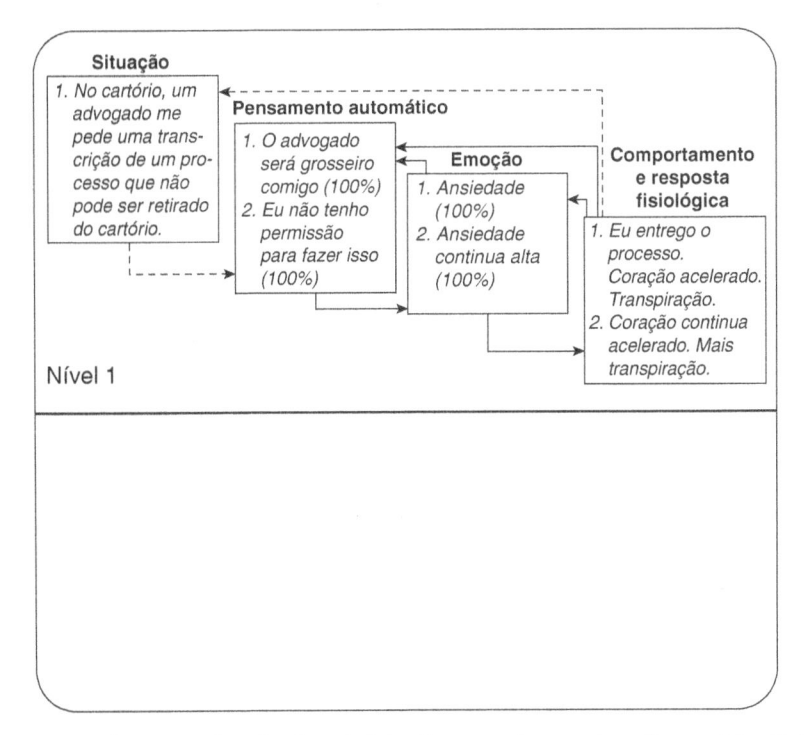

Nível 1

Situação
1. No cartório, um advogado me pede uma transcrição de um processo que não pode ser retirado do cartório.

Pensamento automático
1. O advogado será grosseiro comigo (100%)
2. Eu não tenho permissão para fazer isso (100%)

Emoção
1. Ansiedade (100%)
2. Ansiedade continua alta (100%)

Comportamento e resposta fisiológica
1. Eu entrego o processo. Coração acelerado. Transpiração.
2. Coração continua acelerado. Mais transpiração.

Figura 1.5 Ilustração do primeiro nível do diagrama de conceituação cognitiva (DCC) da TCP de Leslie, ensinando-lhe a relação entre a situação, o pensamento automático (PA), a emoção e o comportamento e resposta fisiológica, e como essas emoções e comportamentos geram novas situações e pensamentos.

T: Isso é ótimo, pois foi exatamente o que vimos... Se olharmos um pouco mais para trás, você adquiriu alguma nova perspectiva deste conhecimento que mudou o que você escreveu inicialmente aqui – os problemas e as metas?
P: Sim, adquiri.

Apresentando as distorções cognitivas

T: Leslie, acho que está ficando mais claro para você como nossos pensamentos influenciam nossas emoções e nossos comportamentos. Os pensamentos negativos que você mencionou às vezes são chamados de distorções cognitivas. É importante que você aprenda o que são distorções cognitivas. Você poderia ler as três primeiras linhas desta lista? Esta é a lista das distorções cognitivas. Embora nem todos os pensamentos que temos sejam distorções, é importante nos darmos a chance de verificá-los, especialmente quando estamos aflitos. Na primeira coluna estão os nomes das distorções, na segunda as definições e na terceira, os exemplos. Também há, na quarta coluna, um espaço no qual você pode anotar seus próprios exemplos.
P: Certo. "Pensamento dicotômico, também chamado de pensamento do tipo tudo ou nada, em preto e branco, ou polarizado. Definição: Eu vejo uma situação, uma pessoa ou um acontecimento somente em termos de "tudo ou nada", encaixando-os em duas categorias extremas, em vez de um *continuum*."
T: Na terceira coluna estão os exemplos.
P: Exemplos: "Eu cometi um erro; portanto, sou um fracasso" "Comi mais do que planejei; portanto, estraguei completamente a minha dieta."
T: O que você entendeu disso, Leslie?
C: Dr. Irismar, é como a situação de Anna: se eu entregar a transcrição para o advogado, eu não sei como dizer não. E se Anna não entrega, ela sabe como dizer não. Portanto, eu não sou capaz e ela é capaz. Trata-se de não pensar em algo intermediário?
T: Exatamente. E, a rigor, aqui é como se você visse as coisas em dois extremos. Assim, se você não consegue dizer não, isso significa que você é absolutamente incapaz de dizer não, e assim por diante, certo?
P: Certo

[O terapeuta pede a Leslie que ela leia mais dois exemplos de distorções cognitivas e escreva alguns exemplos pessoais na quarta coluna da Tabela 1.1.]

T: Muito bem, não entraremos em detalhes agora. Eu só gostaria de lhe mostrar que todas as pessoas cometem esses 15 erros de pensamento diferentes que são chamados de distorções cognitivas, e gostaria que você começasse a observá-los nesta semana.
P: Certo.

T: Além de compreender bem isso, acima de tudo, gostaria de lhe pedir para que preste muita atenção em si mesma para ver se encontra alguma dessas distorções cognitivas durante a semana, quando se sentir desconfortável. Se você encontrar alguma dessas possíveis distorções, por favor, anote-as nas linhas da quarta coluna desta lista. Elas podem não acontecer, mas algumas delas acontecerão.

P: Certo.

T: Tudo bem? Portanto, resumindo, o que eu quero é que você aprenda as definições de distorções cognitivas e veja se elas acontecem com você. E uma boa forma de você saber isso é: se você tiver algum comportamento que lhe cause desconforto, dê uma olhada neste papel para ver se alguma das distorções cognitivas está ocorrendo em sua mente. Está bem para você assim?

P: Sim. Perfeito.

Planejando a tarefa de casa, resumindo e concluindo a Sessão 1

T: Antes de terminar, gostaria de lhe passar uma tarefa de casa. Quero que você tente trabalhar durante a semana, e creio que uma boa parte do sucesso desta terapia dependerá não apenas do que você faz aqui, mas também do que você faz fora desta sala. Todas as tarefas de casa e experimentos que vou lhe passar são muito fáceis de executar. Eu gostaria que você levasse esta lista de distorções cognitivas. Ela contém diversos exemplos de como as pessoas pensam. Gostaria que você levasse esta folha consigo e a mantivesse à mão o tempo todo. Sempre que puder, olhe esta lista e verifique se algum desses tipos de pensamentos estão lhe ocorrendo. Também posso enviar esta lista para seu *e-mail* para que você possa lê-la em seu telefone celular, se preferir, certo? Assim, você poderia resumir qual é a tarefa de casa?

P: Eu vou aprender sobre as distorções cognitivas durante a semana, e quando eu notar um comportamento que acho inadequado, ou quando me sentir desconfortável, vou ler a lista de distorções cognitivas e tentar identificar quais possíveis distorções estou tendo.

T: Exatamente. E quero que você anote esses pensamentos nas linhas da quarta coluna desta folha, certo?

P: Está bem.

T: Então, você pode me dar um retorno? Qual é sua impressão de nossa primeira sessão de terapia? Alguma coisa que eu fiz fez você se sentir desconfortável?

P: Na verdade, desde o início da sessão de hoje eu vi a possibilidade de melhorar minhas dificuldades no local de trabalho e com as pessoas. Você me ajudou a pensar em meus problemas e suas soluções, sugerindo novas metas. E também me ensinou que uma situação cria pensamentos, e esses pensamentos produzirão emoções e comportamentos que podem me fazer sofrer. Se eu aprender a mudar meus pensamentos distorcidos, como leitura mental, vou melhorar. E

agora, com este exercício que você me deu para identificar quais erros são mais comuns em meus pensamentos, isso me dá uma ideia de que posso atingir minhas metas. Isso me dá esperança.
T: Ótimo, muito bem. Então, nos vemos na semana que vem?
P: Sim, obrigada.
T: De nada.

APRESENTANDO O QUESTIONÁRIO DE DISTORÇÕES COGNITIVAS 2

Resumo de tópicos
- Questionário de distorções cognitivas (CD-Quest)
- Explicando o CD-Quest para o paciente

Diálogo de ilustração de caso
- Ligação com a Sessão 1
- Definindo a agenda
- Revisando questionários e tarefas de casa
- Apresentando o CD-Quest (principal item da agenda)
- Preenchendo o CD-Quest
- Atribuindo a tarefa de casa, resumindo e concluindo a Sessão 2

Questionário de distorções cognitivas (CD-Quest)

O CD-Quest foi desenvolvido para ser preenchido pelos pacientes antes de cada sessão de terapia, a fim de facilitar as percepções da conexão entre distorções cognitivas, às vezes chamadas de erros de pensamento, e seus consequentes estados emocionais e comportamentos inadaptativos (de Oliveira et al., 2014). Além disso, o CD-Quest foi criado para ajudar os terapeutas a avaliar e a acompanhar a evolução clínica dos pacientes por meio de suas pontuações. O CD-Quest contém 15 itens que medem as distorções cognitivas em duas dimensões: frequência e intensidade. As pontuações podem variar de 0 a 75. Quanto mais alta a pontuação, mais distorcidos cognitivamente os pensamentos.

Um estudo preliminar da versão em português brasileiro do CD-Quest (de Oliveira, Osório et al., 2011) foi realizado para avaliar as propriedades psicométricas iniciais em uma amostra de estudantes universitários, composta por alunos dos cursos de medicina e psicologia (N = 184; idade = 21,8 ± 2,37). A amostra foi avaliada por meio das seguintes ferramentas: CD-Quest, Inventário de Depressão de Beck (BDI), Inventário de Ansiedade de Beck (BAI) e Questionário de Pensamentos Automáticos (ATQ). Esses instrumentos de autorrelato foram usados coletivamente nas salas de aula. Concluiu-se que o CD-Quest tem boa consistência interna (0,83 – 0,86) e validade concorrente com o BDI (0,65), com o BAI (0,51) e com o ATQ (0,65). Além disso, ele foi capaz de separar os grupos que possuem indicadores depressivos (BDI ≥ 12) e ansiosos (BAI ≥ 11) daqueles que não possuem tais indicadores (p < 0,001). Uma análise fatorial exploratória usando análise de componentes principais com rotação *varimax* revelou a presença de quatro fatores que juntos explicaram 56,6% da variância de dados. Os fatores compreenderam os seguintes tipos de distorções cognitivas: (a) Fator I: pensamento dicotômico, abstração seletiva, personalização, declarações do tipo "deveria", "e se", comparações injustas; (b) Fator II: raciocínio emocional, rotulação, leitura mental, conclusões precipitadas; (c) Fator III: adivinhação, desqualificação dos aspectos positivos, ampliação/minimização; e (d) Fator IV: supergeneralização, culpar a si mesmo ou aos outros. Concluiu-se que o CD-Quest tem boas propriedades psicométricas, justificando mais estudos destinados a determinar sua validade preditiva, a expandir sua validade de construto e a medir o quanto ele é útil para a mudança alcançada pelos pacientes em TCP.

Explicando o CD-Quest para o paciente

A seguinte transcrição fornece uma ideia de como o terapeuta pode apresentar o CD-Quest para o paciente.

T: Paulo, estou feliz que você tenha apreciado a folha de distorções cognitivas. Ela será muito útil em nossa sessão, hoje. A ideia é ajudá-lo a se conscientizar de seus erros de pensamento e a ter uma ideia da mudança deles com o tempo, à medida que a terapia prossegue.
P: Sim.
T: Eu gostaria de voltar à situação entre você e João. O que se passou em sua mente?
P: Que meu texto estava ruim, que João não teria feito correções se o texto fosse bom.
T: Você se lembra que chamamos isso de pensamento automático, e que você acreditou muito nele, 90%?
P: Está certo. Eu acreditei muito nele, 90%.
T: Sabemos agora que todos nós possuímos milhares de pensamentos durante o dia. Você também sabe que esses pensamentos são palavras, frases e imagens que nos passam pela cabeça enquanto estamos fazendo as coisas. Muitos desses pensamentos são corretos, mas muitos são distorcidos. É por isso que eles são chamados de erros cognitivos ou distorções cognitivas.
P: Isso está claro para mim agora.

T: Assim, você pode ler o primeiro item?
P: Claro. "Pensamento dicotômico (também chamado pensamento do tipo tudo ou nada, em preto e branco, ou polarizado: Eu vejo uma situação, uma pessoa ou um acontecimento somente em termos de 'tudo ou nada', encaixando-os apenas nessas duas categorias extremas em vez de em um *continuum*. Exemplos: "Eu cometi um erro; portanto, eu sou um fracasso." "Comi mais do que planejei; portanto, estraguei completamente a minha dieta."
T: Por favor, dê uma olhada nesta grade. Existem pontuações para a frequência com que os pensamentos nas colunas ocorrem, e também pontuações para o quanto você acreditou nos pensamentos nessas linhas. Com que frequência você teve esse tipo de pensamento, como: "João não gostou do meu trabalho"?
P: Ele me ocorreu várias vezes, de sexta-feira a domingo, ou seja, por três dias.
T: Em que coluna você coloca isso?
P: Aqui, nesta coluna: "Boa parte do tempo."
T: E quanto você acreditou no pensamento?
P: Até 90%.
T: Em que linha você coloca isso?
P: Naquela que indica "Muito (mais do que 70%)." Portanto, suponho que devo fazer um círculo em torno da pontuação 4, certo?
T: Exatamente. Podemos continuar e ver os outros itens deste questionário?

Questionário de Distorções Cognitivas (CD-Quest)

Irismar Reis de Oliveira, MD, PhD
Departamento de Neurociências e Saúde Mental
Universidade Federal da Bahia, Brasil

Todos nós temos milhares de pensamentos durante o dia. Esses pensamentos são palavras, frases e imagens que vêm à nossa mente enquanto estamos fazendo coisas. Muitos desses pensamentos são corretos, mas muitos são distorcidos. Por isso, são chamados de erros cognitivos ou distorções cognitivas.

Por exemplo, Paulo é um jornalista competente que teve seu trabalho de 10 páginas avaliado por João, editor de um importante jornal local. João fez correções em um parágrafo do texto e fez algumas sugestões de menor importância. Embora aprovasse o texto de Paulo, este ficou ansioso e pensou: "Este trabalho está muito ruim. Se estivesse bom, João não teria feito qualquer correção".

Para Paulo, ou o trabalho é bom ou é ruim. Esse tipo de erro de pensamento é, às vezes, chamado de pensamento dicotômico. Como esse pensamento voltou à mente de Paulo várias vezes de sexta-feira a domingo (três dias), e Paulo acreditou nele pelo menos 75%, ele fez um círculo em torno do número 4 na quarta coluna da grade abaixo.

1. **Pensamento dicotômico (também chamado pensamento tudo ou nada, preto e branco ou polarizado):** Eu vejo a situação, a pessoa ou o acontecimento em termos de "tudo ou nada", encaixando-os em apenas duas categorias extremas em vez de em um *continuum*.

EXEMPLOS: "Eu cometi um erro; portanto, sou um fracasso"; "Comi mais do que planejei; portanto, estraguei completamente a minha dieta." Exemplo de Paulo: "Este trabalho está muito ruim. Se estivesse bom, João não teria feito qualquer correção."

Frequência:	Não (Não ocorreu)	Ocasional (1-2 dias durante esta semana)	Boa parte do tempo (3-5 dias durante esta semana)	Quase todo o tempo (6-7 dias durante esta semana)
Intensidade: Acreditei...	0			
Um pouco (até 30%)		1	2	3
Médio (31 a 70%)		2	3	4
Muito (mais de 70%)		3	④	5

Por favor, vire a página e avalie seu próprio estilo de pensamento.

Copyright: Irismar Reis de Oliveira; http//trial-basedcognitivetherapy.com

Questionário de Distorções Cognitivas
CD-Quest
Irismar Reis de Oliveira, MD, PhD

Nome: _____ Data: _____

Faça um círculo em torno do número correspondente a cada opção abaixo, indicando os erros ou distorções cognitivas que você notou estar fazendo *durante esta semana*. Ao avaliar cada distorção cognitiva, por favor, indique o quanto você acreditou nela no momento em que ocorreu (não o quanto você acredita agora) e com que frequência ela ocorreu.

DURANTE A SEMANA PASSADA, PERCEBI QUE ESTAVA PENSANDO DA SEGUINTE FORMA:

1. **Pensamento dicotômico (também denominado pensamento do tipo tudo ou nada, preto e branco ou polarizado):** Eu vejo a situação, a pessoa ou o acontecimento em termos de "uma coisa ou outra", colocando-as em apenas duas categorias extremas em vez de em um *continuum*.
EXEMPLOS: "Eu cometi um erro; portanto, sou um fracasso." "Comi mais do que planejei; portanto, estraguei completamente minha dieta."

Frequência:	Não (Não ocorreu)	Ocasional (1-2 dias durante esta semana)	Boa parte do tempo (3-5 dias durante esta semana)	Quase todo o tempo (6-7 dias durante esta semana)
Intensidade: Acreditei...	0			
Um pouco (até 30%)		1	2	3
Médio (31 a 70%)		2	3	4
Muito (mais de 70%)		3	4	5

2. **Previsão do futuro (também denominada catastrofização):** Antecipo o futuro em termos negativos e acredito que o que acontecerá será tão horrível que eu não vou suportar.
EXEMPLOS: "Vou fracassar e isso será insuportável". "Vou ficar tão perturbado que não conseguirei me concentrar na prova."

Frequência:	Não (Não ocorreu)	Ocasional (1-2 dias durante esta semana)	Boa parte do tempo (3-5 dias durante esta semana)	Quase todo o tempo (6-7 dias durante esta semana)
Intensidade: Acreditei...	0			
Um pouco (até 30%)		1	2	3
Médio (31 a 70%)		2	3	4
Muito (mais de 70%)		3	4	5

3. **Desqualificação dos aspectos positivos:** Desqualifico e desvalorizo experiências e acontecimentos positivos, insistindo que eles não são importantes.

EXEMPLOS: "Fui aprovado no exame, mas foi apenas sorte." "Entrar para a universidade não é grande coisa, qualquer um consegue."

Frequência:	Não (Não ocorreu)	Ocasional (1-2 dias durante esta semana)	Boa parte do tempo (3-5 dias durante esta semana)	Quase todo o tempo (6-7 dias durante esta semana)
Intensidade: Acreditei...	0			
Um pouco (até 30%)		1	2	3
Médio (31 a 70%)		2	3	4
Muito (mais de 70%)		3	4	5

4. **Raciocínio emocional:** Acredito que minhas emoções refletem o que as coisas realmente são e deixo que elas guiem minhas atitudes e meus julgamentos.

EXEMPLOS: "Eu acho que ela me ama; portanto, deve ser verdade." "Tenho pavor de aviões; logo, voar deve ser perigoso." "Meus sentimentos dizem que não devo acreditar nele."

Frequência:	Não (Não ocorreu)	Ocasional (1-2 dias durante esta semana)	Boa parte do tempo (3-5 dias durante esta semana)	Quase todo o tempo (6-7 dias durante esta semana)
Intensidade: Acreditei...	0			
Um pouco (até 30%)		1	2	3
Médio (31 a 70%)		2	3	4
Muito (mais de 70%)		3	4	5

© 2015, *Trial-Based Cognitive Therapy*, Irismar Reis de Oliveira, Routledge

5. **Rotulação:** Coloco um rótulo fixo global e geralmente negativo em mim ou nos outros.

EXEMPLOS: "Sou um fracassado." "Ele é uma pessoa podre." "Ela é uma completa imbecil."

Frequência:	Não (Não ocorreu)	Ocasional (1-2 dias durante esta semana)	Boa parte do tempo (3-5 dias durante esta semana)	Quase todo o tempo (6-7 dias durante esta semana)
Intensidade: Acreditei...	0			
Um pouco (até 30%)		1	2	3
Médio (31 a 70%)		2	3	4
Muito (mais de 70%)		3	4	5

6. **Ampliação/minimização:** Avalio a mim mesmo(a), aos outros e às situações ampliando os aspectos negativos e/ou minimizando os aspectos positivos.

EXEMPLOS: "Consegui um 8 na prova. Isso demonstra o quanto meu desempenho foi ruim." "Consegui um 10. Isso significa que o teste foi muito fácil."

Frequência:	Não (Não ocorreu)	Ocasional (1-2 dias durante esta semana)	Boa parte do tempo (3-5 dias durante esta semana)	Quase todo o tempo (6-7 dias durante esta semana)
Intensidade: Acreditei...	0			
Um pouco (até 30%)		1	2	3
Médio (31 a 70%)		2	3	4
Muito (mais de 70%)		3	4	5

7. **Abstração seletiva (também denominada filtro mental e visão em túnel):** Presto atenção em um ou em poucos detalhes e não consigo ver o quadro inteiro.

EXEMPLOS: "Miguel apontou um erro em meu trabalho. Então, posso ser despedido." (Não considerando o retorno positivo de Miguel). "Não consigo esquecer que aquela informação que dei durante minha apresentação estava errada." (Deixando de considerar o sucesso da apresentação e os aplausos das pessoas.)

Frequência:	Não (Não ocorreu)	Ocasional (1-2 dias durante esta semana)	Boa parte do tempo (3-5 dias durante esta semana)	Quase todo o tempo (6-7 dias durante esta semana)
Intensidade: Acreditei...	0			
Um pouco (até 30%)		1	2	3
Médio (31 a 70%)		2	3	4
Muito (mais de 70%)		3	4	5

8. **Leitura mental:** Acredito que conheço os pensamentos ou as intenções dos outros (ou que eles conhecem meus pensamentos ou intenções) sem ter evidências suficientes.

EXEMPLOS: "Ele está pensando que eu falhei." "Ela achou que eu não conhecia o projeto." "Ele sabe que eu não gosto de ser tocado(a) desse jeito."

Frequência:	Não (Não ocorreu)	Ocasional (1-2 dias durante esta semana)	Boa parte do tempo (3-5 dias durante esta semana)	Quase todo o tempo (6-7 dias durante esta semana)
Intensidade: Acreditei...	0			
Um pouco (até 30%)		1	2	3
Médio (31 a 70%)		2	3	4
Muito (mais de 70%)		3	4	5

9. **Supergeneralização:** Tomo casos negativos isolados e os generalizo, transformando-os em um padrão interminável com o uso repetido de palavras como "sempre", "nunca", "jamais", "todo", "inteiro", etc.

EXEMPLOS: "Estava chovendo esta manhã, o que significa que choverá todo o fim de semana." "Que azar! Perdi o avião; logo, isso vai estragar minhas férias inteiras." "Minha dor de cabeça nunca vai passar."

Frequência:	Não (Não ocorreu)	Ocasional (1-2 dias durante esta semana)	Boa parte do tempo (3-5 dias durante esta semana)	Quase todo o tempo (6-7 dias durante esta semana)
Intensidade: Acreditei...	0			
Um pouco (até 30%)		1	2	3
Médio (31 a 70%)		2	3	4
Muito (mais de 70%)		3	4	5

10. **Personalização:** Assumo que os comportamentos dos outros e que eventos externos dizem respeito (ou são direcionados) a mim, sem considerar outras explicações plausíveis.

EXEMPLOS: "Me senti mal porque a moça do caixa não me agradeceu" (sem considerar que ela não agradeceu ninguém). "Meu marido me deixou porque eu era uma péssima esposa." (Sem considerar que ela era sua quarta esposa.)

Frequência:	Não (Não ocorreu)	Ocasional (1-2 dias durante esta semana)	Boa parte do tempo (3-5 dias durante esta semana)	Quase todo o tempo (6-7 dias durante esta semana)
Intensidade: Acreditei...	0			
Um pouco (até 30%)		1	2	3
Médio (31 a 70%)		2	3	4
Muito (mais de 70%)		3	4	5

11. **Afirmações do tipo "deveria" (também "devia", "devo", "tenho de"):** Digo a mim mesmo que os acontecimentos, os comportamentos das pessoas e as minhas próprias atitudes "deveriam" ser da forma que espero que sejam e não como realmente são.

EXEMPLOS: "Eu deveria ter sido uma mãe melhor." "Ele deveria ter se casado com Ana em vez de Maria." "Eu não devia ter cometido tantos erros."

Frequência:	Não (Não ocorreu)	Ocasional (1-2 dias durante esta semana)	Boa parte do tempo (3-5 dias durante esta semana)	Quase todo o tempo (6-7 dias durante esta semana)
Intensidade: Acreditei...	0			
Um pouco (até 30%)		1	2	3
Médio (31 a 70%)		2	3	4
Muito (mais de 70%)		3	4	5

12. **Conclusões precipitadas (também conhecidas como inferências arbitrárias):** Tiro conclusões (negativas ou positivas) a partir de nenhuma ou de poucas evidências confirmatórias.

EXEMPLOS: "Logo que o vi, soube que ele faria um trabalho deplorável." "Ele olhou para mim de um modo que logo concluí que ele foi o responsável pelo acidente."

Frequência:	Não (Não ocorreu)	Ocasional (1-2 dias durante esta semana)	Boa parte do tempo (3-5 dias durante esta semana)	Quase todo o tempo (6-7 dias durante esta semana)
Intensidade: Acreditei...	0			
Um pouco (até 30%)		1	2	3
Médio (31 a 70%)		2	3	4
Muito (mais de 70%)		3	4	5

13. **Culpar (a outros ou a si mesmo):** Considero os outros como fontes de meus sentimentos e experiências, deixando de considerar minha própria responsabilidade; ou, inversamente, responsabilizo-me pelos comportamentos e atitudes de outros.

EXEMPLOS: "Meus pais são os únicos culpados por minha infelicidade." "É minha culpa que meu filho tenha se casado com uma pessoa tão egoísta e indiferente."

Frequência:	Não (Não ocorreu)	Ocasional (1-2 dias durante esta semana)	Boa parte do tempo (3-5 dias durante esta semana)	Quase todo o tempo (6-7 dias durante esta semana)
Intensidade: Acreditei...	0			
Um pouco (até 30%)		1	2	3
Médio (31 a 70%)		2	3	4
Muito (mais de 70%)		3	4	5

14. **E se?:** Fico me fazendo perguntas do tipo "e se acontecer alguma coisa?".

EXEMPLOS: "E se eu bater o carro?" "E se eu tiver um ataque cardíaco?" "E se meu marido me deixar?"

Frequência:	Não (Não ocorreu)	Ocasional (1-2 dias durante esta semana)	Boa parte do tempo (3-5 dias durante esta semana)	Quase todo o tempo (6-7 dias durante esta semana)
Intensidade: Acreditei...	0			
Um pouco (até 30%)		1	2	3
Médio (31 a 70%)		2	3	4
Muito (mais de 70%)		3	4	5

15. **Comparações injustas:** Comparo-me com outras pessoas que parecem se sair melhor do que eu e me coloco em posição de desvantagem.

EXEMPLOS: "Meu pai sempre preferiu meu irmão mais velho porque ele é muito mais inteligente do que eu." "Não consigo suportar o fato de ela ter mais sucesso do que eu."

Frequência:	Não (Não ocorreu)	Ocasional (1-2 dias durante esta semana)	Boa parte do tempo (3-5 dias durante esta semana)	Quase todo o tempo (6-7 dias durante esta semana)
Intensidade: Acreditei...	0			
Um pouco (até 30%)		1	2	3
Médio (31 a 70%)		2	3	4
Muito (mais de 70%)		3	4	5

© 2015, *Trial-Based Cognitive Therapy*, Irismar Reis de Oliveira, Routledge

DIÁLOGO DE ILUSTRAÇÃO DE CASO

Ligação com a Sessão 1

T: Bom dia, Leslie.
P: Bom dia, Dr. Irismar.
T: Como foi sua semana? Pergunto isso em relação ao que conversamos na semana passada. Estou curioso para saber o que essa semana representou para você, considerando o que conversamos aqui.
P: Dr. Irismar, essa semana foi diferentes das outras, embora as mesmas coisas tenham acontecido. Comecei a identificar algumas coisas que eu não tinha identificado anteriormente, coisas que eu não sabia. Assim, eu observei minhas emoções, bem como meu comportamento e minhas reações fisiológicas no trabalho.
T: E talvez você tenha observado essas coisas por causa do que você aprendeu na última sessão, posso dizer isso?
P: Sim.
T: Aquele diagrama que eu lhe mostrei na semana passada lhe ajudou?
P: Sim, ajudou muito, porque comecei a compreender minha situação de forma mais clara. Percebi como uma situação pode ativar um pensamento, o qual ativa uma emoção, um comportamento e minhas reações fisiológicas. Observei o que você explicou tão bem – a autoperpetuação – e o que ensinou da lista de distorções; também observei algumas situações no trabalho. Passei a notar quando minha emoção mudava ou quando eu me sentia mais ansiosa. Ou, ainda, quando eu preferia fugir de uma situação, com medo de enfrentá-la. Assim, comecei a ler a lista e passei a identificar alguns erros de pensamento que eu estava cometendo.
T: Ótimo! Você fez um excelente resumo de nossa primeira sessão de terapia.

Definindo a agenda

T: Isso me deixa muito curioso e eu gostaria que revisássemos a tarefa de casa que lhe dei, mas também gostaria de estabelecer uma coisa que faremos sempre nas próximas sessões. É o que, em terapia cognitiva, chamamos de agenda. Podemos nos abster de chamá-la de agenda, podemos chamá-la de tópicos, ou podemos falar de problemas que serão discutidos durante cada sessão. Mas o que importa é definir os assuntos mais importantes para você em cada sessão. Portanto, podemos pôr na agenda a revisão da tarefa que lhe passei?
P: Sim, podemos.
T: Você acrescentaria mais alguma coisa que seja importante para hoje, alguma coisa que lhe mobilizou durante a semana?
P: Não, não, Dr. Irismar. Na verdade, o que mais me mobilizou foi perceber minha ansiedade e os sintomas físicos que tenho por causa dos pensamentos que você

chama de distorções cognitivas, que explicam muito bem a situação da minha vida hoje.
T: Certo. Então podemos continuar aprendendo essas coisas, mesmo sem ter um tema específico?
P: Sim.
T: Assim, além de revisar a tarefa de casa e o questionário de ansiedade que você preencheu antes de nossa sessão, talvez nosso item de agenda possa apresentá-la a um questionário que a ajude a aprender mais sobre distorções cognitivas.
P: Certo.

Revisando questionários e tarefas de casa

T: Ótimo. Então vamos fazer o seguinte: como foi ler aquela lista de distorções? Você as aprendeu, se familiarizou com elas?
P: Com algumas delas, pois são muitas, não?
T: Exatamente, são muitas. Você teve alguma dificuldade com alguma delas?
P: Não, Dr. Irismar. Algumas delas achei parecidas, sabe? Elas pareciam ser semelhantes. Mas eu consegui visualizar a maioria delas. Evidentemente, ocorreu-me que não estava conseguindo fazer essas coisas muito bem. Mas também achei interessante que, na situação do trabalho, por exemplo, o juiz tinha dito a Anna, aquela colega sobre quem falei na semana passada, que ele queria falar comigo. Daí eu já estava imaginando que ele não gostou do meu trabalho, que queria me despedir...
T: E quando você pôde olhar aquela lista, o que você conseguiu identificar?
P: Previsão do futuro, catastrofização.
T: Ótimo, ótimo! Eu lhe pedi para fazer isso durante a semana e familiarizar-se com as definições daqueles exemplos, porque hoje gostaria de aprender um pouco mais sobre seu estilo de pensamento.
P: Está bem.
T: Antes de lhe apresentar o CD-Quest, vi que você preencheu o questionário de ansiedade, e que sua pontuação foi 39. Isso reflete seu nível de ansiedade. Talvez você compreenda isso melhor quando estiver mais familiarizada com o CD--Quest. Posso apresentá-lo?
P: Claro.

Apresentando o CD-Quest (principal item da agenda)

T: Vou apresentar as mesmas definições, os mesmos exemplos, só que agora em outro formato, Leslie, que é o CD-Quest, assim chamado por ser uma sigla de Questionário de Distorções Cognitivas em inglês: *Cognitive Distorsions Questionnaire*. Inicialmente, direi um exemplo para que isso fique claro. Você gostaria de ver o exemplo inicial? Vou lhe dar um momento para que o leia e veja se está tudo claro, certo? Leia, por favor.

P: [Leslie lê as instruções do CD-Quest em voz alta.] "Todos nós temos milhares de pensamentos durante o dia. Esses pensamentos são palavras, frases e imagens que vêm à nossa mente enquanto estamos fazendo coisas. Muitos desses pensamentos são corretos, mas muitos são distorcidos. Por isso, são chamados de erros cognitivos ou distorções cognitivas. Por exemplo, Paulo é um jornalista competente que teve seu trabalho de 10 páginas avaliado por João, editor de um importante jornal local. João fez correções em um parágrafo do texto e fez algumas sugestões de menor importância. Embora aprovasse o texto de Paulo, este ficou ansioso e pensou: 'Este trabalho está muito ruim. Se estivesse bom, João não teria feito qualquer correção'. Para Paulo, ou o trabalho é bom ou é ruim. Esse tipo de erro de pensamento é, às vezes, chamado de pensamento dicotômico. Como esse pensamento voltou à mente de Paulo várias vezes de sexta-feira a domingo (três dias), e Paulo acreditou nele pelo menos 75%, ele fez um círculo em torno do número 4 na quarta coluna da grade do CD-Quest."

T: Muito bem. Então, você pode ver como isso funciona. Olhe a marca que ele fez para ver se está claro, porque é isso que vou lhe pedir para fazer a seguir.

P: "Pensamento dicotômico (também denominado pensamento do tipo tudo ou nada, preto e branco ou polarizado): Eu vejo a situação, a pessoa ou o acontecimento em termos de uma coisa ou outra, encaixando-os em apenas duas categorias extremas em vez de em um *continuum*. EXEMPLOS: "Eu cometi um erro; portanto, sou um fracasso." "Comi mais do que planejei; portanto, estraguei completamente minha dieta."

T: E depois temos o exemplo de Paulo, certo?

P: Sim. "Este trabalho está muito ruim. Se estivesse bom, João não teria feito qualquer correção".

T: Muito bem, o que você vê aqui nesta grade?

P: Que eu devo escrever a frequência e a intensidade do quanto eu acreditei em um pensamento durante a semana, certo?

T: Isso. Está vendo estas colunas? [O terapeuta mostra as colunas do CD-Quest.] As colunas indicarão a frequência do que aconteceu. Aqui embaixo, por exemplo: aconteceu durante três dias, neste caso, com Paulo, certo? Logo, observe que você vai escrever nesta coluna aqui.

P: Agora entendo.

T: Certo. Mas também quero saber o quanto ele acreditou no pensamento. Você pode ver que ele acreditou 75%. Portanto, se isso aconteceu na maior parte do tempo por três dias, e ele acreditava muito nisso, mais do que 70%, onde ele iria marcar?

P: Ah! Entendi, Dr. Irismar. É por isso que o número 4 está marcado neste exemplo.

T: Exatamente.

P: Então, existem colunas e linhas com a frequência dos dias em que isso aconteceu, e o quanto acreditei em um dos meus pensamentos.
T: Parece que está claro agora, não?
P: Sim, está.
T: Muito bem. Então, agora eu gostaria que você examinasse cada item, um por um, e veremos seu próprio estilo de pensamento.
P: Perfeito.
T: Então vou lhe dar a mesma folha de papel com a lista de distorções, que contém os mesmos itens e exemplos do CD-Quest. Eu gostaria que você continuasse usando esta lista para que esteja preparada para preencher o CD-Quest quando chegar para a próxima sessão, certo?
P: Sim.
T: Vamos ver o que você vai marcar então.

Preenchendo o CD-Quest

T: [O terapeuta e a paciente levam cerca de 20 a 25 minutos para examinar o CD-Quest.] Então, Leslie, vejo que terminamos de preencher este questionário. O que você descobriu ao preenchê-lo? São os mesmos itens que você examinou durante a semana. Também reparei que você teve alguma dificuldade com um deles, sobre o qual tivemos que conversar enquanto você o preenchia: raciocínio emocional. Ao que parece, você não tinha reparado nesse erro de pensamento durante a semana, e, na avaliação, me pareceu que sua pontuação nele foi bem alta. O que aconteceu?
P: Dr. Irismar, eu escrevi algumas situações, como você me pediu para fazer. Toda vez que alguém entra no cartório, eu me sinto tão ansiosa, tão nervosa que tenho certeza que todo mundo nota.
T: Certo. Mas é exatamente isso o que vemos aqui. Você não havia identificado isso como possivelmente sendo raciocínio emocional; ou seja, você acredita ser verdade pelo fato de estar sentindo isso, certo?
P: Sim.

Atribuindo a tarefa de casa, resumindo e concluindo a Sessão 2

T: Isso é ótimo! Leslie, como você resumiria o que fizemos aqui hoje?
P: Antes da sessão, eu preenchi o questionário que mede o meu nível de ansiedade. Neste caso, cheguei a uma pontuação de 39. Aparentemente, o que estou pensando parece influenciar o modo como eu me sinto, não é? Depois, você me ensinou a preencher o CD-Quest, como o principal item da agenda. Embora eu esteja um pouco preocupada agora – porque notei como estou ansiosa –, espero ser capaz de pensar de maneira diferente. E se eu realmente pensar de maneira diferente, isso tudo pode mudar, certo?

T: Espero que sim. Quando você se depara com um pensamento deste tipo e vê que está lendo a mente de outra pessoa, você diz "Puxa, estou fazendo leitura mental. Qual é a chance de eu ser capaz de ler a mente de outra pessoa?"
P: Sim.
T: Você acha que acreditará nesse pensamento da mesma forma?
P: Não. Eu ficarei aliviada, Dr. Irismar, quando alguém entrar no escritório e eu me der conta de que estou pensando que a pessoa pensa que estou nervosa, ansiosa, e que não sou competente, que eu não tenho a real capacidade de pensar isso.
T: Certo. Você não tem a capacidade de ler a mente das pessoas, nem elas a capacidade de ler a sua mente.
P: Verdade.
T: Ótimo, Leslie. Então, o que temos para a próxima semana? Eu gostaria que você levasse outra folha como esta, com as definições das distorções cognitivas. Na verdade, vou fazer uma cópia daquela que você trouxe para ter uma com os seus exemplos, certo?
P: Tudo bem. Eu posso fazer isso.
T: Ótimo, Leslie. Estou curioso para ver se você vai conseguir identificar distorções cognitivas com mais facilidade esta semana, caso elas ocorram. Certo?
P: Certo. Muito obrigada.
T: Tenha um bom dia.

MUDANDO PENSAMENTOS AUTOMÁTICOS DISFUNCIONAIS 3

Resumo de tópicos

- Introdução
- Registro de pensamento intrapessoal (RP-Intra)
- Apresentando o RP-Intra ao paciente
- Registro de pensamento interpessoal (RP-Inter)
- Apresentando o RP-Inter ao paciente

Diálogo de ilustração de caso

- Ligação com a Sessão 2
- Definindo a agenda
- Revisando questionários e tarefas de casa
- Trabalhando no item da agenda
- Apresentando o RP-Intra para trabalhar no item principal da agenda
- Atribuindo a tarefa de casa, resumindo e concluindo a Sessão 3

Introdução

Para os terapeutas cognitivos, cognições exageradas ou tendenciosas, da mesma forma que acontece com os pensamentos automáticos (PAs), tendem a manter ou a exacerbar estados estressantes como depressão, ansiedade e raiva (Leahy, 2003). Os pensamentos automáticos são definidos como pensamentos rápidos, avaliativos, que não resultam de deliberação ou raciocínio; consequentemente, a pessoa os supõe verdadeiros e age de acordo com eles sem analisá-los (J. S. Beck, 2012).

Beck, Rush, Shaw e Emery (1979) criaram o Registro de Pensamento Disfuncional (RPD) – uma planilha que visa ajudar os pacientes a responder aos PAs com mais eficiência, mudando, assim, os estados de humor negativos e os comportamentos problemáticos. Essa abordagem é útil para muitos pacientes que usam o RPD sistematicamente. Contudo, alguns pacientes, tendem a não acreditar nos pensamentos alternativos gerados por meio do RPD, os quais buscam ser adaptativos e racionais. Greenberger e Padesky (1995) modificaram o RPD original de cinco colunas proposto por Beck e colaboradores (1979) ao adicionarem mais duas colunas, permitindo ao paciente incluir evidências que apoiam e que não apoiam os PAs. O RPD resultante, de sete colunas, objetiva a geração de pensamentos mais equilibrados no paciente e, consequentemente, a redução da intensidade desses pensamentos e a melhora dos comportamentos disfuncionais.

Embora tenha-se demonstrado que produzir novos pensamentos alternativos equilibrados seja algo eficaz, um problema das respostas alternativas racionais recém-criadas é que elas deixam aberta a possibilidade de desqualificação por meio de pensamentos do tipo "sim, mas..." sobre si mesmo e sobre os outros (ver o Capítulo 5 deste manual para uma abordagem sobre como lidar com esta dificuldade). Outra limitação importante do RPD tradicional é que alguns pacientes, apesar da repetida prática em sessão com o terapeuta, se recusam a preenchê-lo como tarefa de casa porque acham difícil pensar em novas respostas alternativas e equilibradas.

Registro de pensamento intrapessoal (RP-Intra)

Eu propus o RP-Intra (de Oliveira, 2012a) para reduzir as dificuldades enfrentadas pelo paciente quando tenta mudar os PAs (Fig 3.1). Embora à primeira vista este registro de pensamentos pareça mais complexo e complicado do que o RPD convencional, ele apresenta três vantagens:

1. Inclui os mesmos componentes do primeiro nível do DCC, apresentado ao paciente na Sessão 1, com o qual ele está familiarizado.
2. O paciente é levado a responder perguntas específicas, reduzindo a incerteza ao procurar pensamentos e sentimentos alternativos.
3. Quando o paciente memoriza as perguntas do RP-Intra (e isso é feito em sessão com auxílio do terapeuta), é mais fácil para ele respondê-las.

Sugiro que o terapeuta limite o trabalho a apenas um RP-Intra por sessão (geralmente, de uma a três sessões), a fim de ter tempo para praticar e explorar o RP-Intra ao máximo. Ir e vir examinando os detalhes, resumindo-os repetidamente e depois pedindo ao paciente que resuma cada parte do formulário o ajudará a familiarizar-se com este registro de pensamento, para que, depois de algumas repetições como tarefa de casa, o paciente sinta-se à vontade para lidar com ele.

Esta sessão – em que terapeuta e paciente revisam os questionários preenchidos antes de iniciá-la – é dedicada a ensinar o paciente a responder aos PAs por meio do RP-Intra e, às vezes, adicionalmente, do registro de pensamento interpessoal (RP-Inter, discutido no decorrer deste capítulo). Assim, com o CD-Quest preenchido, uma revisão detalhada da tarefa de casa, que consistiu em identificar as distorções cognitivas durante a semana, é essencial. O terapeuta pode assinalar e conversar com os pacientes sobre os tipos de distorções que foram mais frequentes e que tiveram pontuações mais altas no CD-Quest.

TERAPIA COGNITIVA PROCESSUAL **45**

Situação

1. O que está acontecendo?

Pensamento automático (PA)

2a. O que se passa em minha mente?

2b. Eu acredito nisso ____%

Emoção

3a. Que emoção eu sinto?

3b. Que intensidade ela tem? ____%

Comportamento e resposta fisiológica

4a. O que eu faço?

4b. O que percebo em meu corpo?

5. Vantagens do comportamento:
6. Desvantagens do comportamento:
7. Que distorção cognitiva este PA parece ser?
8. Existem evidências que apoiam este PA?
9. Existem evidências que NÃO apoiam este PA?

Conclusão

10a. As evidências me fazem concluir que:

Portanto:

10b. Eu acredito nisso ____%

Emoção

11a. Que emoções eu sinto agora?
Positiva:
Negativa:

11b. Que intensidade elas têm?
Positiva: ____%
Negativa: ____%

Comportamento e resposta fisiológica

12a. O que eu pretendo fazer?*

12b. O que percebo em meu corpo agora?

13. Quanto eu acredito no PA agora? ____%
14. Como eu estou agora?
 • Igual ☐
 • Um pouco melhor ☐
 • Muito melhor ☐

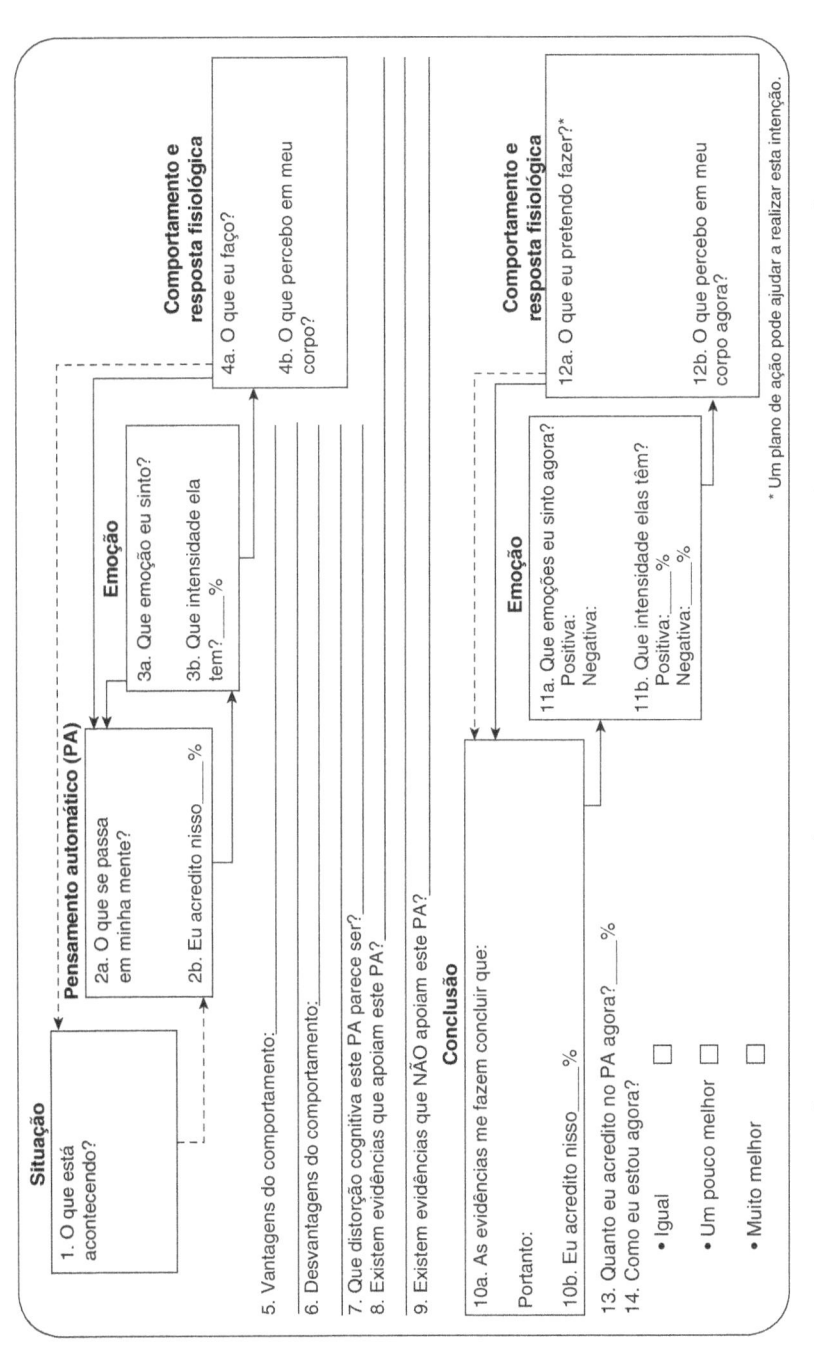

* Um plano de ação pode ajudar a realizar esta intenção.

Figura 3.1 Registro de pensamento intrapessoal (RP-Intra) na TCP, em que se pede aos pacientes que respondam às perguntas numeradas na ordem em que são apresentadas.

Copyright: Irismar Reis de Oliveira; http://trial-basedcognitivetherapy.com

Situação
1. O que está acontecendo?
Na sessão, o Dr. Irismar me pede para pensar em um item da agenda.

Pensamento automático (PA)
2a. O que se passa em minha mente?
Eu não sou inteligente o suficiente e vou fracassar.
2b. Eu acredito nisso 80%

Emoção
3a. Que emoção eu sinto?
Tristeza.
3b. Que intensidade ela tem? 80%

Comportamento e resposta fisiológica
4a. O que eu faço?
Agitada; eu decido não tentar.
4b. O que percebo em meu corpo?
Dor no estômago.

5. Vantagens do comportamento: *Menos ansiosa, menos assustada, sem a necessidade de encarar o fracasso.*
6. Desvantagens do comportamento: *Confirmo que sou um fracasso, e não me dou a chance de ser bem-sucedida, de fazer algo importante em minha vida.*
7. Que distorção cognitiva este PA parece ser? *Previsão do futuro, catastrofização.*
8. Existem evidências que apoiam este PA? *Eu fracassei no ano passado; nem sequer tentei.*
9. Existem evidências que NÃO apoiam este PA? *Mesmo deprimida, consegui trabalhar; fui aprovada em algumas disciplinas.*

Conclusão
10a. As evidências me fazem concluir que: *Mesmo deprimida, eu fui aprovada em algumas disciplinas e consegui trabalhar.*
Portanto: *Minhas chances são melhores agora que estou sem sintomas.*
10b. Eu acredito nisso 70%

Emoção
11a. Que emoções eu sinto agora?
Positiva: *Esperança*
Negativa: *Tristeza*
11b. Que intensidade elas têm?
Positiva: 65%
Negativa: 30%

Comportamento e resposta fisiológica
12a. O que eu pretendo fazer?*
Encontrar uma forma de ficar mais ativa; encontrar forças para estudar e me preparar para as provas; criar um plano de ação com ajuda de meu terapeuta.
12b. O que percebo em meu corpo agora?
Sem dor de estômago.

13. Quanto eu acredito no PA agora? 20%
14. Como eu estou agora?
• Igual ☐
• Um pouco melhor ☐
• Muito melhor ☒

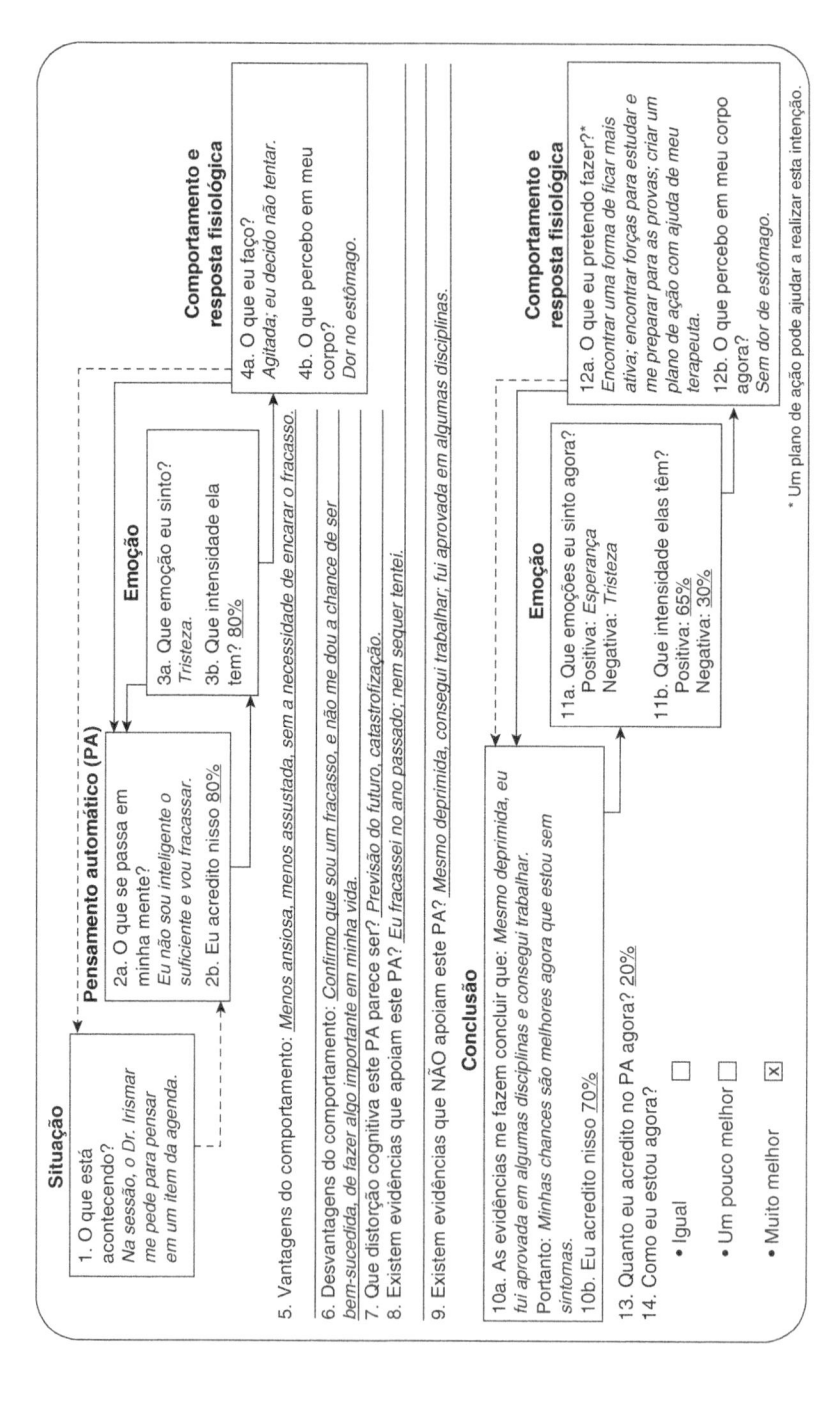

* Um plano de ação pode ajudar a realizar esta intenção.

Figura 3.2 Registro de pensamento intrapessoal (RP-Intra) durante a TCP de Kátia.

Tabela 3.1 Perguntas a serem respondidas pelo paciente quando preenche o RP-Intra

Número da pergunta	Pergunta	RP-Intra
P1	O que está acontecendo?	Caixa da situação
P2a	O que se passa em minha mente agora?	Caixa do pensamento automático
P2b	Quanto eu acredito nisso?	
P3a	O que eu sinto?	Caixa da emoção
P3b	Qual a intensidade de minha emoção?	
P4a	O que eu faço?	Caixa do comportamento e resposta fisiológica
P4b	O que percebo em meu corpo?	
P5	Quais são as vantagens do comportamento?	Vantagens do comportamento
P6	Quais são as desvantagens do comportamento?	Desvantagens do comportamento
P7	Que distorção cognitiva esse pensamento automático parece ser?	Distorção cognitiva
P8	Existem evidências que apoiam o PA?	Evidências que apoiam o PA
P9	Existem evidências que não apoiam o PA?	Evidências que não apoiam o PA
P10a	O que as evidências acima me fazem concluir?	Caixa de conclusão
P10b	Quanto eu acredito na conclusão?	
P11a	Que emoções positivas e negativas eu sinto agora?	Caixa das novas emoções
P11b	Qual a intensidade delas?	
P12a	O que eu pretendo fazer?	Caixa do plano de ação
P12b	O que percebo em meu corpo agora?	
P13	Quanto eu acredito no PA agora?	Avaliação final do PA
P14	Como eu estou agora?	Avaliação final geral

Copyright: Irismar Reis de Oliveira; http//trial-basedcognitivetherapy.com

Apresentando o RP-Intra ao paciente

O RP-Intra contém 14 perguntas para a reestruturação de PAs disfuncionais que devem ser respondidas em ordem pelo paciente (ver Fig. 3.2). No trecho a seguir, os números das perguntas, de acordo com a Tabela 3.1, são indicados após cada pergunta correspondente (p. ex., P1, P2a, etc.).

T: Kátia, o que está acontecendo agora que você resolveu fazer uma faculdade? Você pode descrever a situação? [**P1**]
P: Não sei. A ideia me ocorreu agora, quando você me pediu para trazer alguma coisa para nossa agenda.

T: Você está dizendo que quando lhe pedi um item da agenda, esse tema veio a sua mente?
P: Sim.
T: Talvez, então, você possa descrever a situação da seguinte maneira: "Em sessão, o Dr. Irismar me pede para pensar em um item da agenda." Quando lhe pedi para pensar em um item da agenda, o que passou por sua mente? [**P2a**]
P: Que eu não sou inteligente o suficiente e vou fracassar.
T: Quanto você acredita neste pensamento automático agora? [**P2b**]
P: Muito: 80%.
T: Ao acreditar 80% que você não é inteligente o suficiente, e que vai fracassar, como você se sente? [**P3a**]
P: Triste, muito triste.
T: Qual é a intensidade de sua tristeza, de 0 a 100%? [**P3b**]
P: 80% também.
T: Kátia, o que você faz, ao acreditar 80% que vai fracassar e sentir-se 80% triste? [**P4a**]
P: Não sei. Só de pensar nisso, fico agitada e acho que vou desistir de tudo.
T: O que você nota em seu corpo? [**P4b**]
P: Dor no estômago: meu estômago está se revirando.
T: Existem vantagens de se comportar assim, desistindo? [**P5**]
P: Não vejo nenhuma. Só há desvantagens.
T: Tem certeza? Sempre temos boas razões para fazer o que fazemos, seja o que for. Alguma sensação de alívio?
P: Vendo as coisas desse ponto de vista, sim. Não tentar faz eu me sentir menos ansiosa, menos amedrontada, e, logo, não terei que encarar um fracasso. É uma espécie de alívio, você tem razão.
T: Existem desvantagens ao se comportar assim, desistindo? [**P6**]
P: Com certeza. Eu confirmo que sou um fracasso, e não me dou uma chance de ser bem-sucedida, de fazer alguma coisa importante em minha vida.
T: Você acha que isso poderia ser uma distorção cognitiva? [**P7**]
P: Sim, previsão do futuro. E estou claramente catastrofizando.
T: Kátia, você encontra evidências que apoiam o pensamento de que você não é inteligente e vai fracassar? [**P8**]
P: Eu fui reprovada no ano passado. Eu nem tentei, por causa da minha depressão.
T: Talvez você encontre evidências no outro lado, que não apoiam este pensamento. [**P9**] Você pode tentar?
P: Mesmo deprimida, eu consegui trabalhar. E eu não não fui reprovada em todas as disciplinas. Consegui passar em algumas delas.
T: Levando essas evidências em conta, qual é sua conclusão? Você consegue encontrar uma visão alternativa para seu pensamento automático? [**P10a**]
P: As evidências me levam a concluir que eu estava deprimida e que agora pode ser diferente. Se eu passei em algumas disciplinas e consegui trabalhar mesmo es-

tando deprimida, talvez eu tenha chances melhores agora que estou quase livre de sintomas. Jamais conseguirei se não tentar.
T: Kátia, quanto você acredita na conclusão de que suas chances são melhores agora? [P10b]
P: Eu acredito muito: 70%.
T: E o que essa conclusão faz você sentir agora? Que emoção positiva ela produz? [P11a]
P: Esperança.
T: Qual é a intensidade dessa esperança? [P11b]
P: 65%.
T: E o que acontece com a emoção negativa, a tristeza? [P11a]
P: Ainda estou triste, mas menos.
T: E quão triste você está agora? [P11b]
P: Estou menos triste agora, muito menos: talvez 30%.
T: O que você pretende fazer agora, Kátia? [P12a]
P: Preciso achar um jeito de ficar mais ativa, encontrar coragem para estudar, me preparar para as provas.
T: Está vendo o asterisco na segunda caixa de comportamento e respostas fisiológicas? Ele indica que eu posso ajudá-la a criar um plano de ação. [Planos de ação são explicados no Capítulo 4 deste manual, mas podem ser implementados nesta seção, após o preenchimento do RP-Intra.] Podemos falar sobre isso logo mais. Kátia, você me contou que estava com dor no estômago há alguns minutos atrás. O que você nota em seu corpo agora? [P12b]
P: Estou me sentindo melhor. Não sinto mais dor.
T: Quanto você acredita agora que não é inteligente o suficiente e que vai fracassar?
P: Eu acredito muito menos: 20%.
T: Como você está agora, Kátia, depois deste trabalho que acabamos de fazer? [P14]
P: Muito melhor, muito melhor.

Registro de pensamento interpessoal (RP-Inter)

Ainda que a maioria dos problemas trazidos pelo paciente sejam de natureza interpessoal, é sempre útil começar a ensinar o paciente a usar o RP-Intra primeiro e o RP-Inter depois. O RP-Inter pode ser valioso para ajudar os pacientes a compreender como seus comportamentos afetam os comportamentos dos outros e vice-versa. O RP-Inter a seguir demonstra como informar ao paciente que ele possui um maior controle sobre seu próprio comportamento (ver Fig. 3.3).

O RP-Inter contém 10 perguntas numeradas que devem ser respondidas pelo paciente a fim de reestruturar PAs disfuncionais (Tabela 3.2) sempre que houver outras pessoas envolvidas na situação. Pode ser útil em conflitos interpessoais e especialmente útil para pacientes com transtorno de ansiedade social.

Eu

Situação
1. O que está acontecendo?

Pensamento automático (PA)
2a. O que se passa em minha mente?
2b. Eu acredito nisso ____%

Emoção
3a. Que emoção eu sinto?
3b. Qual é a intensidade dela? ____%

Comportamento e resposta fisiológica
4a. O que eu faço?
4b. O que percebo em meu corpo?

Outra Pessoa

Comportamento do outro
7. O que ele faz?

Possível emoção do outro
6. O que ele/ela possivelmente sente?

Pensamento automático (PA) do outro
5. O que possivelmente se passa na mente dele/dela?

8. Quanto eu acredito no PA agora? ____
9. Como estou agora?
- Igual: ☐
- Um pouco melhor: ☐
- Muito melhor: ☐
10. O que eu pretendo fazer agora?*

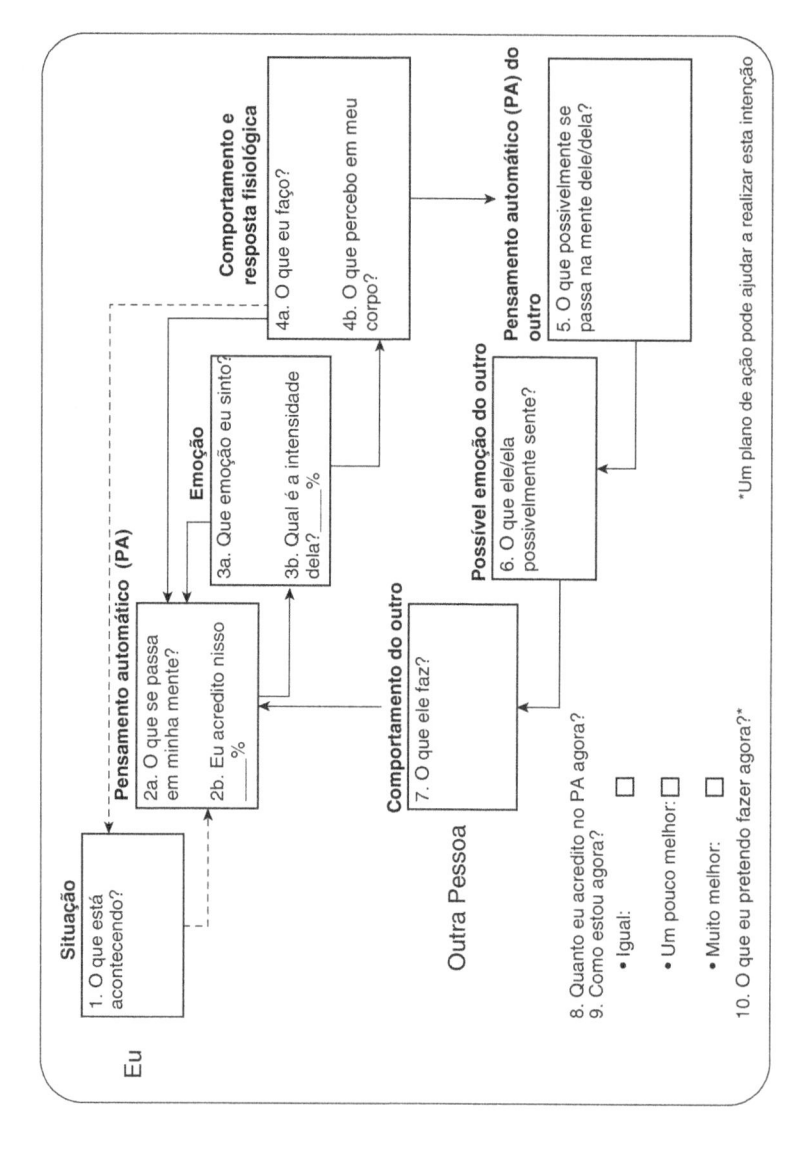

*Um plano de ação pode ajudar a realizar esta intenção

Figura 3.3 Registro de pensamento interpessoal (RP-Inter) da TCP, em que se pede aos pacientes que respondam às perguntas numeradas na ordem em que são apresentadas.

Tabela 3.2 Perguntas a serem respondidas pelo paciente quando preenche o RP-Inter

Número da pergunta	Pergunta	RP-Inter
P1	O que está acontecendo?	Caixa da situação
P2a	O que se passa em minha mente agora?	Caixa do PA
P2b	Quanto eu acredito nisso?	
P3a	O que eu sinto?	Caixa da emoção
P3b	Qual é a intensidade de minha emoção?	
P4a	O que eu faço?	Caixa do comportamento e resposta fisiológica
P4b	O que percebo em meu corpo?	
P5	O que possivelmente se passa na mente dele/dela?	Caixa do PA do outro
P6	O que ele possivelmente sente?	Caixa da possível emoção do outro
P7	O que ele/ela faz?	Caixa do comportamento do outro
P8	Quanto eu acredito no PA agora?	Avaliação final do PA
P9	Como eu estou agora?	Avaliação final geral
P10	O que eu pretendo fazer?	Plano de ação

Copyright: Irismar Reis de Oliveira; http://trial-basedcognitivetherapy.com

Apresentando o RP-Inter ao paciente

No excerto a seguir, os números das perguntas estão de acordo com a Tabela 3.2 e são indicados após cada pergunta correspondente (p. ex., P1, P2a, etc.).

T: Kátia, o que acontece agora se você imagina a mesma situação que acaba de mencionar para mim? Você pode descrever a situação como se ela estivesse acontecendo agora? [**P1**]
P: Meu marido acaba de chegar em casa. Ele diz oi, mas não me beija, como sempre faz.
T: Então, você talvez possa descrever a situação como algo semelhante a "Meu marido chega em casa, diz oi e não me beija". Supondo que estivesse acontecendo agora, o que se passa em sua mente? [**P2a**]
P: Alguma coisa errada aconteceu. Acho que Miguel não me ama mais.
T: Você pode anotar isso na caixa do PA? Quanto você acredita nesse pensamento automático agora? [**P2b**]
P: Muito: 90%.
T: Acreditando 90% que Miguel não a ama mais, como você se sente? [**P3a**]
P: Muito triste.
T: Qual é a intensidade de sua tristeza, de 0 a 100%? [**P3b**]
P: 90% também.
T: Kátia, o que você acha que faz ao acreditar 90% que Miguel não a ama mais e sentindo-se 90% triste? [**P4a**]

P: Eu me torno distante. Só digo oi e continuo assistindo à tv.
T: O que você percebe em seu corpo? [**P4b**]
P: Tensão muscular.
T: Se estivéssemos preenchendo o RP-Intra, a pergunta lógica seguinte seria: você acha que esse pensamento pode ser uma distorção cognitiva? Se fosse o caso, qual distorção cognitiva poderia ser?
P: Poderia ser leitura mental... e catastrofização.
T: Mas a pergunta seguinte é: o que possivelmente passa pela mente de Miguel? [**P5**]
P: Ele poderia pensar: Kátia está zangada comigo.
T: Evidentemente, você não pode ler a mente dele. Mas você consegue imaginar o que ele sentiria se tivesse um PA automático como "Kátia está zangada comigo"? [**P6**]
P: Sim. Na maior parte do tempo, ele fica chateado, até furioso comigo.
T: O que ele faz?
P: Ele se torna distante. Eu conheço o Miguel. Ele sempre espera que eu comece a conversar sobre nossos problemas de relacionamento. Ele nunca toma a iniciativa.
T: É isso que você nota? Miguel fica furioso com você? [**P7**]
P: Sim. É isso que está acontecendo agora.
T: O que você pensa quando Miguel está furioso com você e se torna distante?
P: Eu confirmo meu pensamento de que ele não me ama, e não me dou uma chance de testar esse pensamento. Talvez eu o obrigue a ficar ainda mais distante de mim.
T: Kátia, quanto você acredita no PA "Miguel não me ama mais" agora? [**P8**]
P: Muito menos. Talvez 20%.
T: Como você está agora, Kátia, depois deste trabalho que acabamos de fazer? [**P9**]
P: Muito melhor.
T: O que você pretende fazer? [**P10**]
P: Eu tenho que parar de ser tão tola e de acreditar nos PAs. Tenho que desafiá-los assim que eles surgem em minha mente. Eu vou conversar com Miguel.
T: Você acha que um plano de ação poderia ser útil para atingir esse objetivo?
P: Sim, acho.
T: Então, vamos criar um plano de ação.

DIÁLOGO DE ILUSTRAÇÃO DE CASO

Ligação com a Sessão 2

T: Bom dia, Leslie.
P: Bom dia, Dr. Irismar.
T: Como você está hoje?
P: Bem, obrigada.

T: Ótimo. Se possível, gostaria que você fizesse um pequeno resumo sobre o que a última sessão representou para você.

P: Dr. Irismar, eu gostei muito do material que você me deu, o CD-Quest que preenchemos aqui, pois com ele, pude identificar mais claramente vários de meus pensamentos e a influência que eles exercem em minhas emoções. Assim, já sou capaz de lidar melhor com as situações que antes fariam eu me sentir mais ansiosa. Evidentemente, ainda existem situações que são difíceis para mim. Por exemplo, nessa semana apareceu um advogado muito grosseiro, mas não enrubesci, e minhas mãos não suaram tanto quanto antes. O fato de ter observado, por meio da lista de distorções que você me deu, que as coisas às vezes podem depender de como eu lido com elas, de como eu penso, e ter notado a influência disso em minhas emoções, fez diferença.

T: Certo. Enquanto você continua observando certos padrões de pensamento como distorções, isso lhe permite corrigi-los?

P: Sim. Ocorreu leitura mental neste caso. Então, quando o advogado chega, acho que ele vai pensar que não valho muito, que sou incapaz, que não sou uma boa funcionária.

T: Então, acho que vale à pena estruturarmos nosso trabalho hoje, Leslie, e minha proposta é que poderíamos, inicialmente, revisar a tarefa de casa. Antes de sentarmos aqui hoje, você me entregou uma lista de definições do CD-Quest, que você acabou de citar. Um dos aspectos sobre o qual concordamos desde nossa última sessão foi que você teria junto consigo não apenas esta lista, mas também seus próprios exemplos, e me parece que você tem três ou quatro exemplos aqui que se referem ao que você acabou de dizer.

P: Correto.

Definindo a agenda

T: Então, acho que vale a pena revisar a tarefa de casa e talvez pudéssemos, dentro de nossa agenda, estabelecer alguma coisa que esteja incomodando você como item da agenda. Você já começou falando desse problema que está tendo no trabalho, certo?

C: Sim, e isso me incomoda muito, Dr. Irismar.

T: Existe alguma coisa especialmente incômoda sobre a qual gostaria de falar hoje?

P: Sim. Houve um advogado muito grosseiro, que insistiu que eu lhe desse alguns documentos, um processo que não podia sair do cartório. Fiquei muito perturbada com essa situação.

T: Vamos colocá-la na agenda para discussão?

P: Sim.

T: Você se importa de iniciarmos a revisão da tarefa de casa e depois tratarmos desta questão que está lhe incomodando?

P: Não. Pode ser assim.

Revisando questionários e tarefas de casa

T: Eu lhe dei esta folha de distorções cognitivas. Você já a preencheu na última sessão, e, a partir de agora, eu gostaria que você a mantesse acessível; isso é possível? É importante que você encontre outros exemplos durante a semana, pois, no início de cada sessão, você receberá o CD-Quest para preencher. O CD--Quest de hoje não mudou muito comparado com o da semana passada, mas me parece que você não teve dificuldade para preenchê-lo.
P: Sim, foi mais fácil.
T: Receber esta lista e trazer estes exemplos ajudou você a lembrar-se melhor?
P: Sim, ajudou. Por exemplo, no trabalho, quando um advogado chega e quer conversar comigo, já começo a pensar que ele quer conversar comigo porque tenho dificuldade para dizer não.
T: E você encontrou isso naquela folha?
P: Sim. Eu desvalorizo muito meus aspectos positivos. Havia uma jovem advogada, Carla, que estava no cartório e me disse que gostava de ser atendida por mim porque sou calma. Assim, penso que, em vez de me achar calma, ela pensa mesmo é que sou boba, porque faço o que ela quer.
T: E como você registrou isso?
P: Desqualificação de aspectos positivos.
T: E, talvez, leitura mental também, certo?
P: Certo. Eu imagino o que a outra pessoa está pensando de mim.
T: Exatamente.
P: Certo, eu faço isso. Também cometo personalização; ou seja, interpreto comentários ou perguntas como se eles se referissem a mim. Assim, quando acontece alguma coisa no trabalho, fico pensando que a culpa é minha, mesmo não tendo nada a ver com a situação. Daí vem a ansiedade, e começo a enrubescer. Agora, consigo ao menos parar e identificar pensamentos em algumas situações, nomeá-los e saber que eles podem ser distorções.
T: Parar e identificar essas situações, e se dar conta de que elas podem ser distorções cognitivas (porque elas não são distorções cognitivas o tempo todo) lhe dá uma chance de ter uma postura mais crítica em relação a esses pensamentos?
P: Sim.

Trabalhando no item da agenda

T: Ótimo. Leslie, o fato de estar um pouco mais familiarizada com esta lista, com estas distorções cognitivas, e de poder defini-las, torna mais fácil identificá-las?
P: Sim.
T: Isso pode facilitar a tarefa que eu gostaria de propor hoje, já em nossa agenda, caso queira começá-la. Você está trazendo uma situação do trabalho, e talvez possamos passar já para esta parte da sessão. Você pode trazer este exemplo para trabalharmos aqui – o que acha?

P: Ótimo, acho que está bem.
T: Você gostaria de me contar o que aconteceu?
P: Certo. Um advogado muito grosseiro insistiu que eu lhe entregasse alguns documentos, um processo que não podia sair do cartório. Eu disse que, infelizmente, eu não podia entregar os documentos, mas que ele deveria retornar mais tarde, e eu então veria o que fazer. Daí penso que ele me acha tola, que ele pode fazer qualquer coisa comigo, mas consegui não dar os documentos a ele.
T: O que foi, na verdade, um progresso, não foi?
P: Sim.
T: E isso era o que você queria, não era?
P: Sim. Eu costumava sempre entregar os documentos. Eu fazia isso mesmo quando eles não podiam sair do escritório.
T: E dessa vez você conseguiu, ao menos, não entregar os papéis, correto?
P: Sim, Dr. Irismar, mas eu fico me culpando. Fico ansiosa, porque eu deveria dizer que não podia e pronto. A minha colega Anna diz, "Olha, você não pode levar os documentos do processo; são as regras do cartório". E eu ainda falei para ele voltar mais tarde.

Apresentando o RP-Intra para trabalhar no item principal da agenda

T: Bem, talvez possamos fazer algo a mais hoje, Leslie, que posteriormente poderá ajudá-la com isso. Vou lhe mostrar um tipo de registro de pensamentos. Na terapia cognitiva processual nós o chamamos de registro de pensamentos intrapessoal, ou apenas RP-Intra. Veja que a parte superior deste registro é parecida com o diagrama de conceituação que lhe apresentei – você se lembra?
P: Sim.
T: Vamos usar este registro de pensamentos para tentar compreender esta situação. Por favor, responda à primeira pergunta do RP-Intra. O que está acontecendo? Como você a descreveria na caixa da situação, Leslie? [O terapeuta aponta para a **P1** na caixa da situação na Figura 3.4.]
P: Um advogado me pediu os documentos de um processo.
T: Então, no momento em que o advogado lhe pede os documentos de um processo, o que se passa em sua mente, Leslie? [**P2a**]
P: Que ele pensa que sou boba, que vai conseguir os papéis.
T: Por que você não escreve isso aqui na caixa do pensamento automático?
P: Ele pensa que sou boba.
T: Leslie, você acredita nisso agora? Ou acreditava mais naquele momento?
P: Eu acredito 60% agora.
T: Neste exato momento?
P: Sim. Antes, eu acreditava 100%.
T: Então, talvez valha a pena tratar este como seu pensamento agora, não concorda?

Situação

1. O que está acontecendo?
Um advogado me pediu os documentos de um processo.

Pensamento automático

2a. O que se passa em minha mente?
Ele pensa que sou boba.
2b. Eu acredito nisso <u>60%</u>

Emoção

3a. Que emoção eu sinto?
Ansiedade.
3b. Que intensidade ela tem? <u>80%</u>

Comportamento e resposta fisiológica

4a. O que eu faço?
Digo a ele para voltar depois.
4b. O que percebo em meu corpo?
Transpiração; mãos suadas.

5. Vantagens do comportamento: *Eu me sinto aliviada; eu não continuo pensando que ele ficará insatisfeito comigo.*
6. Desvantagens do comportamento: *Não é a coisa certa a se fazer; minha fobia social não melhora.*
7. Que distorção cognitiva este PA parece ser? *Leitura mental; personalização*
8. Existem evidências que apoiam este PA? *Eu sempre entregava os papéis, mesmo que não devesse fazer isso.*
9. Existem evidências que NÃO apoiam este PA? *Ele já me elogiou para outros advogados, sem meu conhecimento; outros advogados vieram ao cartório e disseram que ele tinha me elogiado; trabalho como funcionária pública e sou a pessoa mais adequada para ele pedir; minha função é atender o público; também sou muito acessível.*

Conclusão

10a. As evidências me fazem concluir que: *Eu posso fazer o meu trabalho independentemente do que as pessoas pensam.*
Portanto: *Eu posso fazer as coisas do meu jeito.*
10b. Eu acredito nisso <u>90%</u>

Emoção

11a. Que emoções eu sinto agora?
Positiva: *Calma*
Negativa: *Ansiedade*
11b. Qual é a intensidade delas?
Positiva: <u>80%</u>
Negativa: <u>0%</u>

Comportamento e resposta fisiológica

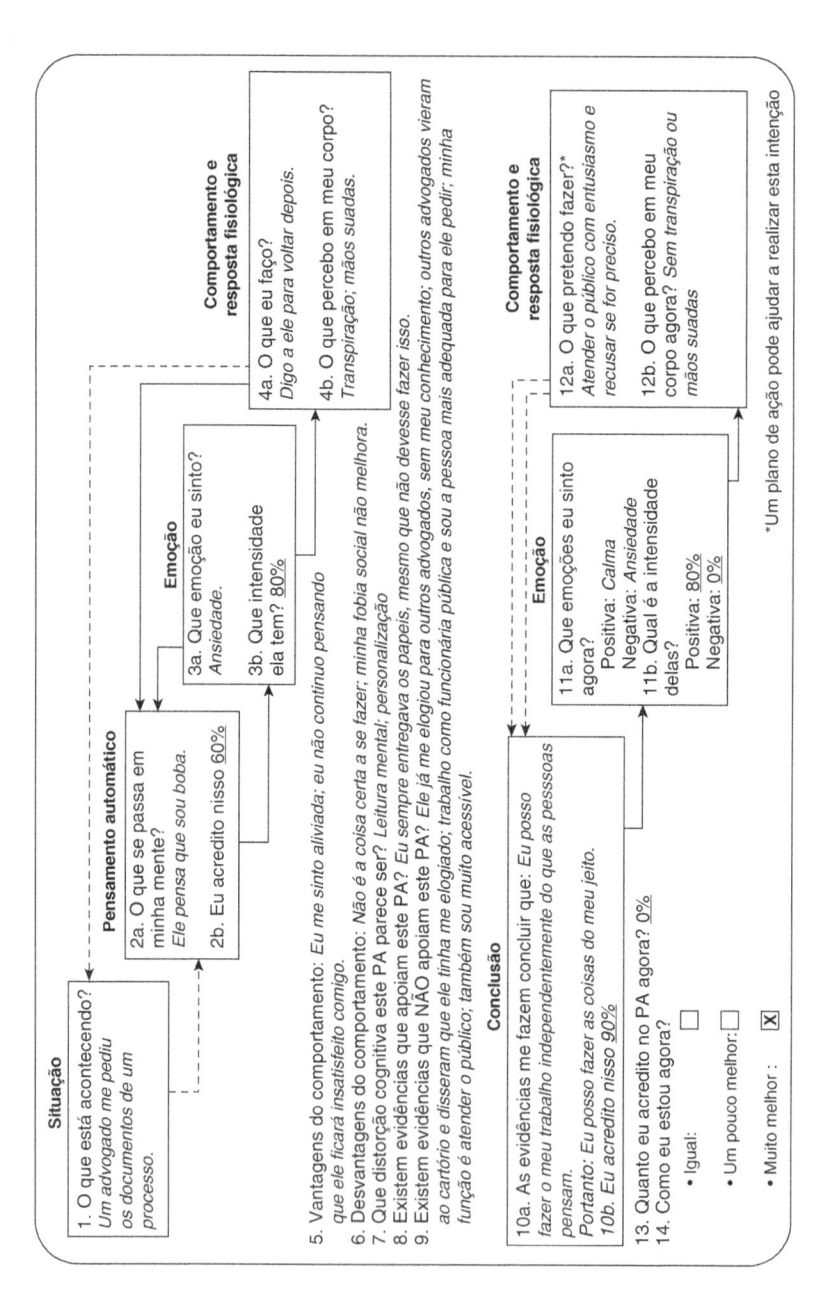

12a. O que pretendo fazer?*
Atender o público com entusiasmo e recusar se for preciso.
12b. O que percebo em meu corpo agora? *Sem transpiração ou mãos suadas*

13. Quanto eu acredito no PA agora? <u>0%</u>
14. Como eu estou agora?
- Igual: ☐
- Um pouco melhor: ☐
- Muito melhor: ☒

*Um plano de ação pode ajudar a realizar esta intenção

Figura 3.4 Registro de pensamento intrapessoal (RP-Intra) durante a TCP de Leslie.

p: Sim.
t: Por que você não escreve 60% aqui? [O terapeuta aponta para a **P2b** na caixa do PA.] E, enquanto acredita 60% neste pensamento, "Ele pensa que eu sou boba", o que você sente? Você pode responder a **P3a**?
p: Ansiedade.
t: Qual é a intensidade da ansiedade, Leslie?
p: 80%.
t: Suponho que você não pode responder à **P4a** agora, "O que eu faço?", mas talvez você possa escrever o que fez naquela ocasião.
p: Sim. Eu disse a ele para retornar mais tarde.
t: Por favor, escreva isso aqui, na caixa do comportamento. Neste momento, você nota alguma coisa em seu corpo?
p: Sim.
t: O que você nota em seu corpo?
p: Estou transpirando.
t: Pelo simples fato de estar pensando nisso agora?
p: Sim, está me deixando mais ansiosa.
t: O que você nota em seu corpo? [**P4b**]
t: Mãos suadas.
t: Leslie, em outras ocasiões em que conversamos sobre esse tipo de situação, que corresponde à parte superior de nosso diagrama de conceituação, tentamos ver como isso fecha um ciclo, não?
p: Sim.
t: Hoje vamos fazer um pouco diferente. Eu gostaria que você continuasse a responder a estas perguntas. Você poderia, por favor, passar para a **P5**? Quais são as vantagens de agir de acordo com o pensamento automático? Essa pergunta é sobre seu comportamento.
p: Eu me sinto aliviada. Não estou mais pensando que ele ficará insatisfeito comigo. [Leslie escreve.]
t: E as desvantagens? Existem desvantagens em entregar os processos? [**P6**]
p: Não é a coisa certa a se fazer, e, assim, minha fobia social não melhora.
t: A pergunta seguinte é: que distorção cognitiva esse pensamento parece ser neste momento? [**P7**]
p: Na verdade, Dr. Irismar, eu acredito que seja leitura mental.
t: Por que você não escreve isso, leitura mental, neste espaço?
p: Você acha que eu também cometi personalização, por atribuir coisas a mim mesma?
t: É possível; no momento em que ele lhe pediu os documentos, o que isso significou para você?
p: Eu pensei que ele me achava uma boba que faria tudo o que ele quisesse.

T: Sim, isso também pode ser, em parte, personalização. Leslie, existem evidências (e quando eu digo evidências, estou falando de fatos) que confirmam este pensamento? [O terapeuta aponta para a **P8**.]
P: Realmente, ele sempre prefere que eu o atenda, mas não há evidências de que ele prefira isso porque sou tola.
T: Mas se você tivesse alguma evidência confirmando este pensamento, "Ele pensa que sou boba", você a encontraria?
P: Eu sempre cedi a ele.
T: Por que você não escreve isso aqui, como evidência confirmando o pensamento automático?
P: Eu sempre entregava os documentos, mesmo quando não podia.
T: Existe alguma outra evidência que você possa escrever e que confirme este pensamento?
P: Ele prefere que eu o atenda; poderia ser esse?
T: Sim, poderia, se você interpreta isso como evidência de que ele pensa que você é tola; é isso que você quer dizer?
P: Sim, ele me manipula.
T: Embora você não tenha nenhuma evidência de que ele faz isso para manipulá-la, assim lhe parece; correto?
P: Sim.
T: Certo, Leslie, temos a **P9**, que é: "Existem evidências que não apoiam o pensamento automático?"
P: Ele já me elogiou para outros advogados, sem meu conhecimento. Outros advogados vieram ao escritório e me disseram que ele tinha me elogiado.
T: Por que você não escreve isso como evidência contrária ao pensamento automático?
P: Ele me elogiou para outros advogados.
T: Mais alguma evidência que vá contra este pensamento, "Ele pensa que sou boba"?
P: Na verdade, trabalho como funcionária pública. Eu seria a pessoa mais apropriada para ele pedir. Minha função é atender o público.
T: Ou seja: teoricamente, ele pede a você porque você está atendendo o público; é assim que você quer registrar, certo?
P: Sim. E também porque sou muito acessível.
T: Por favor, escreva isso. Leslie, observando as evidências que você tem de ambos os lados, o que você conclui? Você pode completar esta frase, "As evidências me fazem concluir que...? [**P10a**]
P: Isso me permite concluir que eu posso fazer o meu trabalho independentemente do que as pessoas pensam.
T: Eu gostaria que você completasse: portanto ...
P: ... eu posso fazer as coisas do meu jeito.

T: Certo, Leslie, diga-me uma coisa. Quando você escreve este novo pensamento ("As evidências mostram que eu posso fazer o meu trabalho independentemente do que as pessoas pensam", quanto você acredita nisso? [**P10b**]
P: Acredito 90%.
T: Você pode escrever isso aqui? O que acontece com suas emoções agora? [**P11a**] Primeiramente, eu gostaria de saber se você tem emoções positivas depois dessa conclusão. Depois, eu gostaria de saber o que acontece com sua ansiedade.
P: Estou calma.
T: Se você tivesse que registrar isso aqui na caixa da emoção, que porcentagem você colocaria para as emoções? [**P11b**] Você disse que está calma. Quanto?
P: 80%.
T: Você mencionou a ansiedade. Qual é a intensidade de sua ansiedade agora?
P: Não estou nem um pouco ansiosa: 0%.
T: O que você pretende fazer? [**P12a**]
P: Eu posso atender o público com entusiasmo e recusar se for preciso.
T: O que acontece com o que você percebeu em seu corpo há alguns minutos atrás? [**P12b**] Você tinha falado de mãos suadas.
P: Minhas mãos não estão mais suadas.
T: Leslie, quanto você acredita no pensamento automático "Ele acha que sou boba"? [**P13**]
P: Eu não acredito absolutamente nisso.
T: Você tinha colocado 60%. E agora?
P: 0%.
T: E ao acreditar 0%, depois do trabalho que fizemos aqui, como você se sente? [**P14**] O que você marcaria aqui? Igual, um pouco melhor, muito melhor?
P: Muito melhor.
T: Tudo bem, Leslie, chamamos isso de registro de pensamentos intrapessoal porque ele se refere a coisas que estão dentro de você, aos seus próprios pensamentos e ao que você observa, mesmo que isso se refira a outra pessoa. Como você resumiria o que acabamos de fazer agora?
P: Dr. Irismar, você conseguiu mudar meu jeito de pensar para uma maneira mais fácil. Eu sinto como se não estivesse vendo minhas dificuldades como elas eram. É como se eu percebesse que muitas coisas são apenas fruto dos meus pensamentos.
T: Então podemos concluir que você teve um pensamento que gerou uma emoção desagradável, e que também causou algumas reações físicas em você, as quais são muito incômodas. Isso tinha a tendência de se autoperpetuar, como vimos em nosso diagrama de conceituação cognitiva.
P: E eu evitava, porque se eu pudesse ficar sem ajudá-lo, eu o faria.
T: Então, depois de todas as perguntas que você respondeu neste registro, você conseguiu sugerir um pensamento alternativo, outra conclusão, certo?

P: Certo.

T: E, consequentemente, você viu que nossa diagrama foi refeito na parte inferior do diagrama de conceituação, levando você a um pensamento mais equilibrado.

P: Sim. Ao mesmo tempo que me preocupo menos sobre ele me achar boba ou não, estou pensando: "Quer ele pense que eu sou boba ou não, ainda posso fazer as coisas do meu jeito".

T: Ótimo. Muito bem, Leslie. Isso é excelente. O que eu gostaria que você fizesse agora é que tentasse rever o trabalho que fizemos e memorizar as perguntas do RP-Intra. Vou lhe mostrar uma música que pode ajudá-la a memorizar as perguntas. Ela está no YouTube e vou lhe enviar o *link*.

[O terapeuta e Leslie passam para uma revisão detalhada do RP-Intra para que ela se familiarize com as perguntas e as memorize. O terapeuta também lhe mostra a música com as perguntas, que são as mesmas que ela respondeu durante a sessão: https://www.youtube.com/watch?v=q_Xq2r8r704.]

Atribuindo a tarefa de casa, resumindo e concluindo a Sessão 3

T: Depois de preencher o registro de pensamento intrapessoal na sessão, e depois de revisar este trabalho, você acha que seria útil levar duas ou três outras folhas para preencher observando as situações fora do consultório?

P: Sim, com certeza. Eu acho que vai ajudar. Em uma situação semelhante, posso declinar educadamente, de maneira cortês. Vou tentar fazer isso.

T: É ótimo que você esteja com este espírito de questionar seus próprios pensamentos. Leslie, como você resumiria o que fizemos hoje?

P: Eu pude aprender, por meio deste registro, que meus pensamentos geralmente são negativos, às vezes catastróficos, e que isso gera muita ansiedade e faz com que eu me comporte de um modo que acaba reforçando e confirmando a ideia errônea e distorcida que tenho de mim mesma. Se eu avaliar melhor meus pensamentos, posso identificar e nomear as distorções cognitivas que estou tendo. Eu posso encontrar uma visão alternativa da situação e perceber que às vezes ela é fruto de pensamentos distorcidos, e que, mesmo que alguma coisa não seja fruto de meus pensamentos, eu ainda posso sobreviver a essa situação.

T: Ótimo, Leslie. Então, o que temos para a semana que vem? Eu gostaria que você levasse outra folha como essa com as definições das distorções cognitivas. Na verdade, gostaria de fazer uma cópia da que você trouxe para ter uma com os seus exemplos. Eu gostaria que você levasse mais uma dessas folhas de definições para que tenha não apenas a tarefa de trazer mais exemplos, mas também de trabalhar nos exemplos que encontrar, por meio deste novo registro de pensamentos que você praticou na sessão. Você pode fazer isso?

P: Claro. Claro que posso.

T: Eu acho que valeria a pena estabelecer um número: que tal três nesta semana?

P: É possível. Dessas coisas que me incomodam, certo?
T: Isso. Que retorno você pode me dar, Leslie? Com a sessão de hoje, o que você pode me dizer?
P: Dr. Irismar, esta técnica que você me mostrou hoje vai me ajudar muito mais porque, na verdade, preencher o CD-Quest e revisar as distorções já me ajudou muito. Era importante que eu observasse, quando você disse, "Olha, Leslie, preste muita atenção quando perceber que suas emoções estão mudando, quando você se sentir mais ansiosa, e avalie o que se passa em sua cabeça nestas situações." Identificar isso foi ótimo, mas escrever nestas caixinhas do RP-Intra, registrando meus pensamentos e as situações, deixa tudo muito mais claro; eu consigo perceber a mudança nos pensamentos com mais clareza. E tendo questões específicas para responder fica mais fácil. Não é um formulário difícil de preencher, porque você nota quanta diferença isso faz na reação emocional.
T: Ótimo, Leslie. Ficarei curioso para ver na semana que vem como você vai estar com este novo registro de pensamento, o RP-Intra, que receberá hoje, está bem, Leslie?
P: Tudo bem, muito obrigada.
T: Tenha um bom dia.
P: Você também (Fig. 3.4).

AVALIANDO E MUDANDO PRESSUPOSTOS SUBJACENTES   4

Resumo de tópicos

- Introdução
- Diagrama de Conceituação Cognitiva da TCP, fase 1, nível 2
- Hierarquia de Sintomas Codificados por Cores (HSCC)
- Apresentando a HSCC à paciente
- Apresentando a exposição à paciente
- *Role-play* Consensual (RPC)
- Descrição do RPC
  - *Passo 1: Identificar vantagens e desvantagens com a balança decisória*
  - *Passo 2: Identificar ambivalência pesando vantagens e desvantagens de acordo com o eu racional e com o eu emocional*
  - *Passo 3: Resolver a ambivalência chegando a um consenso entre o "eu racional" e o "eu emocional" com a abordagem da cadeira vazia*
  - *Passo 4: Revisar os passos anteriores e avaliar o que se aprendeu*
  - *Passo 5: Avaliar o consenso entre o "eu racional" e o "eu emocional"*
  - *Passo 6: Tomar a decisão*
  - *Passo 7: Ajudar a paciente a manter a decisão com um plano de ação*
- Ilustração de Caso

Diálogo de ilustração de caso

- Ligação com a Sessão 3
- Definindo a agenda e revisando a tarefa de casa
- Revisando os questionários
- Apresentando pressupostos subjacentes durante o trabalho com o item principal da agenda, facilitado pelo cartão de Hierarquia de Sintomas Codificados por Cores
- Apresentando o *Role-play* Consensual como abordagem na tomada de decisões
  - *Passo 1: Introduzir a balança decisória*
  - *Passo 2: Identificar ambivalência pesando vantagens e desvantagens de acordo com o eu racional e com o eu emocional*

- *Passo 3: Resolver a ambivalência chegando a um consenso entre o eu racional e o eu emocional com a abordagem da cadeira vazia*
- *Passo 4: Revisar os passos anteriores e avaliar o que se aprendeu*
- *Passo 5: Avaliar o consenso entre o eu racional e o eu emocional*
- *Passo 6: Tomar a decisão*
- *Passo 7: Ajudar a paciente a manter a decisão com um plano de ação*
- Resumindo a Sessão 4
- Atribuindo a tarefa de casa e concluindo a Sessão 4

Introdução

Na TCC, os experimentos comportamentais são as estratégias mais importantes para promover mudanças (Bennett-Levy et al., 2004) e fornecem a base essencial para a comunicação entre o conhecimento derivado da mente racional e aquele derivado da mente emocional (Padesky, 2004). Os experimentos comportamentais são usados para alterar os pressupostos subjacentes (PSs), que são expressos sob a forma de crenças condicionais do tipo "Se eu fizer exercícios, então terei um ataque cardíaco". Em decorrência disso, situações temidas são, geralmente, evitadas.

Neste capítulo, apresento a Hierarquia de Sintomas Codificados por Cores (HSCC), proposta para organizar e facilitar a exposição a ações e situações temidas, e apresento, também, uma técnica de tomada de decisões chamada *Role-play* Consensual (RPC), que visa ajudar os pacientes a resolver a ambivalência.

A sessão descrita neste capítulo apresenta à paciente o segundo nível do DCC e os experimentos comportamentais a fim de mudar PSs disfuncionais. Um modo fácil de ilustrar esse processo é por meio da HSCC. Com frequência, o terapeuta e a paciente usam o RPC para tomar decisões quando o experimento envolve a exposição a ações ou a experimentos em que a paciente encontra-se ambivalente e temerosa.

Diagrama de Conceituação Cognitiva da TCP, fase 1, nível 2

A Figura 4.1 ilustra como comportamentos situacionais usados com frequência pela paciente tornam-se habituais, sendo progressivamente transformados em comportamentos de segurança. Os PSs condicionais por trás desses comportamentos de segurança visam proteger a paciente contra as reações emocionais perturbadoras produzidas por situações específicas e as consequentes avaliações elaboradas pela paciente (p. ex., evitação). Quando o terapeuta faz uma simples pergunta como "Se você não evita, o que acontece?", a paciente fornece a resposta que corresponde ao PS "se-então" (p. ex., "Se eu for à festa, então as pessoas vão me criticar!").

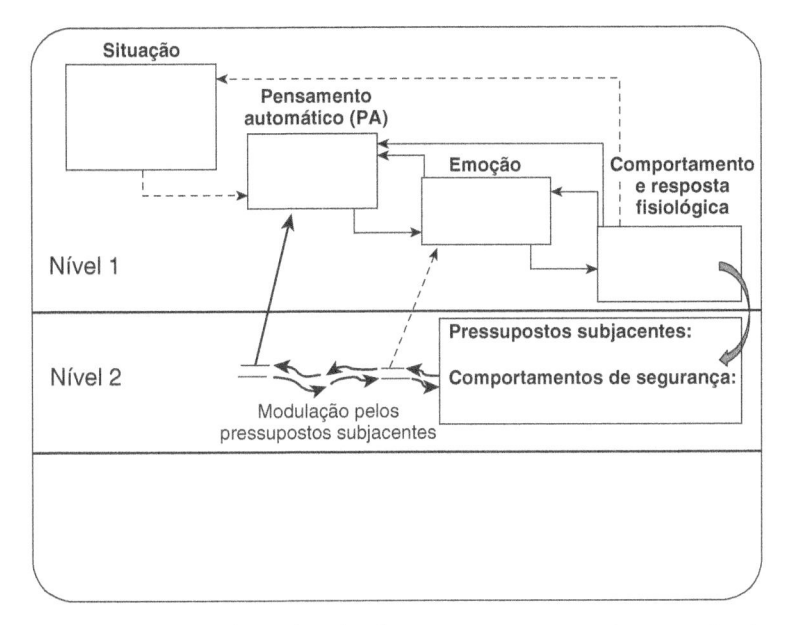

Figura 4.1 A seta que se dirige da caixa da *resposta comportamental* para a caixa dos *pressupostos subjacentes* ilustra o segundo nível do diagrama de conceituação cognitiva da TCP, em que a repetição dos comportamentos situacionais os torna habituais e os transforma em comportamentos de segurança.

No circuito 2 (Fig. 4.2), o PS evoca um comportamento de segurança, o qual produz PAs que geram reações emocionais que confirmam os comportamentos (agora habituais) e o PS original, fechando, assim, um círculo vicioso. O PS pode ser tão automatizado que, em determinadas situações, desafiá-lo provoca reações emocionais na ausência de PAs explícitos (seta tracejada do segundo para o primeiro nível).

Hierarquia de Sintomas Codificados por Cores (HSCC)

A HSCC é uma estratégia que pode ajudar a aumentar as chances de participação dos pacientes em experimentos comportamentais, fornecendo uma hierarquia de sintomas aos quais eles devem ser expostos a fim de obter a remissão. Após coletar uma lista detalhada de sintomas (p. ex., sintomas de TOC ou de fobia social), em que a paciente atribui pontos a cada sintoma de acordo com o cartão mostrado na Figura 4.3, o terapeuta informa que não haverá foco nos sintomas cinza-claros, ou seja, aqueles com pontuação de 0 e 1, mas que a paciente deverá escolher três ou quatro sintomas cinzas médios (aqueles com pontuação 2 e 3) para praticar a exposição como tarefa de casa durante a semana.

Nível 1

Situação → Pensamento automático (PA) → Emoção → Comportamento e resposta fisiológica

Nível 2

Pressupostos subjacentes:
Comportamentos de segurança
Circuito 2

Modulação pelos pressupostos subjacentes

Circuito 2

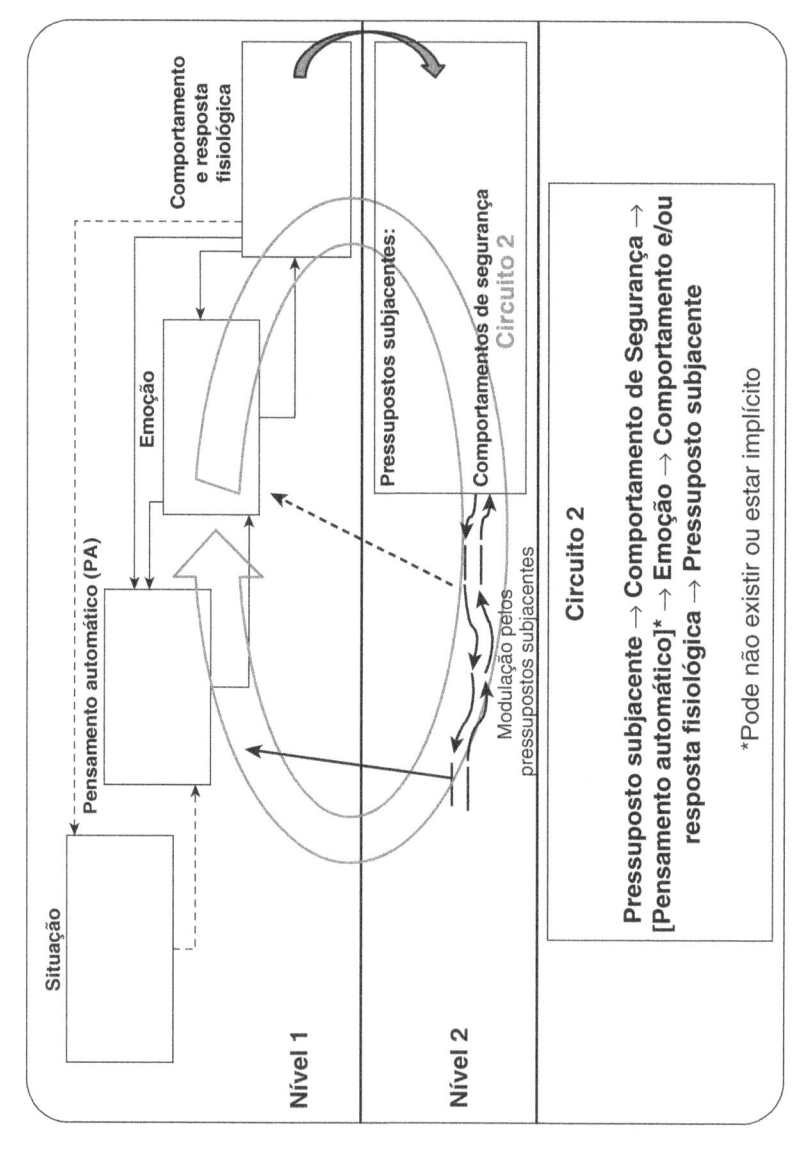

Pressuposto subjacente → Comportamento de Segurança → [Pensamento automático]* → Emoção → Comportamento e/ou resposta fisiológica → Pressuposto subjacente

*Pode não existir ou estar implícito

Figura 4.2 O Circuito 2 compreende o PS, o comportamento de segurança, os PAs, as reações emocionais e os comportamentos habituais.

0	A exposição é confortável ou indiferente
1	A exposição é um pouco desconfortável
2	A exposição é desconfortável
3	A exposição é muito desconfortável
4	A exposição produz um sofrimento tal que eu faço apenas se for realmente necessário
5	A exposição produz um sofrimento tal que não consigo me imaginar fazendo

- Os sintomas cinza-claros (0 e 1) não são razão para preocupação
- Os sintomas cinza-médios (2 e 3) devem sempre ser desafiados
- Os sintomas cinza-escuros (4) são desafiados na sessão ou com ajuda do terapeuta
- Os sintomas pretos (5) NUNCA são desafiados

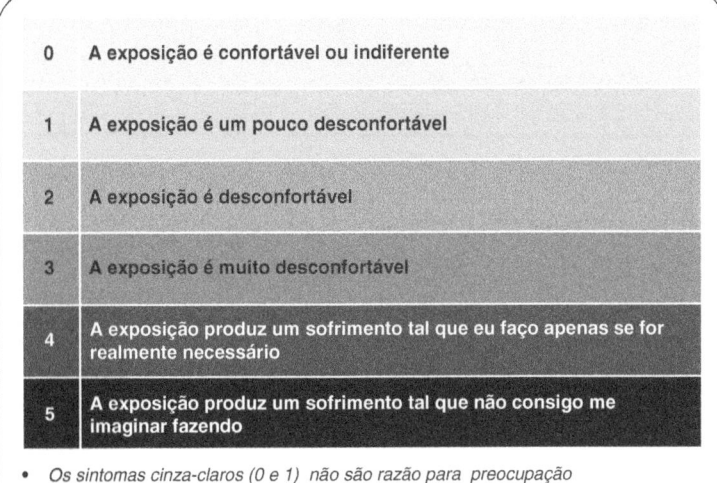

Figura 4.3 Cartão de Hierarquia de Sintomas Codificados por Cores (HSCC) para facilitar a implementação da exposição.

Apresentando a HSCC à paciente

A seguinte transcrição mostra como o terapeuta apresenta o cartão da HSCC a Kátia. As pontuações de seus sintomas de TOC são apresentadas na Figura 4.4.

T: Kátia, agora que temos esta lista mostrando seus sintomas de TOC, você poderia, por favor, pontuar cada sintoma de acordo com este cartão, que chamamos de Hierarquia de Sintomas Codificados por cores? É muito simples, vou explicá-lo para você. Tudo que você precisa fazer é escolher a pontuação que corresponda a como você se sente quando exposta a cada situação. Por exemplo, suponho que esteja confortável agora que está conversando comigo. Se você tivesse que pontuar esta situação "Conversando com o Dr. Irismar durante a sessão de terapia", qual pontuação você escolheria?
P: Zero, com certeza. Estou confortável conversando com você agora.
T: Certo. Se eu lhe pedisse para tocar minha mão, qual pontuação você marcaria?
P: Eu marcaria 2, claramente desconfortável.
T: Posso lhe pedir para pontuar todos os itens em sua lista de sintomas?
P: Claro.

Nome da paciente: Kátia
Por favor, escolha a pontuação (0-5) que corresponda a como você se sentiria caso fosse exposto a cada um dos itens abaixo:

Sessão	01	02	03	04	05	06	07	08	09	10	11	12	13	14	15	16	17	18	19	20
Data	/	/	/	/	/	/	/	/	/	/	/	/	/	/	/	/	/	/	/	/
Ir ao supermercado	5	5	5	5	5	5	4													
Sair	5	4	3	3	3	1	0													
Tocar objetos provenientes da rua	5	5	5	5	4	3	3													
Tocar pessoas	5	5	5	5	5	5	4													
Ser tocada por pessoas	5	5	5	5	5	5	4													
Tocar dinheiro	5	5	5	5	5	5	5													
Comer com as mãos	4	4	3	2	1	0	0													
Não lavar as mãos	5	5	5	5	5	4	2													
Tocar no telefone	5	5	5	5	5	5	4													
Tocar na maçaneta da porta	5	5	5	5	5	5	5													
Não descartar a toalha depois do banho	3	2	1	0	0	0	0													
Trabalhar com computador	2	2	2	1	0	0	0													
Tocar na correspondência	3	3	3	2	2	1	0													
Tocar nos calçados	5	5	5	5	5	5	5													
Tocar/abraçar as filhas	5	5	4	4	3	2	0													
Beijar as filhas	5	5	5	3	3	3	0													
Beijar e ser beijada por outras pessoas	5	5	5	5	4	4	3													
Lavar a louça	2	1	0	0	0	0	0													
Tocar em meu terço	1	0	0	0	0	0	0													
Tocar na mão do terapeuta	2	1	0	0	0	0	0													
Tocar em meus livros	3	3	3	2	1	0	0													
PONTUAÇÃO TOTAL (soma de itens)	85	80	73	67	61	53	39													
Número de exposições que não me permito fazer (cinzas escuros e pretos)	14	14	12	11	10	9	7													

Figura 4.4 Pontuação dos sintomas de TOC de Kátia de acordo com o Cartão da Hierarquia de Sintomas Codificados por Cores.

Apresentando a exposição à paciente

T: Kátia, você me contou que parou a terapia porque estava com medo das exposições, não é? Você me contou que melhorou um pouco de seus sintomas do TOC, mas saber que o terapeuta lhe pediria para se expor a situações temidas fez você ter medo da terapia. Foi por esse motivo que você largou sua última terapia?

P: Foi. Eu ficava muito ansiosa antes das sessões porque sabia que o terapeuta me pediria para fazer coisas que me fariam sofrer.

T: Kátia, se eu lhe dissesse que eu jamais pediria a você para se expor a coisas que você não quer... melhor: se eu lhe dissesse que nunca lhe pediria para sofrer nesta terapia, você acreditaria?

P: É difícil acreditar porque meu terapeuta anterior disse que eu não melhoraria sem confrontar meus medos; ou seja, que eu não melhoraria sem exposição. Ele foi muito gentil e tentou me fazer confrontar os sintomas que eu menos temia, mas saber que mais cedo ou mais tarde eu teria que encarar meus piores medos me deixou ansiosa. Eu me preparava para sofrer toda vez que tinha que ir à terapia.

T: Seu terapeuta estava certo. A exposição é o tratamento mais eficaz para seus sintomas. Entretanto, você não precisa sofrer, mas precisa aceitar o desconforto. Você notou que a HSCC separa desconforto de sofrimento?

P: Sim. Vejo no cartão que exposições a sintomas cinza-claros e médios [1-3] são consideradas situações desconfortáveis e que exposições a sintomas cinza-escuros e pretos [4, 5] são situações que provocam sofrimento.

T: Exatamente. Vou lhe fazer uma pergunta. Por que você acha que algumas pessoas vão à academia ou resistem a um delicioso chocolate?

P: Porque elas não querem engordar ou porque é bom para a saúde.

T: Quão desconfortável você consideraria ir à academia ou resistir a um chocolate de acordo com a HSCC?

P: Eu diria que 2 para resistir ao chocolate e 3 para ir à academia.

T: Você está certa. E porque você acha que as pessoas às vezes vão trabalhar sem vontade por causa de um chefe desagradável e exigente?

P: Elas precisam; se não, elas não seriam remuneradas.

T: Exatamente. Estou ouvindo você dizer que para se ter saúde financeira é preciso enfrentar situações desconfortáveis e, às vezes, até aquelas que provocam sofrimento?

P: Sim, é isso.

T: E que para se ter saúde também é preciso enfrentar situações desconfortáveis, como fazer exercícios e, às vezes, resistir a uma sobremesa deliciosa?

P: Sim.

T: Então, quero lhe propor uma coisa. Vou lhe pedir para confrontar situações desconfortáveis aqui; ou seja, vou pedir para você se expor a sintomas cinza-médios durante nossas sessões e também como tarefa de casa, todos os dias. A razão

para isso é que eu quero que você recupere sua saúde mental. Quero que você se liberte de seus sintomas de TOC. Mas prometo que NUNCA vou lhe pedir para fazer coisas que provocam sofrimento. Você concorda?
P: Claro que sim. E isso me traz muito alívio. Eu não quero sofrer.

Role-play Consensual (RPC)

O RPC é uma abordagem para tomada de decisões que visa ajudar os pacientes a lidar com a ambivalência, a desafiar comportamentos de segurança (p. ex., evitação) e a facilitar experimentos comportamentais (p. ex., tomar o elevador em caso de claustrofobia) (de Oliveira, 2014). Usado de forma transdiagnóstica, o RPC costuma levar em torno de 30 a 40 minutos e pode ser repetido quantas vezes for necessário em relação às mesmas ou a diferentes situações (Fig. 4.5). Ao apresentar a lógica à paciente, o terapeuta explica que o mais importante é o que ele aprende e não a de-

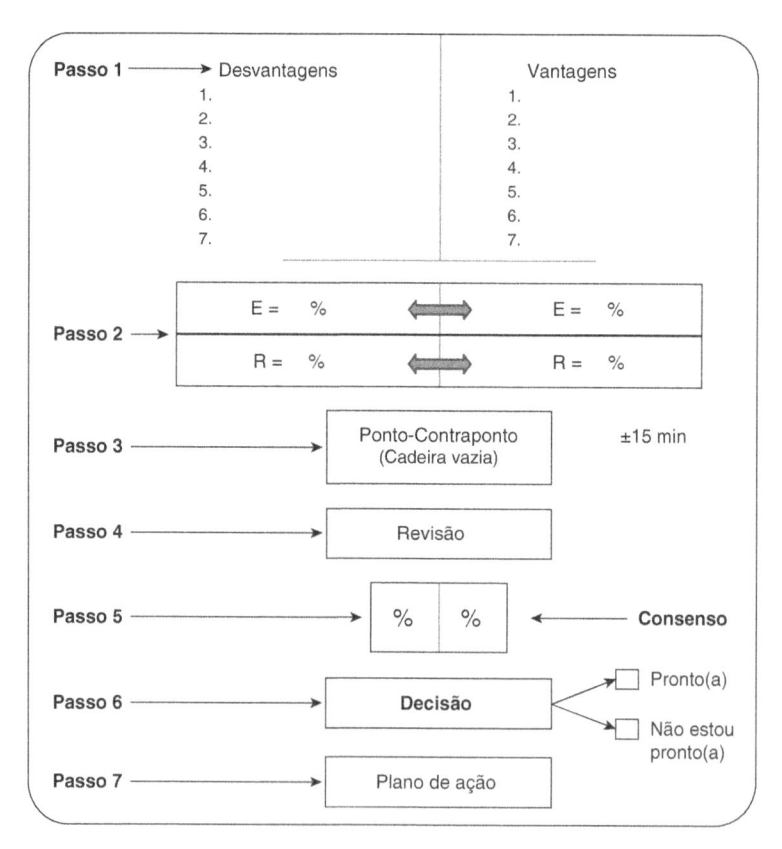

Figura 4.5 *Role-play* Consensual (RPC), uma abordagem para tomada de decisões.

cisão tomada. Assegurar que a paciente não será pressionada ao tomar uma decisão diminui sua atitude defensiva, deixando-a livre para expressar preocupações sem tentar agradar o terapeuta.

Descrição do RPC

A seguir, estão os passos seguidos pela paciente durante o uso do RPC, representados na Figura 4.5.

Passo 1: Identificar vantagens e desvantagens com a balança decisória

A paciente é encorajada a listar as vantagens e as desvantagens de implementar a ação ou o comportamento desejado/necessário, mas desagradável/temido.

Passo 2: Identificar ambivalência pesando vantagens e desvantagens de acordo com o "eu racional" e com o "eu emocional"

A paciente é ajudada a confrontar a dissonância entre "razão" e "emoção" (Padesky, 2004) atribuindo um peso percentual às vantagens de implementar uma ação (contra a porcentagem das desvantagens) de acordo com a razão, e um peso percentual das desvantagens de implementar uma ação (contra a porcentagem das vantagens) de acordo com a emoção. Alguns pacientes são incapazes de discernir razão de emoção (p. ex., os que sofrem de alexitimia). Nesses casos, o terapeuta pede para distinguirem "a voz interna que diz 'vai'" da "voz interna que diz 'não vai'" (ver Tabela 4.1 para perguntas úteis a serem feitas no Passo 2).

Passo 3: Resolver a ambivalência chegando a um consenso entre o eu racional e o eu emocional com a abordagem da cadeira vazia

A paciente é encorajada, por meio da abordagem da cadeira vazia (Carstenson, 1955), a chegar a um consenso entre o "eu racional" (Cadeira 1) e o "eu emocional" (Cadeira 2) em um diálogo de aproximadamente 15 minutos, fazendo a emoção conversar com a razão e vice-versa.

Passo 4: Revisar os passos anteriores e avaliar o que se aprendeu

Pede-se à paciente que use uma terceira cadeira ("eu consensual," Cadeira 3) para rever o que foi aprendido nos passos 1 a 3.

Passo 5: Avaliar o consenso entre o eu racional e o eu emocional

Ainda na Cadeira 3, e desempenhando o papel do "eu consensual", a paciente é solicitada a reavaliar o peso das vantagens e das desvantagens, com o objetivo de chegar a um consenso entre o "eu racional" e o "eu emocional".

Passo 6: Tomar a decisão

Pergunta-se à paciente se ela está pronta para tomar a decisão, ou seja, se ela está pronta para implementar a ação ou o comportamento desagradável/temido.

Passo 7: Ajudar a paciente a manter a decisão com um plano de ação

Se a resposta for "sim", ajuda-se a paciente a delinear um plano de ação (Greenberger & Padesky, 1995) a fim de aumentar as chances de êxito na implementação da ação – para que ela possa não apenas organizar o que, como e quando fazer, mas também antecipar obstáculos, encontrar soluções e seguir os resultados – ou, se a resposta for "não", delinear um plano de ação para coletar informações e decidir posteriormente (Fig. 4.6).

```
1. Ações propostas:
   a._____
   b._____
   c._____
   d._____
2. Possíveis obstáculos às ações:
   a._____
   b._____
   c._____
   d._____
3. Soluções para os obstáculos:
   a._____
   b._____
   c._____
   d._____
4. Quando implementar as ações propostas:
   a._____
   b._____
   c._____
   d._____
5. Acompanhamento:
   a._____
   b._____
   c._____
   d._____
```

Figura 4.6 Plano de ação.

Tabela 4.1 Perguntas úteis a serem feitas à paciente durante o Passo 2 do *Role-play* Consensual (RPC), supondo que as emoções da paciente sejam negativas (p. ex., medo, ansiedade, vergonha)

1. O que você acha que têm mais peso em sua decisão de ... (ação): as vantagens ou as desvantagens? Resposta: As desvantagens.	O que você acha que têm mais peso em sua decisão de ... (ação): as vantagens ou as desvantagens? Resposta: As vantagens.

(Continua)

Tabela 4.1 *(Continuação)*

2. Quando você diz que o peso das desvantagens é maior, você está pensando emocionalmente ou racionalmente? Resposta: Emocionalmente.	Quando você diz, que o peso das vantagens é maior, você está pensando emocionalmente ou racionalmente? Resposta: Racionalmente.
3. Então, as desvantagens, emocionalmente falando, parecem pesar mais. Quanto mais? Sessenta, setenta, oitenta, noventa, cem por cento? Resposta: 75% (deixando 25% para as vantagens, emocionalmente falando).	Então, as desvantagens, racionalmente falando, parecem pesar mais. Quanto mais? Sessenta, setenta, oitenta, noventa, cem por cento? Resposta: 80% (deixando 20% para as desvantagens, racionalmente falando).
4. E, racionalmente falando, o que parece pesar mais: as vantagens ou as desvantagens? Resposta: As vantagens.	E, emocionalmente falando, o que parece pesar mais: as vantagens ou as desvantagens? Resposta: As desvantagens.
5. Quanto? Sessenta, setenta, oitenta, noventa, cem por cento? Resposta: 90% (deixando 10% para as desvantagens, racionalmente falando).	Quanto? Sessenta, setenta, oitenta, noventa, cem por cento? Resposta: 70% (deixando 30% para as vantagens, emocionalmente falando).

Copyright: Irismar Reis de Oliveira; http://trial-basedcognitivetherapy.com

Ilustração de Caso

Merilyn, uma dentista solteira de 45 anos que veio consultar-se por causa de sintomas de fobias específicas (p. ex., trovões, alturas, aviões, multidões) e depressão maior, queixou-se de um medo duradouro de aviões e, mais recentemente, de tristeza, falta de energia, fadiga, sonolência e dificuldade para se concentrar. Nos últimos cinco anos, ela apresentou três episódios de humor deprimido, mas nunca aderiu ao tratamento com antidepressivos prescrito por seu psiquiatra, por medo dos efeitos colaterais. Recentemente havia iniciado um novo relacionamento com Jim, que morava em outro estado. Jim a visitava quinzenalmente, mas ela era incapaz de retribuir as visitas. Os PAs ("Jim vai me largar", "Não há esperança"), PSs ("Se eu pegar o avião, ele vai cair, ou no mínimo eu vou perder o controle e enlouquecer lá em cima") e CNs ("Eu sou fraca", "Sou um fracasso", "Não sou boa o bastante") de Merilyn aumentaram de frequência e de intensidade um mês antes da consulta porque Jim estava com dificuldade para visitá-la com a mesma frequência que antes, pois suas demandas no trabalho aumentaram. O psiquiatra dela propôs um tratamento de sessões semanais de TCP por tempo limitado, a fim de lidar com seu medo de viajar e com a relutância em tomar antidepressivos. Depois de apresentar o modelo cognitivo por meio do DCC, e de educá-la sobre as distorções cognitivas, o psiquiatra foi capaz de ajudá-la a desafiar os PAs utilizando o RP-Intra; a desafiar os PSs com a HSCC e o RPC (este último foi usado, primeiramente, para ajudá-la na decisão de tomar o ISRS e, depois, na decisão de pegar um voo para visitar Jim); e a reestruturar as CNs negativas usando os processos I e II (ver Capítulos 5 e 10,

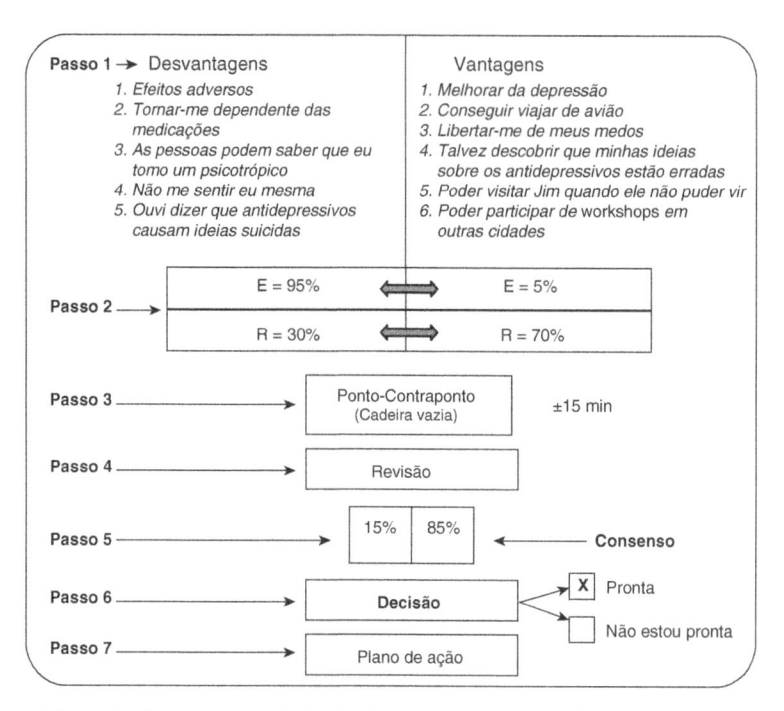

```
Passo 1 ──► Desvantagens                    │  Vantagens
           1. Efeitos adversos              │  1. Melhorar da depressão
           2. Tornar-me dependente das      │  2. Conseguir viajar de avião
              medicações                    │  3. Libertar-me de meus medos
           3. As pessoas podem saber que eu │  4. Talvez descobrir que minhas ideias
              tomo um psicotrópico          │     sobre os antidepressivos estão erradas
           4. Não me sentir eu mesma        │  5. Poder visitar Jim quando ele não puder vir
           5. Ouvi dizer que antidepressivos│  6. Poder participar de workshops em
              causam ideias suicidas        │     outras cidades
```

```
Passo 2 ──►    E = 95%     ⇔     E = 5%
               R = 30%     ⇔     R = 70%

Passo 3 ──────────►  Ponto-Contraponto     ±15 min
                     (Cadeira vazia)

Passo 4 ──────────►  Revisão

Passo 5 ──────────►  15%  85%  ◄────── Consenso

Passo 6 ──────────►  Decisão ──► [X] Pronta
                                 [ ] Não estou pronta

Passo 7 ──────────►  Plano de ação
```

Figura 4.7 *Role-play* Consensual de Merilyn para ajudá-la a aderir ao tratamento antidepressivo.

respectivamente, deste manual para saber como utilizá-los). Além de conseguir viajar de avião três meses depois de iniciar a terapia, Merilyn estava cumprindo o tratamento com o ISRS seis meses após o término da terapia. A Figura 4.7 ilustra um de seus RPC, e a Figura 4.8 ilustra o plano de ação correspondente (Passo 7), que a ajudou na decisão de tomar a medicação antidepressiva.

DIÁLOGO DE ILUSTRAÇÃO DE CASO

Ligação com a Sessão 3

T: Bom dia, Leslie.
P: Bom dia, Dr. Irismar.
T: Como foi a sua semana?
P: Minha semana foi mais ou menos calma. Eu li e preenchi o material que você me deu e identifiquei algumas situações.
T: Que bom. Vamos conversar sobre tudo isso, e estou muito curioso para saber como você passou a semana. Gostaria que me dissesse o que nosso encontro na semana passada representou para você. O que você se lembra que foi importante?

1. **Ações propostas:**
   a. Ler o folheto sobre depressão e antidepressivos fornecido pelo meu psiquiatra.
   b. Falar com Maria, minha colega de trabalho, sobre seu tratamento com antidepressivos (que ela toma há anos).
   c. Iniciar com dose baixa.
   d. Ligar para meu psiquiatra caso ocorram efeitos colaterais.
2. **Possíveis obstáculos às ações:**
   a. Nenhum.
   b. Ela pode não estar disposta a falar sobre seu tratamento.
   c. Medo e ansiedade.
   d. Ele pode estar ocupado e não poderá falar comigo.
3. **Soluções para os obstáculos:**
   a. —
   b. Contar-lhe sobre minha depressão e minha fobia de remédios (ela já me falou sobre seu tratamento).
   c. Preencher um RP-Intra.
   d. Nenhuma evidência disso, pois ele sempre me respondeu ou retornou as ligações.
4. **Quando implementar as ações propostas:**
   a. Hoje à noite.
   b. Amanhã, durante o almoço, depois do trabalho.
   c. Neste sábado (vou estar na casa da minha irmã).
   d. Quando e se necessário.
5. **Acompanhamento:**
   a. Feito.
   b. Feito. Maria foi muito receptiva. Ela me disse que os efeitos colaterais foram leves e ocorreram somente nas primeiras semanas.
   c. Iniciei no sábado. Poucos efeitos colaterais (leves náuseas nos primeiros dias).
   d. Não foi necessário.

Figura 4.8 Plano de ação de Merilyn para ajudá-la a aderir ao tratamento antidepressivo.

P: Dr. Irismar, você me ensinou a usar o RP-Intra. Gostei muito do modo como ele nos ajuda a mudar nossos pensamentos.
T: Hoje você chegou cedo e preencheu o CD-Quest novamente. Vamos examinar isso daqui a pouco. Eu lhe pedi para preencher não apenas o CD-Quest, mas também o questionário de ansiedade. E lhe pedi para preencher outro questionário, que dá uma ideia da fobia social, que você já preencheu no início do tratamento.
P: Certo.

Definindo a agenda e revisando a tarefa de casa

T: Muito bem. Vamos dar uma olhada nisso. Existe alguma coisa que você queira colocar na agenda hoje?
P: Sim, Dr. Irismar. Eu falei muito sobre minha situação no trabalho, minha ansiedade em relação a atender as pessoas e os advogados, sobre falar com o juiz e com outros analistas, mas talvez eu não tenha falado muito sobre outra área de minha vida, que é a área social. Então: eu não tenho muitos amigos; nos fins de semana, eu geralmente fico em casa; no máximo vou ao *shopping* para tomar um

café. Mas me preocupo com a xícara tremer e sempre me escondo o máximo que posso no café. Não tenho muitos amigos, só tive alguns, e agora tenho a chance de ir a uma festa.

T: Ótimo! Era exatamente sobre isso que eu ia lhe perguntar, pois parece que você se isola muito, e fazer amigos é uma meta que você incluiu em sua lista quando iniciamos esta terapia; lembra-se disso?

P: Sim.

T: E o que é interessante é que isso está bem representado nesta escala que preenchemos hoje, a escala de fobia social.

P: Entendo.

T: Vamos pegar um destes itens para trabalhar enquanto a terapia avança. Você trouxe um exemplo que poderíamos colocar na agenda. Primeiro, eu gostaria de resumir a semana, saber sobre a tarefa de casa que você fez. Creio que nosso segundo item poderia ser a decisão relacionada à dificuldade de comparecer à festa, certo?

P: Sim, de ir à festa. Não somente a dificuldade de comparecer, mas também de saber como me comportar lá, caso decida ir.

T: Certo. Naturalmente, você não sabe como vai se comportar lá.

P: Vou continuar pensando sobre isso.

T: Você gostaria de acrescentar alguma coisa, ou todos esses itens são suficientes por hoje?

P: Gostaria de acrescentar esses dois itens, porque, como sempre trabalhamos com este questionário, eu sempre me recordo de situações do trabalho, quando alguém chega ao escritório, quando alguém comenta sobre minhas roupas, ou se alguém chega e fala com um colega e não comigo; essas são situações que me deixam desconfortável ou constrangida.

Revisando os questionários

T: Ótimo. Mas isso vamos adicionar à agenda. Ou seja, na agenda de hoje, temos três itens que eu gostaria de revisar: os questionários que já vimos até agora, a revisão da tarefa de casa, e este item específico, a decisão sobre comparecer à festa, devido às suas dificuldades, certo? Em relação aos questionários, estou curioso para ver como você os preencheu. Você notou alguma diferença ao preenchê-los? Temos os resultados em nossas mãos, certo? O que você notou de diferente ao preencher o CD-Quest hoje?

P: A pontuação diminuiu um pouco, não, Dr. Irismar?

T: Exatamente. Na semana passada sua pontuação foi 45, e hoje vejo que foi 40.

P: Perfeito, foi isso mesmo.

T: E algumas dessas distorções parecem não ter diminuído muito de frequência, mas tenho a impressão, pelo modo como você as pontuou, que ao menos a intensidade do quanto você acredita em algumas delas se modificou, não é mesmo?

P: Sim.
T: A que conclusão você chega com isso?
P: Pensei que saber da existência dessas distorções me permite compreender melhor a situação e parar de imaginar que elas são verdadeiras.
T: Ou seja, você acredita menos nelas porque sabe que são distorções, não é isso?
P: Sim. Também tem uma coisa interessante, Dr. Irismar: as comparações injustas; eu nunca tinha parado para observar como faço comparações injustas, como me deprecio.
T: Na semana passada, você marcou 5 neste item e hoje vejo que você marcou apenas 3.
P: Sim, é isso mesmo.
T: E também é interessante observar que essas comparações aconteceram mais ou menos na mesma frequência, mas notei que você diminuiu o quanto acredita nelas, não é?
P: Sim.
T: Ótimo.
P: Além disso, Dr. Irismar, quando falamos sobre personalização, notei que, conversando mais sobre uma distorção aqui, vejo uma melhora em mim fora das sessões. Eu começo a prestar mais atenção durante a semana.
T: Você usou muito aquela folha de distorções? Você aprendeu sobre as distorções?
P: Sim.
T: Ótimo.
P: E eu notei que, nos dias em que eu li a folha, o resultado foi melhor. Consegui visualizar...
T: Você foi mais capaz de identificar as distorções.
P: Sim, porque você me disse que quando eu observasse algum comportamento inadequado, ou quando eu notasse alguma mudança em minha emoção, eu deveria usar a lista, e isso foi muito importante para me ajudar a identificar o que estava acontecendo.
T: Ótimo! Está certo. Outra coisa que observamos foi que, além da pontuação do CD-Quest ter diminuído, a pontuação da ansiedade também diminuiu mais um pouco, não foi? Você confirma isso? É isso que você sente?
P: Sim, é o que eu sinto.
T: Vamos revisar a tarefa de casa agora? Como foi preencher o RP-Intra?
P: Confesso que não consegui fazer os três que você me pediu para fazer, mas fiz dois RP-Intra. Não sei se respondi às perguntas corretamente, mas elas me ajudaram bastante, e me senti melhor quando terminei de preenchê-las.
T: Excelente. Vamos dedicar algum tempo para revisá-las.

[O terapeuta e a paciente levam alguns minutos para revisar os dois RP-Intra preenchidos por Leslie.]

Apresentando pressupostos subjacentes durante o trabalho com o item principal da agenda, facilitado pelo cartão de Hierarquia de Sintomas Codificados por Cores

T: Leslie, hoje vimos a escala de fobia social. Vamos ver os diversos itens que você pontuou que envolvem falar em público, participar de pequenos grupos, lidar com espaços públicos, e assim por diante... Sua pontuação foi alta em vários deles – não somente onde você sente muito medo ou ansiedade, mas também em algumas coisas que você evita. Assim, como você trouxe algo novo para nossa agenda – que é "ir a uma festa" –, talvez a gente possa, a partir de agora, organizar esses sintomas de acordo com a Hierarquia de Sintomas Codificados por Cores (Fig. 4.3). Olhando este cartão, você poderia, por favor, pontuar cada item de 0 a 5?

P: Sim.

T: Vejo que você marcou 4, um sintoma cinza-escuro, no item "ir à festa." Isso significa algo a que você se expõe apenas se realmente necessário.

P: Eu geralmente evito isso.

T: Nestas circunstâncias, nem sempre peço que se faça algo que seja angustiante demais para a paciente, e, que este, ao mesmo tempo, evita tanto – os sintomas cinza-escuros e pretos [4 e 5] –, pois preferimos iniciar com itens que tenham uma pontuação um pouco mais baixa – os cinza médios [2 e 3]. Então, vou deixar por sua conta. Por exemplo, essa questão de comparecer ou não à festa hoje: parece que esta é uma oportunidade que não aparece com frequência.

P: Exatamente.

T: Então, podemos aprender mais sobre isso antes de você tomar uma decisão?

P: Sim. Gostaria de fazer isso.

T: Então, vamos tomar isso como exemplo. Talvez você se lembre que, em nossa primeira sessão de terapia cognitiva, lhe mostrei o diagrama de conceituação cognitiva.

P: Sim, lembro.

T: Talvez possamos aproveitar esta oportunidade para eu lhe explicar este segundo nível (Fig 4.1). Isso é o que vamos fazer aqui, hoje. Então, vou lhe mostrar isso e veja se você lembra... Bem, você viu como seus pensamentos interferiram ou, de alguma forma, influenciaram o modo como você se sentia, e as coisas que você estava fazendo naquela época. Neste segundo nível, mostrarei que existem algumas formas muito frequentes de se comportar que passam a ser um hábito para você. Nós chamamos esses comportamentos de comportamentos de segurança. Essa é uma palavra técnica, mas acredito que pouco a pouco você se familiarizará com ela. Quais comportamentos você repete a fim de se sentir mais segura?

P: Eu evito as coisas.

T: Que tal escrever exatamente isso? Porque isso passa a ser um comportamento muito habitual em sua vida, a evitação. O que mais?

P: Sou muito simpática o tempo todo. Eu faço o que todo mundo quer, ser simpática.

T: Se você não for simpática o tempo todo e não fizer o que as pessoas querem, então...
P: Elas não vão gostar de mim.
T: Que tal escrever isso como um tipo de pressuposto subjacente? Ou seja, se você não for simpática com as pessoas o tempo todo, elas não vão gostar de você. Esse é um pressuposto subjacente que você leva consigo?
P: É.
T: Vamos escrever isso aqui. Você evita coisas com frequência, certo? Se você não as evita, o que acontece?
P: Se eu não as evito, não consigo fazê-las.
T: Você não consegue. E essa parece uma situação que lhe causa muito sofrimento, certo? Então, por que você não registra isso como um pressuposto subjacente?
P: Se tentar, fracassarei.
T: Exatamente. Esse é um pressuposto subjacente no qual você sempre se baseia?
P: Sim. Isso está sempre presente em minha vida.
T: Tudo bem. Se você conseguir mudar esse pressuposto e descobrir que, de alguma forma, ele não é necessário na maioria das situações, apenas em algumas, o que você imagina que irá acontecer?
P: Minha vida pode mudar. Mas isso é possível, Dr. Irismar?
T: Isso é o que tentaremos descobrir juntos durante esta terapia. Então, o que precisamos fazer, Leslie, para começar, ao menos, a checar se esses pressupostos estão corretos ou não?
P: Preciso mudar minhas estratégias; preciso me comportar de maneira diferente.
T: Exatamente. Talvez você possa tentar agir de uma maneira um pouco diferente.
P: Tenho medo.
T: Como você poderia tentar, mesmo tendo medo? Começando com as mais difíceis ou com as mais fáceis?
P: Começando com as mais fáceis.

Apresentando o *Role-play* Consensual como abordagem na tomada de decisões

T: Leslie, eu gosto de usar a Hierarquia de Sintomas Codificados por Cores. Sintomas cinza-escuros [4] são desafiados apenas quando realmente necessário. Mas, temos uma decisão a tomar hoje; existe uma situação mais difícil. E, como lhe falei, eu geralmente não proponho que a pessoa inicie com as questões mais difíceis. Mas, ir à festa hoje é tão importante para você?
P: Sim, Dr. Irismar. É muito importante, porque já não tenho muitos amigos. Haverá um reencontro de colegas da escola em que estudei toda a minha infância e adolescência. Eu não faço contato com essas pessoas há quinze anos. Então acho que agora chegou a hora.

T: Então, por que não fazemos isso? Existe uma técnica que usamos para este segundo nível de cognição que eu vou lhe mostrar. Usaremos essa técnica que ajuda na tomada de decisões. Por exemplo, decidir se este é o momento para você comparecer à festa ou não. Vou explicar um pouco melhor para você. Vou pegar este formulário que usamos para isso, e, quem sabe, esta técnica possa lhe ajudar a tomar a decisão, certo? Então, Leslie, qual é a decisão que você quer tomar desta vez?

P: Ir à festa, ao reencontro de colegas de escola.

T: E antes de mais nada, deixe-me dizer que você não é obrigada a tomar esta decisão. Eu gostaria de apresentar este diagrama para ver se isso pode ajudá-la a decidir, está bem?

P: Está bem.

T: Então, por que você não escreve em seu papel (Fig 4.9) o que você gostaria de ser capaz de fazer, que é "ir à festa"?

P: Sim, ir à festa.

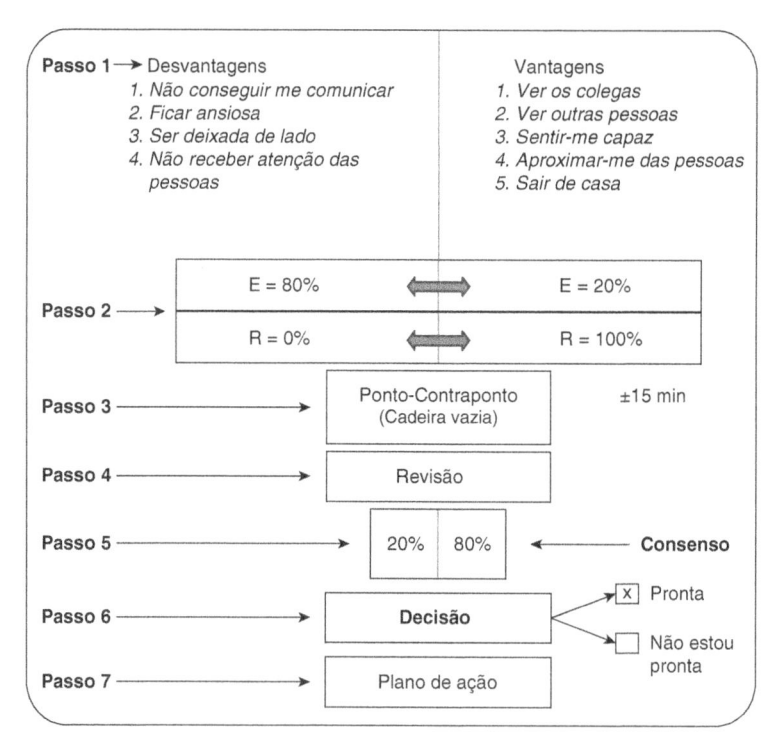

Passo 1 → Desvantagens	Vantagens
1. Não conseguir me comunicar	1. Ver os colegas
2. Ficar ansiosa	2. Ver outras pessoas
3. Ser deixada de lado	3. Sentir-me capaz
4. Não receber atenção das pessoas	4. Aproximar-me das pessoas
	5. Sair de casa

Passo 2 →
E = 80%   ⇔   E = 20%
R = 0%   ⇔   R = 100%

Passo 3 → Ponto-Contraponto (Cadeira vazia)   ±15 min

Passo 4 → Revisão

Passo 5 → 20% | 80%   ← Consenso

Passo 6 → Decisão   [X] Pronta / [ ] Não estou pronta

Passo 7 → Plano de ação

Figura 4.9 RPC de Leslie, preenchido durante a Sessão 4.

T: Esta é a decisão que veremos se você é capaz de tomar hoje ou não. Porque não importa se você achar que hoje não é o dia para você ir a festa. Você não irá. Você não será obrigada a ir, certo?
P: Certo.

Passo 1: Introduzir a balança decisória

T: Então, por que você não escreve aqui, começando pelas desvantagens de ir à festa?
P: Desvantagens... talvez eu não consiga me comunicar com as pessoas. Eu posso ficar ansiosa.
T: Certo.
P: Eu posso ser deixada de lado.
T: Ótimo! Mais alguma coisa?
P: Quando eu estava na escola, as pessoas não me davam muita atenção.
T: Então você tem medo que isso possa acontecer novamente; ou seja, que as pessoas não lhe deem atenção alguma. Por que você não escreve isso como uma possível desvantagem?
P: As pessoas podem não me dar atenção.
T: Isso é suficiente? Ou tem mais alguma coisa que você gostaria de acrescentar?
P: Acho que está bem claro assim.
T: Por que não olhamos o outro lado, e você escreve as vantagens de ir a esta festa, Leslie?
P: Posso ver meus colegas novamente.
T: Certo.
P: Ver gente.
T: Ver outras pessoas, sim. Você consegue identificar outras vantagens para si mesma neste processo de ir à festa hoje?
P: Posso me sentir capaz. Só o fato de ir já seria uma vitória. Independentemente do que fizesse lá.
T: O que mais? Algo mais?
P: Posso me aproximar das pessoas.
T: Certo. Por que você não escreve isso aqui?
P: Sair de casa.
T: Sair. Isso é algo que você tem muita dificuldade para fazer, não é?
P: Sim.
T: Isso é suficiente?
P: Sim. Acho que está bom. Eu posso rever pessoas, ver outras pessoas, posso me sentir capaz, posso me aproximar das pessoas e sair de casa.

Passo 2: Identificar ambivalência pesando vantagens e desvantagens de acordo com o eu racional e com o eu emocional

T: Gostaria que você considerasse esta questão das vantagens e desvantagens da seguinte maneira, Leslie. Por exemplo, neste momento, o que você acha que pesa mais em sua decisão de ir à festa: as vantagens ou desvantagens?
P: Acho que as vantagens, Dr. Irismar.
T: Ao dizer que o peso das vantagens é maior, você está pensando emocionalmente ou racionalmente?
P: Racionalmente.
T: Assim, as vantagens, racionalmente falando, parecem pesar mais. Quanto mais? Sessenta, setenta, oitenta, noventa por cento?
P: Racionalmente, eu acho que as vantagens de ir à festa são de 100%.
T: Certo. Por que você não escreve aqui, 100%, em relação às vantagens? Isso significa racionalmente falando, que em termos de desvantagens resta zero?
P: Isso.
T: E emocionalmente, o que parece pesar mais: as vantagens ou desvantagens?
P: As desvantagens.
T: Quanto? Sessenta, setenta, oitenta, noventa, cem por cento?
P: Emocionalmente, em termos de desvantagens, deve ser em torno de 80%.
T: Tudo bem. Por que você não escreve 80% aí?
P: 80%.
T: Isso significa que, em termos de peso emocional para as vantagens, sobram apenas 20%. Você pode anotar isso?
P: Agora entendo o que você quer dizer.
T: Parece haver discordância entre o que você pensa e o que você sente.
P: Certo.

Passo 3: Resolver a ambivalência chegando a um consenso entre o eu racional e o eu emocional com a abordagem da cadeira vazia*

T: Muito bem. O que poderíamos fazer para que razão e emoção cheguem a um acordo? Talvez possamos continuar um pouco mais e você descubra.
P: Certo.
T: Ótimo. Leslie, o que vou lhe pedir para fazer agora pode parecer meio estranho, porque vou pedir para você ocupar as três cadeiras. O que lhe peço agora é que permita que Leslie Razão e Leslie Emoção conversem entre si, enquanto Leslie Consenso presta atenção a esse diálogo. Você pode ir para a cadeira de Leslie Emoção? Provavelmente Leslie Emoção dirá, "Olha, Leslie Razão, é melhor você não ir a festa porque..." Por que você não continua?
P: Não vá a essa festa, Leslie Razão, porque se você for, as pessoas não vão lhe tratar bem. Quando você estudava naquela escola, ninguém lhe dava atenção.

---
*A paciente muda de uma cadeira para a outra para fazer o papel de "razão", "emoção" e "consenso".

T: Certo. Espero que você não se importe de sentar na outra cadeira agora. Eu peço que, enquanto você for Leslie Razão, responda a tudo que foi dito por Leslie Emoção. Você poderia, por favor, sentar-se ali? O que Leslie Razão responde?
P: Leslie Emoção, lembre-se que você era uma criança, você se comportava de outra forma, talvez você não prestasse auxílio ou atenção às pessoas, talvez não conversasse muito com as pessoas. Agora somos todos adultos. As pessoas estão fazendo esta festa para se reencontrarem. Elas vão lhe tratar bem.
T: Certo. Você pode então usar os mesmos argumentos que você escreveu aqui nas vantagens e desvantagens, e continuar. Assim, você pode ver que as desvantagens estão mais no lado emocional, ao passo que as vantagens estão mais no lado racional. Você pode sentar aqui e deixar Leslie Emocional responder? Como ela responde?
P: Leslie Razão, você vai ficar ansiosa; você vai se sentir excluída, se sentir deixada de lado.
T: Sentando-se ali, o que Leslie Razão responde?
P: Não, Leslie Emoção, você vai rever as pessoas, você poderá fazer amigos, você será capaz de manter conversas com as pessoas. Evidentemente, se as pessoas lhe convidaram, isso significa que elas querem que você vá. Sua presença importa. [Leslie Emoção responde.] Não, elas não se importam. Elas não querem estar perto de mim; elas nunca me valorizaram. [Leslie Razão insiste.] Leslie Emoção, será que eles nunca lhe valorizaram, ou era você que os evitava, recuava, não dando uma chance às pessoas de serem suas amigas? [Leslie Emoção responde.] Não, acho que não. Na verdade, acho que as pessoas não gostavam de mim; eu vou me sentir excluída nesta festa. Eu acho que as pessoas não querem que eu vá a esta festa.
T: E o que Leslie Razão responde? Por favor, mude de cadeira.
P: Leslie Emoção, as pessoas também lhe convidaram. Várias pessoas. Poderiam não ter convidado, mas convidaram. Se lhe convidaram, é porque elas querem se reencontrar com todos os colegas. Afinal, a festa está sendo realizada depois de quinze anos. E as pessoas levam uma vida diferente agora; elas estão mais maduras, elas podem querer saber como você está, onde você trabalha, como está sua vida.
T: E Leslie Emoção, o que ela diz? Por favor, mude para esta cadeira.
P: Mas, se elas me encontrarem agora, verão que eu sou um fracasso, que não tenho muitos amigos, que não tenho namorado, que não tenho ninguém.
T: E o que Leslie Razão responde?
P: [Muda de cadeira.] Mas Leslie Emoção, você investiu muito em sua vida profissional. Você é uma analista judiciária, você é importante no cartório. E você faz muita coisa lá. Você organiza tudo, todos os processos; você faz uma grande diferença lá. E agora está procurando ajuda para melhorar seu lado emocional.

T: O que Leslie Emoção responde?
P: [Muda de cadeira.] Estou com medo. [Longo silêncio.]
T: Por favor, sente aqui. O que Leslie Razão diz?
P: [Muda de cadeira.] Você não precisa ter medo, Leslie Emoção. Você pode conseguir. Outra coisa, você pode ir à festa e chegar lá no início. Porque, no início, as pessoas que chegarem lá serão as que falarão com você. Você não vai ter que falar com as pessoas antes disso.
T: O que Leslie Emoção diz?
P: [Muda de cadeira.] Certo. Realmente, se eu chegar lá mais cedo, será mais fácil. Eu posso me sentar. Posso procurar um lugar para sentar que seja mais agradável, ou que me ajude a ser mais desinibida. Essa é uma boa ideia: eu posso ir cedo.
T: Certo. Então, talvez Leslie Razão ainda possa apresentar alguns argumentos a Leslie Emoção?
P: [Muda de cadeira.] Sim. Leslie Emoção, você pode ir à festa. Pode se sentir tranquila. Você pode estipular que vai ficar uma hora na festa. E, em uma hora, você precisa conversar com algumas pessoas. Se se sentir bem, você continua. Se não se sentir bem, você pensa e avalia a situação – porque não está se sentindo bem. E, quem sabe, se você não se sentir bem (e você vai se sentir bem, sim), você pode agir como se estivesse bem, para ficar menos ansiosa.
T: O que Leslie Emoção responde?
P: [Muda de cadeira.] Talvez seja uma boa ideia. Talvez eu deva ir à festa. E talvez eu possa me observar e ficar feliz pelo fato de ter comparecido à festa. Se eu não for, vou me sentir excluída, como sempre me sinto.
T: Certo. Então o que Leslie Razão diz, finalmente?
P: [Muda de cadeira.] Você irá à festa e há uma grande chance de tudo dar certo. O objetivo é ir à festa. Tudo vai dar certo. Lá, você vai conseguir se expressar. Conversar. Por pouco que pareça, isso já será um bom resultado.

Passo 4: Revisar os passos anteriores e avaliar o que se aprendeu

T: Muito bem. Vamos parar agora. Olhe aqui, a primeira coisa que eu gostaria que você fizesse (e o que foi feito aqui foi exatamente isso, fazer Leslie Razão conversar com Leslie Emoção) é que você fosse até a cadeira de Leslie Consenso e avaliasse o impacto e a importância das vantagens e das desvantagens sobre a decisão de ir à festa. O que você aprendeu aqui como Leslie Consenso? Que avaliação você pode fazer a partir do diálogo entre Leslie Emoção e Leslie Razão?
P: O que eu aprendi deste diálogo foi que, se eu for à festa, eu não vou perder muito. E eu não preciso me sentir deixada de lado, a menos que me isole. Posso ir mais cedo para me sentir mais à vontade. As pessoas podem conversar comigo, e tudo pode ir bem; eu também posso descobrir como todo mundo é. Vai dar tudo certo, pois eu vou rever as pessoas e elas querem se reencontrar.

Passo 5: Avaliar o consenso entre o eu racional e o eu emocional
T: Parece que elas chegaram a um consenso. Se isso é verdade, onde está o impacto? Aqui, sem pensar em termos de emoção ou razão, mas simplesmente o que você, Leslie Consenso, considera...
P: Vantagens. As vantagens de ir à festa têm maior impacto.
T: Quanto você colocaria para as vantagens aqui: sessenta, setenta, oitenta, noventa por cento?
P: 80%.
T: 80%. Isso significa que, para Leslie Consenso, 80% foi dado às vantagens e 20% para as desvantagens, certo? Portanto, existe uma tendência nesse sentido.
P: Sim.

Passo 6: Tomar a decisão
T: Muito bem, Leslie, isso foi o que você aprendeu desse exercício. Portanto, este é o momento de tomar a decisão, e lembre-se, você não é obrigada a tomar a decisão de ir. A pergunta que lhe faço agora é, você está pronta para tomar a decisão? E a decisão pode ser ir ou não ir. Você está livre para fazer isso de acordo com o que você aprendeu aqui. Você está pronta para tomar a decisão?
P: Sim, sim.
T: E que decisão você toma neste caso?
P: Irei à festa.
T: Muito bem. Ótimo, ótimo! Quanto você acredita nisso?
P: Acredito 90%.

Passo 7: Ajudar a paciente a manter a decisão com um plano de ação
T: Isso é uma coisa muito boa e estou contente de você ter chegado a essa conclusão, mesmo sabendo que esta decisão envolve um sintoma cinza-escuro [4], algo que traz sofrimento para você, certo? Você, por acaso, tem dúvidas e quer voltar atrás em sua decisão? É extremamente importante saber isso, porque pode valer a pena criarmos um plano de ação agora, a fim de manter a decisão.
P: Dr. Irismar, estou decidida a ir à festa.
T: Tudo bem. Ótimo! Então, você não tem dúvidas quanto a isso. Talvez possamos criar um plano de ação para ajudá-la a manter esta decisão e a fazer tudo dar certo na festa. O que você acha?
P: Isso é ótimo!
T: Eu gostaria de lhe propor este plano de ação. Ele pode ser executado em vários níveis. Primeiro, para ir à festa, quais passos você deve dar nesse sentido? Você tem vários itens: um deles é o plano propriamente dito, que envolve as ações a serem implementadas; existe um item em que você pode escrever os problemas e obstáculos que podem aparecer; em outro item, você pode antecipar algumas estratégias e soluções ao prever obstáculos; em outro, ainda, pode-se definir a programação para a implementação das ações; e um último item para você acompanhar os resultados.

P: Sim.
T: Vamos começar isso agora? Quais as ações deste plano de ação que você deveria executar? O que você precisa fazer? Você tem as letras a, b, c e d para cada ação, mas você pode acrescentar mais letras (Fig. 4.10).
P: Primeiro, saber onde fica a casa, pois ela fica em um bairro afastado. [**1a**]
T: Muito bem.
P: Ir cedo à festa – porque o reencontro está marcado para as sete da noite e eu não iria gostar de me atrasar. Gostaria de estar lá às seis e meia. [**1b**]
T: Mais alguma coisa? O que você pretende fazer lá durante o reencontro?
P: Eu poderia tentar me socializar, falar com meus colegas. Não vejo muitos deles há anos. [**1c**]
T: Você pode anotar isso? O que mais? Alguma outra ação?
P: Não, é isso. Mas estou preocupada com a festa em si.

---

1. Ações propostas:
　a. *Saber onde fica a casa*
　b. *Chegar às 6:30*
　c. *Falar com meus colegas*
　d.

2. Possíveis obstáculos às ações:
　a. *Nenhum*
　b. *Perder-me*
　c. *Ansiosa; mãos suadas; as pessoas podem fazer perguntas sobre meu emprego e minha família*
　d.

3. Soluções para obstáculos:
　a. *Busca no Google*
　b. *Sair cedo*
　c. *Dar respostas curtas; fazer perguntas sobre elas*
　d.

4. Quando implementar as soluções propostas:
　a. *Hoje de tarde*
　b. *Hoje de noite*
　c. *Hoje de noite*
　d.

5. Acompanhamento:
　a. *Feito*
　b. *Feito*
　c. *Feito*
　d.

Figura 4.10　Plano de ação de Leslie.

T: Tudo bem. Vejo que você prevê problemas. Quais problemas poderiam acontecer? Também temos as letras correspondentes a, b, c e d para isso. Quais dificuldades você prevê em relação à localização da casa?
P: Nenhuma. [2a]
T: E sobre ir à festa cedo?
P: Eu me sinto insegura quando dirijo por lugares que ainda não conheço. Posso me perder. [2b]
T: Por favor, anote isso aqui.
T: E quanto a se socializar, falar com seus colegas?
P: Essa é a parte difícil. Além de ficar ansiosa e com as mão suadas, as pessoas podem não conversar muito comigo. [2c]
T: Isso é o que você antecipa que possa acontecer na festa, certo? Você também prevê que isso lhe incomodaria muito. Que outros problemas você antevê? Mais alguma coisa?
P: O problema real é quando eu estiver lá, ansiosa, sem saber o que dizer às pessoas.
T: O que você mais teme?
P: Eles vão fazer perguntas sobre o meu emprego e vão querer saber se eu sou casada ou tenho filhos. Eles saberão que eu não me saí bem na vida. [2c] Esses são os problemas que antecipo, e eles me deixam nervosa.
T: Talvez pudéssemos encontrar soluções para esses obstáculos imediatamente. O que você acha?
P: Sim, adoraria.
T: Vejo que você não prevê nenhum problema em relação ao item 1a – descobrir onde fica a casa.
P: Não, isso é fácil. Uma busca no Google Maps vai me ajudar. [3a]
T: Você tem alguma estratégia para resolver algum obstáculo, como certa dificuldade para encontrar a casa ou para não se perder?
P: Uma busca no Google Maps também pode me ajudar. Posso imprimir o mapa e segui-lo cuidadosamente. Em relação ao outro problema, há o risco de não chegar cedo por causa do trânsito, mas também posso resolver isso facilmente. Saio antes da hora do *rush* e tento chegar lá antes das seis e meia. [3b]
T: Teremos tempo para testar todas essas ideias, Leslie. Mas, por enquanto, posso sugerir uma estratégia para ajudar em relação a este obstáculo?
P: Sim, eu adoraria!
T: Que tal dar respostas curtas, e fazer perguntas sobre a vida delas? [3c] As pessoas geralmente gostam de falar de si mesmas, você não concorda?
P: Sim, posso fazer isso.
T: Ótimo. Portanto, depois de fazer este plano, como você o avalia?
P: Ele vai me ajudar bastante.

Resumindo a Sessão 4

T: Certo. Então, Leslie, me parece que, em relação à agenda, cobrimos praticamente tudo hoje. Podemos fazer um resumo de tudo que vimos até agora?

P: Mais uma vez achei interessante, pois pudemos ver o CD-Quest. Também pude observar minhas maiores necessidades – aquelas que me deixam mais ansiosa – e meu desejo de ir à festa, de me expor a situações que me trazem ansiedade. As técnicas que você me mostrou hoje, a HSCC e o RPC, são muito importantes, porque me fizeram entender que uma parte de mim sente que algo é fácil, enquanto outra parte sente que essa mesma coisa é difícil. Pudemos praticar o *Role-play* Consensual, em que a razão ajudou a emoção a ver que, na verdade, ir à festa traria muito mais vantagens do que desvantagens. Também foi interessante porque avaliamos a situação, e eu disse que me sentia à vontade porque você não via a decisão como uma obrigação.

T: Ótimo.

P: Você me deu a alternativa de encontrar e de escolher a melhor opção, e fizemos o plano de ação, que me ajudou a expandir a decisão de ir à festa...

T: O plano de ação parece aumentar as chances de você conseguir não apenas ir, mas também sentir-se bem lá. Gostaria de acrescentar a esse excelente resumo que você fez, Leslie, o que estamos olhando aqui, que é o nosso diagrama de conceituação cognitiva. Nós o vimos várias vezes (este aqui), e, portanto, para começar a trabalhar neste segundo nível, o que observamos foi que esses pressupostos que você viu, do tipo "se eu fizer tal e tal coisa, alguma coisa vai acontecer", também parecem influenciar esses pensamentos. Normalmente, enquanto mudamos os pressupostos e regras, parece que você dá a si mesma uma chance de mudar, e o mesmo ocorre com os comportamentos que chamamos de comportamentos de segurança. Por exemplo, não sei se você consegue ver: se você for à festa, você estará, quem sabe, dando a si mesma uma chance de mudar isso aqui. [O terapeuta mostra o segundo nível do diagrama de conceituação.]

P: Sim, sim. Sem dúvida.

T: E se isso acontecer, talvez você veja que este segundo nível vai influenciar e ajudar a mudar isso. [O terapeuta aponta a caixa dos pensamentos automáticos.] É assim que você vê?

P: Exatamente, Dr. Irismar. Está certo.

Atribuindo a tarefa de casa e concluindo a Sessão 4

T: Muito bem. Parece que a tarefa de hoje se reduz a essa experiência de ir à festa. Para equilibrar isso, temos nosso experimento anterior, a tarefa de levar a folha de distorções, vou lhe pedir para que preencha os três RP-Intras, tudo bem?

P: Sim.

T: Ótimo. Outra possibilidade é escrever alguns destes pensamentos que vieram à mente nesta experiência de hoje ir à festa, e prestar atenção em tudo, de acordo com a folha de distorções.
P: Tudo bem.
T: Isso está claro para você?
P: Sim, está claro. Acho que vai me ajudar muito, Dr. Irismar.
T: Certo. Que retorno você pode me dar hoje? Como foi a sessão para você?
P: Dr. Irismar, eu gostei muito. Especialmente da técnica que você chama de *Role-play* Consensual. Ela me deixou mais segura para ir à festa, depois de chegarmos a um consenso entre meus lados racional e emocional. Eu vi que existem muito mais chances de tudo dar certo do que havia pensado; era melhor ter um comportamento de segurança. Depois notei que, à medida que eu mudo essas estratégias e comportamentos, eu posso considerar as situações sociais de uma maneira diferente.
T: Muito bem. Isso me deixa feliz. Estou contente. Vou ficar muito curioso para saber como você vai estar na semana que vem, certo?
P: Obrigada, Dr. Irismar.

MUDANDO CRENÇAS NUCLEARES COM O PROCESSO I   5

Resumo de tópicos
- Introdução
- Apresentando o terceiro nível de cognição à paciente
- Descrição da técnica de registro de pensamento baseado no processo (Processo I)
  - Passo 1: Inquérito (Tabela 5.1, Coluna 1)
  - Passos 2 e 3: Primeiras alegações da promotoria e do advogado de defesa (Tabela 5.1, Colunas 2 e 3)
  - Passo 4: Segunda alegação da promotoria (Tabela 5.1, Coluna 4)
  - Passo 5: Segunda alegação do advogado de defesa (Tabela 5.1, Colunas 5 e 6)
  - Passo 6: Veredito do júri (Tabela 5.1, Coluna 7)
  - Passo 7: Preparação para o recurso (Tabela 5.2)
- Possíveis obstáculos à melhor utilização do processo

Diálogo de Ilustração de Caso
- Ligação com a Sessão 4 e definição da agenda
- Revisando questionários
- Apresentando as CNs e o Processo I ao trabalhar no item principal da agenda
  - Passo 1: Inquérito (Tabela 5.3, Coluna 1)
  - Passo 2: Primeira alegação da promotoria (Tabela 5.3, Coluna 2)
  - Passo 3: Primeira alegação do advogado de defesa (Tabela 5.3, Coluna 3)
  - Passo 4: Segunda alegação da promotoria (Tabela 5.3, Coluna 4)
  - Passo 5: Segunda alegação do advogado de defesa (Tabela 5.3, Colunas 5 e 6)
  - Passo 6: Veredito do júri (Tabela 5.3, Coluna 7)
  - Passo 7: Preparação para o recurso (Tabela 5.4)
- Atribuindo a tarefa de casa
- Resumindo
- Revisando o DCC
- Concluindo a Sessão 5

Introdução

Várias técnicas foram desenvolvidas para mudar crenças nucleares (CNs) disfuncionais.* O registro de pensamento baseado no processo (RPBP; de Oliveira, 2008, 2011c), ou, abreviadamente, "Processo I", é apresentado neste capítulo e foi desenvolvido para mudar CNs, recebendo esse nome por simular um processo judicial e por ser inspirado no livro *O processo*, do escritor tcheco Franz Kafka (1925/1998). No romance de Kafka, o personagem, Joseph K., é preso, condenado e executado sem saber por que crime foi acusado (de Oliveira, 2011b).

Provavelmente, a intenção de Kafka foi propor a autoacusação como um princípio universal (de Oliveira, 2011b), que muitas vezes está implícito e não consciente, não permitindo, assim, uma defesa adequada. Na terapia cognitiva, a autoacusação pode ser compreendida como a manifestação de uma CN negativa ativa. Portanto, o argumento lógico para desenvolver o processo seria conscientizar os pacientes de suas CNs negativas. Assim, diferente do que acontece com Joseph K., o propósito do Processo I é estimular os pacientes a desenvolver CNs mais positivas e úteis por intermédio da terapia.

O Processo I incorporou diversas técnicas já utilizadas na TCC e em outras abordagens, organizadas em um formato e em uma sequência estruturados da seguinte forma: seta descendente (Beck, 1979; Burns, 1980; de Oliveira, 2011a); exame das evidências (Greenberger & Padesky, 1995); advogado de defesa (Freeman & DeWolf, 1992; Cromarty & Marks, 1995; Leahy, 2003); reversão de sentenças (Freeman & DeWolf, 1992); seta ascendente (de Oliveira, 2011a; Leahy, 2003); desenvolvimento de um esquema mais positivo (Leahy, 2003); diários de autoafirmações positivas (J. S. Beck, 2012); e cadeira vazia (Carstenson, 1955). A Figura 5.1 ilustra como as cadeiras usadas pelo terapeuta e pela paciente são colocadas durante a sessão do Processo I.

Apresentando o terceiro nível de cognição à paciente

O trecho da Sessão** a seguir e as Figuras 5.2 e 5.3 mostram como o terceiro nível cognitivo é apresentado à paciente.

T: Maria, nos momentos em que você pensa nisso – em falar com seu marido sobre o assunto –, ou mesmo quando pensa que talvez vá decepcioná-lo, que pensamentos e ideias surgem em sua mente?
P: Primeiro, que vou desapontá-lo.
T: "Eu vou desapontá-lo." Mais alguma coisa se passa em sua mente?
P: Ele vai pensar que não sou a mulher forte que conheceu anos atrás.

---

*Para uma análise das técnicas mais utilizadas na mudança crenças nucleares disfuncionais, ver Wenzel (2012): http://www.intechopen.com/download/get/type/pdfs/id/31822.
** Veja a apresentação completa deste caso em de Oliveira (2012b): http://www.intechopen.com/download/get/type/pdfs/id/31823.

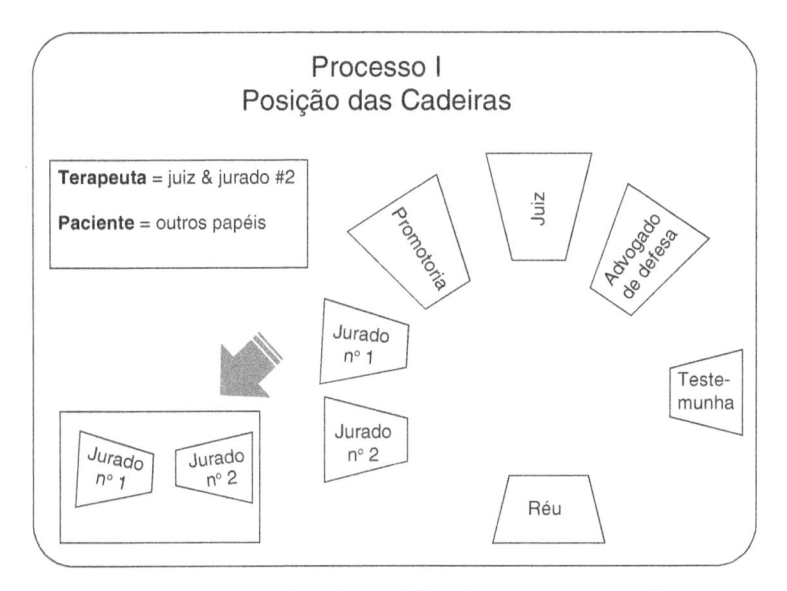

```
┌─────────────────────────────────────────────────┐
│              Processo I                          │
│           Posição das Cadeiras                   │
│                                                  │
│  Terapeuta = juiz & jurado #2    [Juiz]         │
│  Paciente = outros papéis                        │
│            [Promotoria]    [Advogado de defesa] │
│                                                  │
│                   [Jurado n° 1]                  │
│                                    [Testemunha] │
│        [Jurado  [Jurado   [Jurado               │
│         n° 1]    n° 2]     n° 2]                │
│                                                  │
│                           [Réu]                  │
└─────────────────────────────────────────────────┘
```

Figura 5.1 Sugestão para a posição das cadeiras durante o Processo I.

T: Então ele vai pensar que você não é aquela mulher forte que ele uma vez conheceu.
P: Isso.
T: E, se este não for o caso (partindo do princípio de que esse pensamento possa ser verdadeiro), o que isso significa a seu respeito?
P: Que não sou mais forte. Sou fraca.
T: Certo. Essa ideia surge em sua mente de vez em quando?
P: Sim! Toda vez que penso sobre deixar meu emprego de professora, fico com essa ideia de que sou fraca, que eu poderia continuar tentando...
T: Isso é interessante, Maria, porque nós conversamos muito durante a terapia, e desde o início (quando lhe mostrei este modelo de psicoterapia), este diagrama de conceituação cognitiva parece ter lhe ajudado. Muitos desses pensamentos automáticos que lhe expliquei, e que estão no primeiro nível, são, normalmente, resultado da ideia que você tem de si mesma, de como você se vê como pessoa. Você se lembra como chamamos isso?
P: Crença nuclear.
T: Sim, crença nuclear, você se lembra bem. Se colocássemos "Eu sou fraca" como uma crença nuclear ativada e a escrevêssemos aqui, isso faria sentido para você? Você pode ver essa crença como uma seta subindo aqui [o terapeuta aponta para a seta no DCC], nutrindo pensamentos automáticos?
P: Isso faz sentido.
T: Valeria a pena trabalharmos um pouco nessa ideia, nesse conceito de si mesma que você apresenta e que parece retornar de tempos em tempos?
P: Sim.

Nível 1

Situação
Falando com meu marido.

Pensamento automático
Vou desapontá-lo. Ele vai pensar que não sou aquela mulher forte que ele conheceu anos atrás.

Emoção
Ansiedade.

Comportamento e resposta fisiológica
Evito conversar com meu marido sobre deixar meu cargo de professora.

Nível 2

Pressupostos subjacentes:
Se eu deixar meu emprego de professora, serei fraca.

Comportamentos de segurança:
Evitação.

Modulação pelos pressupostos subjacentes

Nível 3

Eu sou fraca

Crença nuclear **negativa** ativada

Crença nuclear **positiva** inativada

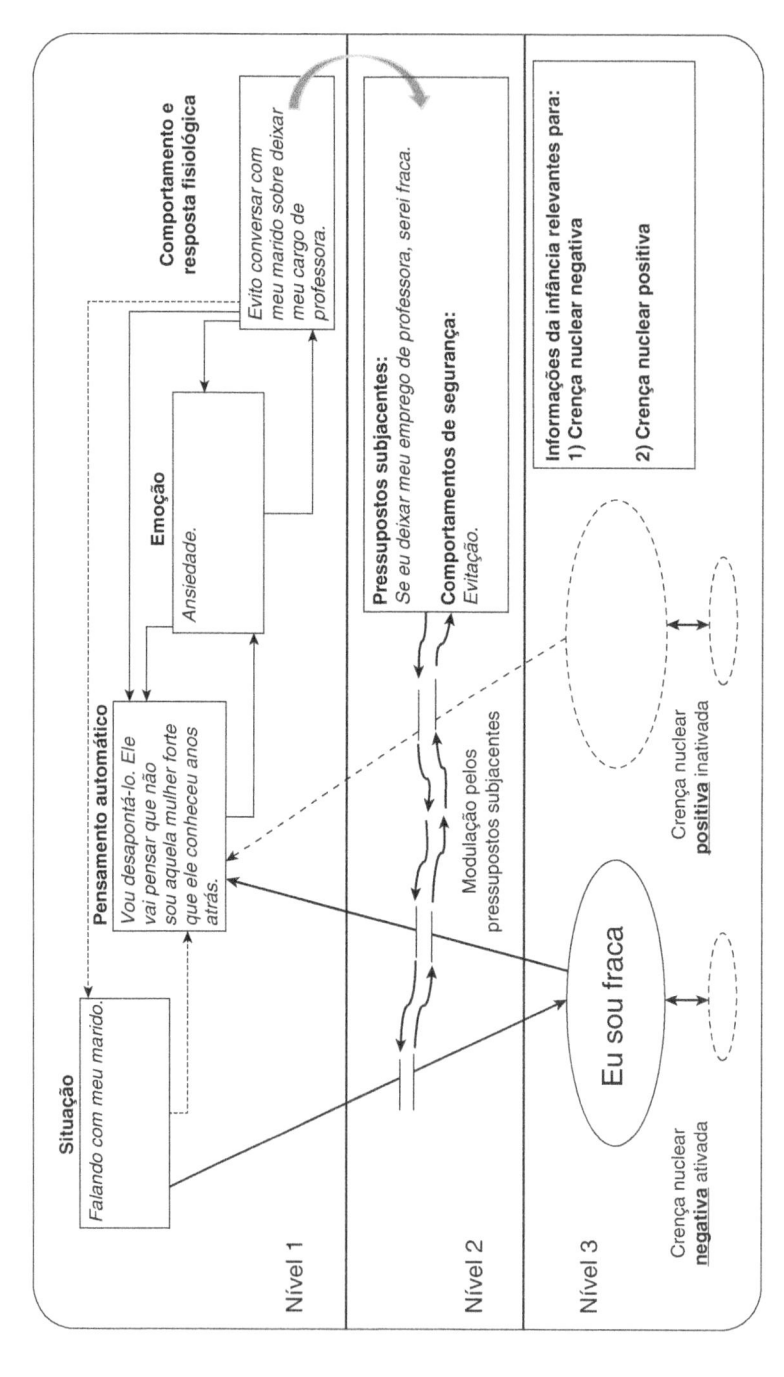

Informações da infância relevantes para:
1) Crença nuclear negativa
2) Crença nuclear positiva

Figura 5.2 Diagrama de conceituação cognitiva (DCC) mostrando a ativação da crença nuclear "Eu sou fraca" no nível 3 por meio da situação "Falando com meu marido".

Circuito 3

Pressuposto subjacente → Comportamento de segurança → Crença nuclear → Pressuposto subjacente

Nível 1

Pressupostos subjacentes:

Comportamentos de segurança:

Modulação pelos pressupostos subjacentes

Nível 2

Informações relevantes da infância para:
1) Crença nuclear negativa
2) Crença nuclear positiva

Crença nuclear **positiva** inativada

Nível 3

Crença nuclear **negativa** ativada

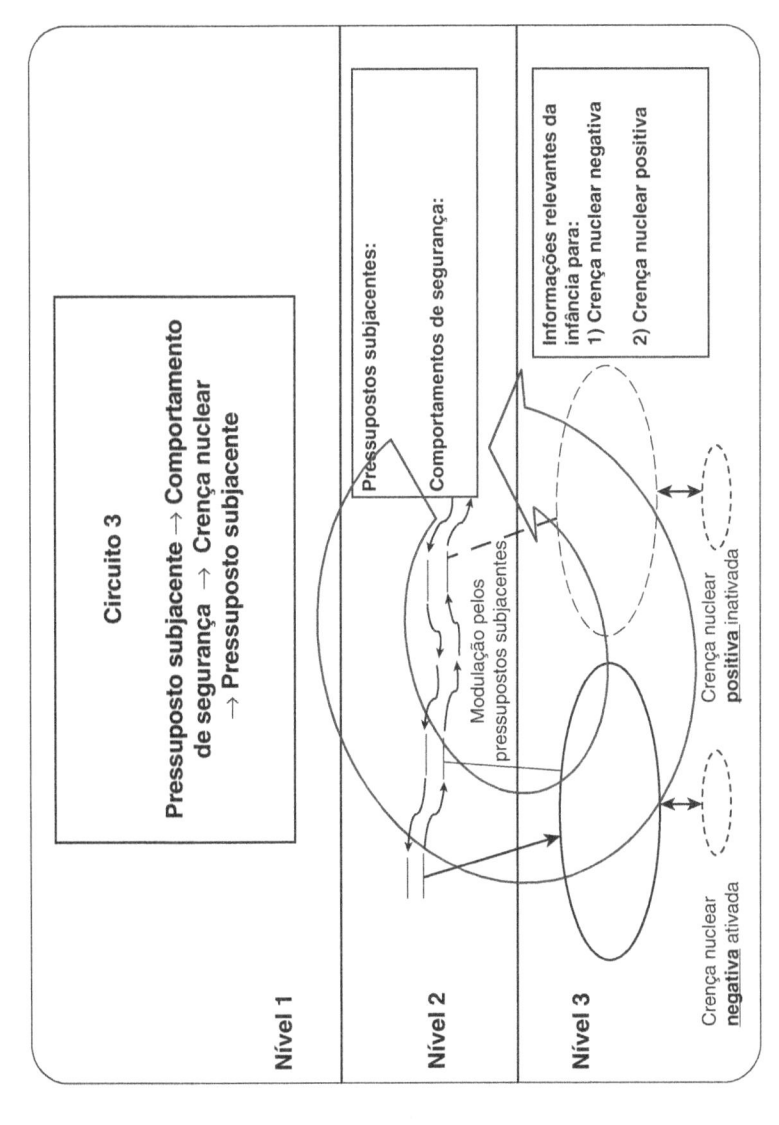

Figura 5.3 Diagrama de conceituação cognitiva (DCC) mostrando o Circuito 3, composto de pressuposto subjacente, comportamento de segurança e crença nuclear.

Descrição da técnica do registro de pensamento baseado no processo (Processo I)

Passo 1: Inquérito (Tabela 5.1, Coluna 1)

No começo, a paciente apresenta uma situação desconfortável ou um problema, que geralmente corresponde ao item principal da agenda. O terapeuta pergunta o que se passa na mente da paciente quando ela observa um sentimento ou uma emoção forte. Essa etapa do Processo I busca os pensamentos automáticos (PAs) ligados ao estado emocional apresentado pela paciente e é registrada na coluna 1. Para revelar qual é a crença nuclear negativa ativada (ou aquela a ser ativada) responsável pelos PAs e pelo estado emocional atual, o terapeuta usa a técnica da seta descendente (Burns, 1980; de Oliveira, 2011a). Por exemplo: o terapeuta pergunta o que os PAs que acabaram de ser expressos querem dizer sobre a paciente, supondo que eles sejam verdadeiros. A resposta, normalmente expressa em frases do tipo "Eu sou...", corresponde à CN negativa ativada. No exemplo da Tabela 5.3, a paciente expressou a crença "Eu sou estranha". O terapeuta então explica que a coluna 1 do Processo I começa de forma semelhante a uma investigação ou inquérito, com o objetivo de descobrir a validade da acusação (nesse caso, autoacusação) que corresponde à CN negativa. O terapeuta então pergunta o quanto a paciente acredita que essa crença é verdadeira e que emoções ela sente. As porcentagens indicando o quanto a paciente acredita na CN negativa e a intensidade da resposta emocional correspondente são registradas na parte inferior da coluna 1, no espaço onde se lê "Inicial". O espaço onde se lê "Final" será preenchido quando a sessão terminar, após a conclusão da tarefa chamada "Preparação para o recurso" e a ativação da CN positiva (p. ex., "Eu sou forte").

O crédito que a paciente atribui à CN negativa e a intensidade da resposta emocional correspondente são registrados na parte inferior de todas as colunas (com exceção da coluna 5).

Passos 2 e 3: Primeiras alegações da promotoria e do advogado de defesa (Tabela 5.1, Colunas 2 e 3)

Nas colunas 2 e 3, a paciente coloca as informações que apoiam (coluna 2) e também as que não apoiam (coluna 3) a CN negativa. A coluna 2 expressa o desempenho do promotor, quando a paciente apresenta todas as evidências que apoiam a CN negativa, apresentada como uma autoacusação. Aqui, a paciente tende a produzir distorções cognitivas, em vez de evidências. É essencial que o terapeuta não corrija a paciente neste caso, porque, posteriormente, durante a avaliação do júri (coluna 7), a paciente observará que o promotor produz, de forma predominante, distorções cognitivas em vez de evidências. Além disso, as informações obtidas e registradas na coluna 2 têm o objetivo de evidenciar os argumentos internos que a paciente usa para apoiar as CNs negativas.

A coluna 3 mostra a alegação do advogado de defesa; aqui a paciente é estimulada a identificar todas as evidências que não apoiam a CN negativa. Se o terapeuta perceber que a paciente está trazendo mais opiniões do que evidências, ele pode, de maneira sutil, sugerir que a paciente dê exemplos baseados em fatos.

Passo 4: Segunda alegação da promotoria (Tabela 5.1, Coluna 4)

A coluna 4 é a resposta do promotor à alegação do advogado de defesa, e é dedicada aos pensamentos do tipo "Sim, mas..." que a paciente usa para desqualificar ou minimizar as evidências ou os pensamentos racionais trazidos pela defesa na coluna 3, fazendo com que tenham menos crédito. Como ilustra o exemplo da Tabela 5.1, ao utilizar a conjunção "mas", o terapeuta estimula a expressão de outros PAs disfuncionais, que mantêm as reações emocionais negativas e os comportamentos disfuncionais apresentados pela paciente. O humor da paciente tende a retornar ao nível apresentado na coluna 2, durante a primeira manifestação do promotor.

Passo 5: Segunda alegação do advogado de defesa (Tabela 5.1, Colunas 5 e 6)

As colunas 5 e 6 são os aspectos centrais dessa técnica. A paciente é levada a inverter as proposições das colunas 3 e 4, mais uma vez ligando-as com a conjunção "mas". O terapeuta lê cada sentença da coluna 4 seguida pela conjunção "mas" e pede à paciente que ligue-a ao que foi dito pelo advogado de defesa na coluna 3, copiando cada sentença utilizando a conjunção "mas". O objetivo é fazer com que a paciente reduza a força dos PAs, mudando a perspectiva da situação para uma mais positiva e realista. A paciente é estimulada a registrar o novo significado na coluna 6, agora positivo. O terapeuta pede que ela prossiga utilizando a conjunção "portanto", concluindo, assim, seus significados. Como exemplo, no diálogo entre o terapeuta e Leslie (quando ela estava desempenhando o papel de advogada de defesa), depois que o terapeuta leu "Ela (Leslie) é ansiosa (coluna 4), mas...," Leslie sugeriu "Na festa, ela agiu normalmente" (coluna 3), e a sentença foi copiada na coluna 5. Depois, ela acrescentou na coluna 6: "Ela pode agir de maneira tranquila; portanto, não há porque temer advogados grosseiros."

Passo 6: Veredito do júri (Tabela 5.1, Coluna 7)

Esta é a parte analítica do Processo I, apresentada sob a forma de deliberação do júri. Embora muitas perguntas possam ser respondidas pela paciente como jurado nº 1 (p. ex., "Quem foi mais consistente?", "Quem foi mais convincente?", "Quem usou mais informações baseadas em fatos?", "Houve intenção por parte do acusado?"), a questão principal a ser considerada é: quem cometeu menos distorções cognitivas? Após identificarem as distorções cognitivas cometidas pelo promotor e perceberem que o advogado de defesa não as cometeu, os pacientes, em quase todos os casos, absolvem-se da acusação.

Tabela 5.1 Formulário da TCP (Processo I)

Por favor, descreva resumidamente a situação

1. Inquérito para revelar a acusação (crença nuclear). O que se passou em sua mente antes de começar a se sentir dessa forma? Pergunte-se o que esses pensamentos diriam sobre você mesmo(a), supondo que eles são verdadeiros. A resposta *"isso significa que eu sou..."* é a **autoacusação** (crença nuclear) revelada.	2. Alegação da promotoria. Cite todas as evidências que você tem que **apoiam** a acusação/crença nuclear identificada na coluna 1.	3. Alegação do advogado de defesa. Cite todas as evidências que você tem que **não apoiam** a acusação/crença nuclear identificada na coluna 1.	4. Segunda alegação da promotoria. Cite os pensamentos que questionam, desvalorizam ou desqualificam cada evidência positiva da coluna 3, geralmente expressos como pensamentos do tipo "Sim, mas...".	5. Segunda alegação do advogado de defesa. Copie cada pensamento da coluna 3, ligando-os com a conjunção MAS, após ler cada sentença da coluna 4. **Nota:** As colunas 5 e 6 são preenchidas ao mesmo tempo.	6. Significado da alegação do advogado de defesa. Cite o significado que você atribui a cada sentença da coluna 5.	7. Veredito do júri. Descreva as distorções cognitivas cometidas pela promotoria e pela defesa e dê o veredito.
						Distorções cognitivas:
						Promotor 1 / Defesa 1
Técnica da seta descendente: *Se esses pensamentos fossem verdadeiros, o que eles diriam a meu respeito?* ↓ *Eu sou* _____	1) 2) 3) 4) 5) 6)	1) 2) 3) 4) 5) 6)	Mas... 1) 2) 3) 4) 5) 6)	Mas... 1) 2) 3) 4) 5) 6)	Isso significa que... 1) 2) 3) 4) 5) 6)	1: 2: 3: 4: 5: 6:
						Promotor 2 / Defesa 2
						1: 2: 3: 4: 5: 6:
						1: 2: 3: 4: 5: 6:
						Veredito:
Agora, quanto (%) você acredita que é _____? **Inicial:** _____ **Final:** _____ Que emoção essa crença faz você sentir? _____ Qual a intensidade (%) dessa emoção? **Inicial:** _____ **Final:** _____	Agora, quanto (%) você acredita que é _____? Qual a intensidade (%) de sua/seu _____ agora? _____ %	Agora, quanto (%) você acredita que é _____? Qual a intensidade (%) de sua/seu _____ agora? _____ %	Agora, quanto (%) você acredita que é _____? Qual a intensidade (%) de sua/seu _____ agora? _____ %	Agora, quanto (%) você acredita que é _____? Qual a intensidade (%) de sua/seu _____ agora? _____ %	Agora, quanto (%) você acredita que é _____? Qual a intensidade (%) de sua/seu _____ agora? _____ %	Agora, quanto (%) você acredita que é _____? Qual a intensidade (%) de sua/seu _____ agora? _____ %

Copyright: Insmar Reis de Oliveira; www.trial-basedcognitivetherapy.com

Passo 7: Preparação para o recurso (Tabela 5.2)

As colunas 6 e 7 da Tabela 5.1 permitiram à paciente revelar ou ativar a crença nuclear positiva por meio do significado positivo apresentado pelo advogado de defesa. Para isso, o terapeuta usou a técnica da seta ascendente (de Oliveira, 2007, 2011a) em oposição à técnica da seta descendente (Burns, 1980), utilizada na coluna 1, ao perguntar: "Supondo que o advogado de defesa esteja certo, o que isso diz sobre você?" No exemplo da Tabela 5.3, a paciente apresenta a nova CN positiva "Sou normal".

A Tabela 5.2 é o registro que a paciente deve preencher durante a sessão e continuar preenchendo como tarefa de casa, sendo estimulado a reunir diariamente, ao longo da semana, fatos, elementos e evidências que apoiem a CN positiva revelada. Essa tarefa é atribuída como preparação para o recurso requerido pelo promotor, quando a paciente absolve-se da acusação, ou, raramente, requerido pela defesa, quando a paciente não se considera inocente ao final do processo. Nesse formulário, o paciente também indica diariamente, em porcentagens, o quanto considera a nova CN verdadeira.

É fundamental nesse estágio que a paciente reserve um tempo fora da sessão para prestar atenção aos fatos e eventos que apoiam as CNs positivas, e isso implica que o advogado de defesa seja escolhido como aliado, quer a paciente tenha sido considerada inocente ou não no fim do Processo I.

Tabela 5.2 Preparação para o recurso (formulário para uma crença)

Nova crença nuclear positiva: Eu sou _____ (Por favor, escreva aqui ao menos uma evidência que apoie a nova crença nuclear. Além disso, escreva, diariamente, no espaço entre parênteses, o quanto você acredita nela.)

Data (%)	Data (%)	Data (%)
1.	1.	1.
2.	2.	2.
3.	3.	3.
Data (%)	Data (%)	Data (%)
1.	1.	1.
2.	2.	2.
3.	3.	3.
Data (%)	Data (%)	Data (%)
1.	1.	1.
2.	2.	2.
3.	3.	3.
Data (%)	Data (%)	Data (%)
1.	1.	1.
2.	2.	2.
3.	3.	3.

Copyright: Irismar Reis de Oliveira; www.trial-basedcognitivetherapy.com

Possíveis obstáculos à melhor utilização do processo

Para que o registro de pensamento baseado no processo (RPBP ou Processo I) funcione da melhor maneira possível, os terapeutas devem agir de modo a prevenir os seguintes obstáculos:

- As frases escritas pelo terapeuta devem ser curtas, de modo que o paciente não tenha dificuldade para compreendê-las após a reversão. Uma boa estratégia é permitir que o paciente fale livremente, mas pedindo a ele que resuma o que acaba de ser dito em uma frase curta.
- Os argumentos do advogado de defesa não devem se limitar exclusivamente a responder aos argumentos da promotoria, pois isso limita a visão que o paciente tem de seus aspectos positivos; assim, durante a alegação da defesa, o terapeuta deve estimular o paciente a explorar aspectos que não foram explorados pela promotoria.
- Se o terapeuta não conseguir terminar o Processo I durante uma sessão, recomenda-se que ele não interrompa o processo após a alegação do promotor; deve-se sempre terminar a sessão após a alegação do advogado de defesa, de modo que o paciente possa sair da sessão de terapia se sentindo melhor do que quando chegou.
- Se o paciente não é considerado inocente no fim do processo, evento extremamente raro entre terapeutas cognitivos processuais experientes, isso não deve ser visto como um problema, pois o advogado de defesa pode solicitar um recurso. Nesse caso, o Processo I deve ser repetido na sessão seguinte sob a forma de recurso em relação à mesma acusação/CN; a tarefa de casa consistirá em o paciente reunir evidências que apoiem a CN positiva.
- Às vezes, durante o processo, o promotor interrompe o advogado de defesa com sentenças do tipo "Sim, mas..." derivadas dos PAs negativos; o terapeuta deve interromper o paciente e dizer que o promotor precisa esperar a sua vez. O terapeuta faz isso olhando a cadeira usada pelo promotor, agora vazia. Do mesmo modo, se o paciente usa os argumentos de defesa enquanto está desempenhando o papel de promotor, o terapeuta deve também lhe dizer, mas de forma mais delicada, que essa é a vez do promotor e que o advogado de defesa deve esperar a sua vez.
- Em certas ocasiões, a CN negativa está tão ativada que, após reversão das sentenças, o paciente não consegue ver ou admitir o aspecto positivo apresentado durante a segunda alegação do advogado de defesa, quando este está procurando o significado da sentença revertida. Nesse caso, o terapeuta deve perguntar: "Quem está falando agora?" Geralmente, o paciente reconhece que é o promotor que está atuando. O terapeuta se vira para a cadeira vazia supostamente ocupada pelo promotor e ordena-lhe que fique em silêncio; então, delicadamente, ele pergunta ao paciente (agora no papel de advogado de defesa) o significado da sentença revertida na perspectiva da defesa, lembrando-o de que o compromisso do advogado de defesa é com o acusado.

- Às vezes, após o terapeuta ler a sentença e dizer "Mas...", o paciente, atuando como promotor, não encontra evidências ou argumentos contra a alegação do advogado de defesa. Nesse caso, o terapeuta traça uma linha, deixando um espaço vazio, e, quando reverter as sentenças, copia o que foi declarado pelo advogado de defesa na primeira alegação e pergunta o significado da declaração ao paciente.
- Por fim, em alguns pacientes com transtornos graves do eixo I e da personalidade, mesmo quando o advogado de defesa é repetidamente bem-sucedido em absolver o paciente, as autoacusações retornam, indicando que a CN é frequente e facilmente ativada; nesse caso, o terapeuta deve usar a técnica da consciência metacognitiva baseada no processo (CMBP, ou Processo II, descrita no Capítulo 10 deste manual). Assim, o paciente processa o promotor, acusando-o de incompetência (nunca ganhou um processo), abuso (persegue o paciente por toda parte) e assédio (humilha o paciente). Os resultados tendem a ser mais duradouros após o Processo II. Dessa forma, o paciente é treinado a se distanciar de seus pensamentos e crenças (metacognição). O promotor tem muito menos ou nenhuma credibilidade para o paciente nessa etapa da terapia.

DIÁLOGO DE ILUSTRAÇÃO DE CASO

Ligação com a Sessão 4 e definição da agenda

T: Olá, Leslie.
P: Olá, Dr. Irismar.
T: Então, como foi sua semana?
P: Essa semana não foi muito fácil.
T: Parece que alguma coisa desagradável aconteceu. Alguma coisa a ver com a última sessão ou com o reencontro dos ex-colegas?
P: Aconteceram duas situações que me deixaram muito ansiosa.
T: Certo.
P: Na semana passada, me senti muito mais animada, pois eu tinha ido à festa e tudo tinha dado certo. Aquele cara, o João, me deixou um recado, e depois sumiu.
T: Sim, e então...
P: Daí comecei a pensar que sou feia, que sou estranha, que tem algo errado comigo.
T: Vamos colocar isso em nossa agenda então, para discutirmos agora?
P: Claro.
T: Você se importa se começarmos revisando a tarefa de casa e os questionários, antes de trabalharmos com os itens agendados?
P: Tudo bem.
T: Conte-me um pouco sobre o que aconteceu com os experimentos. Isso é algo que você gostaria que deixássemos de lado, ou ...?

P: Não, tudo bem, Dr. Irismar. Os experimentos funcionaram. Eu fiz algumas perguntas a pessoas desconhecidas e não foi tão difícil, me senti menos ansiosa em relação a isso. Também falei com um grupo de estranhos, mas durante a conversa eu comecei a pensar que eu era estranha, porque uma colega minha comentou sobre minhas roupas. Então, houve duas situações que me fizeram pensar que eu sou estranha, feia...

T: Você está sugerindo isso para a agenda? Primeiramente, há o assunto envolvendo o fato de que João não apareceu, certo?

P: Sim.

T: E a outra coisa...

P: Minha colega comentou sobre minhas roupas, como se eu estivesse vestindo roupas muito antiquadas, entende?

T: E isso a fez pensar que você é estranha, certo? Muito bem, vamos colocar isso na agenda.

P: Certo. Quando eu consegui ir à festa, comecei a me sentir melhor. Comecei a me sentir feliz, comecei a confiar mais em mim, mas daí aconteceram essas coisas e começou tudo de novo.

Revisando questionários

T: Estou examinando o que você preencheu anteriormente, o CD-Quest, e tenho a impressão de que realmente houve um pequeno aumento, não?

P: Sim, houve.

T: Quais distorções cognitivas você notou?

P: Veja aqui, Dr. Irismar. A leitura mental. Eu comecei a pensar que todo mundo acha que sou feia, estranha. Eu também penso que as coisas acontecem por minha causa: personalização. Assim, quando alguma coisa dá errado, penso que a culpa é minha, acho que as outras pessoas são mais interessantes do que eu.

T: E o que você notou em relação a sua ansiedade? Você está vendo que a pontuação da ansiedade aumentou?

P: Sim.

Apresentando as CNs e o Processo I ao trabalhar no item principal da agenda

T: Certo. Bom, Leslie, tenho uma nova proposta para você hoje, mas vamos nos concentrar em nossa agenda. Proponho aproveitarmos os acontecimentos que ocorreram aqui. Então, vamos passar para nosso diagrama de conceituação cognitiva? [O terapeuta mostra o DCC à paciente.] Não sei que situação você escolheria para trabalharmos agora: a de João ou a da colega de trabalho?

P: A de João. Ele não me procurou mais.

Passo 1: Inquérito (Tabela 5.3, Coluna 1)

T: Leslie, você pode escrever isso aqui – "João não me procurou mais"? Durante o tempo que João não lhe procurou, o que se passou em sua mente?
P: Ninguém está interessado em mim.
T: Consequentemente, como você se sentiu?
P: Ansiosa.
T: E o que você fez?
P: Comecei a me isolar mais.
T: Vou lhe fazer uma pergunta, Leslie. Supondo que esses pensamentos sejam verdadeiros, o que eles significam sobre você?
P: Que ninguém está interessado em mim, que sou mesmo estranha.
T: Tudo bem. Então, por que você não escreve exatamente isso aqui? Tenho a impressão que você acaba de ativar uma crença nuclear, que é "Sou estranha", certo?
P: Certo.
T: Isso aparece como uma acusação que você faz contra si mesma?
P: Sim.
T: Gostaria de propor uma técnica para trabalharmos, para que verifique se esse conceito que você tem de si mesma é verdadeiro ou não.
P: Está bem.
T: Não sabemos de antemão. Pode ser importante para você verificar isso. Pode parecer estranho, mas você logo vai entender. Vou pedir para sentar-se nesta cadeira e ser você mesma. Por favor, sente-se na cadeira a minha frente. [A paciente senta-se na cadeira do acusado.] Agora, quanto você acredita nisso, "Sou estranha"?
P: 100%.
T: E qual é a intensidade de sua ansiedade?
P: 100% também.
T: Podemos considerar isso como uma autoacusação? E se a usássemos como uma metáfora, e transformássemos isso em um processo judicial? Você vai poder se colocar no banco dos réus, por assim dizer, para decidir se você é estranha ou não. Claro, você acredita nisso 100%. É como se houvesse dois personagens dentro de você, e um está lhe acusando. Neste momento, parece que esse está dominando, correto?
P: Correto.

Passo 2: Primeira alegação da promotoria (Tabela 5.3, Coluna 2)

T: Se levarmos o processo em consideração, qual pessoa essa personagem seria?
P: Você está falando sobre advogados, essas coisas?
T: Exatamente. Nesse caso, enquanto você se acusa de ser estranha, quem seria esse personagem?
P: Um promotor?

T: Exatamente. Está vendo esta cadeira ao meu lado?
P: Sim.
T: Gostaria que você imaginasse a pessoa que a acusa. Você pode descrever essa pessoa para mim? É um homem, uma mulher? O que está vestindo? Como olha para você?
P: Vejo uma mulher usando um vestido preto que me encara com um olhar severo.
T: Agora vou pedir para sentar-se nesta outra cadeira aqui e ser essa pessoa. [Leslie muda de cadeira.] Que tal declarar as razões que você traz, a fim de sabermos que argumentos você usa para dizer que Leslie é estranha? Quais argumentos você tem, Sra. Promotora, para sustentar isso?
P: João não a procurou.
T: Muito bem.
P: Os homens não a paqueram.
T: Certo.
P: Ana, sua colega de trabalho, disse que ela se veste de maneira estranha.
T: Sim.
P: Ela fica nervosa diante das pessoas.
T: Muito bem.
P: Suas mãos ficam suadas.
T: Mãos suadas. Parece-me que a senhora tem muitas evidências que indicam que Leslie é estranha, está certo?
P: Sim.
T: Isso seria suficiente, ou a senhora quer acrescentar algum outro elemento?
P: Ela nunca teve um namorado.
T: Muito bem. Gostaria que você voltasse para aquela cadeira ali e seja Leslie, a acusada. [Espera que ela se sente na cadeira do acusado.] Parece-me que a promotora tem vários indícios de que você é estranha, certo? Diante de todos esses elementos, colocados de forma muito clara pela promotora – João não a procurou, os homens não a paqueram, Ana disse que você se veste de maneira estranha, você fica nervosa diante das pessoas, suas mãos suam muito e você nunca teve um namorado –, quanto você acredita nisso, "Sou estranha"?
P: 100%.
T: Acreditando nisso 100%, como você se sente?
P: Muito ansiosa.
T: Qual a intensidade de sua ansiedade?
P: 100%.

Passo 3: Primeira alegação do advogado de defesa (Tabela 5.3, Coluna 3)

T: Leslie, quando você sofre esse tipo de autoacusação, que chamamos de crença nuclear – o que já lhe foi explicado –, você se dá uma chance de mobilizar uma defesa interna? Se continuarmos a simular um processo judicial aqui, e convocarmos seu advogado de defesa interno, o que ele diria a respeito disso, "Sou estranha"? Olhe esta outra cadeira aqui. Gostaria que você imaginasse a pessoa que a defende. Por favor, descreva-a para mim. É um homem ou uma mulher? O que ele ou ela está vestindo? Que aparência tem?

P: Também é uma mulher. Ela parece simpática e me olha com ternura.
T: Por favor, venha para esta outra cadeira aqui, onde fica o advogado de defesa. Quero que você seja essa pessoa, sua advogada de defesa. [Aguarda ela se sentar na cadeira do advogado de defesa] A senhora pode citar os argumentos em defesa de Leslie?
P: Posso. Leslie passou no exame de qualificação.
T: Hmm...
P: Na festa, alguns caras a paqueraram.
T: Muito bem.
P: Algumas pessoas no trabalho a consideram eficiente.
T: Sim...
P: Em seu trabalho, algumas pessoas preferem que ela os atenda.
T: Certo.
P: Na festa, ela agiu de maneira normal.
T: Algum outro argumento?
P: Ela faz as mesmas coisas que as outras pessoas.
T: Ótimo! Alguma outra evidência?
P: Não, isso é suficiente.
T: Você pode voltar à cadeira de Leslie? [Aguarda ela sentar-se na cadeira do acusado.] Leslie, ouça o que a advogada de defesa diz sobre você: você passou no exame de qualificação; na festa, alguns caras a paqueraram; algumas pessoas no trabalho a consideram eficiente; em seu emprego, algumas pessoas preferem ser atendidas por você; na festa, você agiu normalmente, e você faz as mesmas coisas que as outras pessoas... Quando você ouve isso do advogado de defesa, quanto você acredita nesta acusação, "Sou estranha"?
P: 60%.
T: E o que acontece com sua ansiedade?
P: Ela cai para 50%.
T: Ok. Que bom! Muito bom! Leslie, você percebe que dependendo de como vê isso, seja do ponto de vista do promotor ou da defesa, você acredita mais nisso, ou você acredita menos?
P: Sim.

Passo 4: Segunda alegação do promotoria (Tabela 5.3, Coluna 4)

T: O que acha que vai acontecer quando você sair daqui? A promotora vai ficar quieta ou vai continuar importunando?
P: Acho que ela vai me importunar.

T: E é exatamente por isso que aqui, nesta metáfora, damos à promotora uma chance de falar novamente; ou seja, de dar uma réplica, entende? Parece que, a rigor, a promotoria já usou todos os argumentos que possuía. Então, o que é provável que ela faça?
P: Ela desconsiderará o que a advogada de defesa disse.
T: É isso que você normalmente faz?
P: Sim.
T: E isso geralmente acontece por meio da conjunção "mas", não é? Você a utiliza muito?
P: Sim.
T: Muito bem. Você pode, por favor, voltar à cadeira da promotora? [Aguarda ela sentar na cadeira da promotora.] Vamos olhar isso: "Ela passou no exame de qualificação, mas..."
P: Muita gente passa.
T: "Na festa, alguns caras a paqueraram, mas..."
P: João não a procurou mais.
T: "Algumas pessoas no trabalho a consideram eficiente, mas..."
P: Existem outras que prestam pouca atenção nela.
T: "Algumas pessoas preferem ser atendidas por você, mas..."
P: Talvez isso aconteça porque ela não sabe dizer não.
T: "Na festa, ela agiu de maneira normal, mas..."
P: Ela fica ansiosa.
T: "Ela faz as mesmas coisas que as outras pessoas, mas..."
P: Ela não faz outras coisas importantes.
T: Você pode, por favor, voltar para a cadeira da Leslie? [Aguarda ela sentar na cadeira do acusado.] Ao ouvir a promotora dizer que muita gente passa nos exames de qualificação, que João não a procurou mais, que as pessoas prestam pouca atenção em você, e que as pessoas preferem que você as atenda porque você não sabe dizer não, quanto você acredita que é estranha?
P: 90%.
T: Então aumenta, correto?
P: Correto.
T: O que acontece com sua ansiedade?
P: Também aumenta para 90%.
T: Assim, como você se sente quando presta atenção na promotoria?
P: Sinto-me mais ansiosa.

Passo 5: Segunda alegação do advogado de defesa (Tabela 5.3, Colunas 5 e 6)

T: Exatamente! Que tal se agora, Leslie, déssemos à defesa outra chance? É isso que vou lhe pedir para fazer agora: chamar a defesa. Você pode voltar à cadeira da advogada de defesa? [Aguarda ela sentar-se na cadeira da advogada de defesa.] Parece que você também não tem mais argumentos. Mas sugiro que use a mesma estratégia que a promotora. Agora, vou ler aqui, na coluna 4, o que a promotora disse e acrescentar a conjunção "mas...". Gostaria que a senhora copiasse o que disse antes, na coluna 3, "Muita gente passa, mas..."

P: Ela passou no exame de qualificação.
T: O que isso significa sobre Leslie?
P: Significa que ela é boa.
T: A senhora pode escrever isso aqui, na coluna 6? Poderia, por favor, acrescentar "portanto" depois disso, e completar a sentença? Assim: "Isso significa que ela é boa; portanto..."
P: Portanto, não há motivos para ela ficar ansiosa.
T: A senhora pode fazer o mesmo para os outros itens?
P: Sim.
T: Então, o que temos aqui? "João não a procurou mais, mas..."
P: Alguns caras flertaram com ela na festa.
T: O que isso significa sobre Leslie?
P: Que, às vezes, ela é interessante.
T: Por favor, escreva isso aqui: "Às vezes, ela é interessante; portanto..."
P: Outros caras podem se interessar por ela.
T: A senhora pode fazer isso com os outros itens? "Existem outras pessoas que não prestam atenção nela, mas..."
P: Algumas pessoas a consideram eficiente no trabalho.
T: O que isso significa sobre ela?
P: Que ela é uma boa funcionária; portanto, ela pode desempenhar bem sua função.
T: Excelente! "Talvez isso aconteça porque ela não sabe dizer não, mas..."
P: Algumas pessoas preferem ser atendidas por ela.
T: O que isso significa sobre Leslie?
P: Que ela é simpática demais...
T: De qual personagem essa expressão veio?
P: Da promotora.
T: [Olhando para a cadeira vazia da promotora.] Isso é hora da senhora falar? Por favor, faça silêncio e permita que a advogada de defesa termine seu trabalho, certo?
P: Deixa eu ver. Algumas pessoas preferem ser atendidas por ela. Isso indica que ela é eficiente; portanto, ela pode continuar atendendo as pessoas e dizer não quando for necessário.
T: Muito bem. Então, de seu ponto de vista, como advogada de defesa, é isso que a senhora escreve aqui, certo?
P: Sim, ela é eficiente.
T: "Ela fica ansiosa, mas..."
P: Na festa ela agiu normalmente. Isso significa que ela pode agir com tranquilidade; portanto, não há motivo para temer advogados grosseiros.

T: E a última. "Ela não faz outras coisas importantes, mas..."
P: Ela faz as mesmas coisas que as outras pessoas fazem, e isso indica que ela pode viver normalmente; portanto, ela não é estranha.
T: Então, Leslie, você pode sentar ali novamente? [Aguarda ela sentar na cadeira da ré.] Agora, ouça a advogada de defesa, que chegou a conclusões deste tipo: você passou no exame de qualificação, o que significa que você é boa; portanto, não há motivo para ficar ansiosa; na festa, alguns caras flertaram com você, o que significa que às vezes você pode ser interessante; portanto, outros caras podem se interessar por você; algumas pessoas em seu trabalho pensam que você é eficiente, o que significa que você é boa funcionária; portanto, você pode desempenhar bem sua função; algumas pessoas preferem que você as atenda, o que significa que você é eficiente; portanto, você pode continuar atendendo-as e dizer não quando for necessário; na festa você agiu normalmente, o que significa que você pode agir com tranquilidade; portanto, não há motivo para você temer advogados grosseiros; e você faz as mesmas coisas que as outras pessoas fazem, o que significa que você pode viver normalmente; portanto, você não é estranha. Quando você ouve essas conclusões da advogada de defesa, quanto você acredita que é estranha, Leslie?
P: 20%.
T: E qual é a intensidade de sua ansiedade?
P: Também é 20%.
T: Elas diminuem. Você acredita apenas 20% e sua ansiedade também é de 20%, correto? Muito bem, vamos dar uma olhada nisso, Leslie, porque ouvimos a acusação, o advogado de defesa fazendo sua alegação, a réplica da promotoria, e, então, a segunda alegação da defesa, certo? O que geralmente acontece em um julgamento? Qual é o próximo passo?
P: Os jurados avaliarão se sou inocente ou culpada.

Passo 6: Veredito do júri (Tabela 5.3, Coluna 7)

T: Exatamente. O júri se reúne para chegar a um veredito. Vamos passar para aquelas duas cadeiras ali? Eu vou sair da posição de juiz e me tornar jurado número 2. Você será a jurada número 1. Temos que sair daqui com uma decisão unânime. Em nosso tribunal, importa quem distorceu mais os fatos ou quem os distorceu menos. Avaliaremos detalhadamente o que foi dito pela promotora e pela advogada de defesa, e veremos se houve alguma distorção dos fatos. Vamos identificar e escrever essas distorções nesta tabela. Chamaremos a primeira alegação da promotoria P1, a primeira alegação do advogada de defesa D1, a segunda alegação da promotoria P2 e a segunda alegação da advogada de defesa D2.
P: Muito bem, está claro para mim.
T: Eu vou ler cada sentença emitida pela promotoria e pela defesa, e você vai tentar identificar se houve distorções nelas, certo? Para isso, você deve consultar sua folha de distorções. [O terapeuta lhe entrega a folha de distorções cognitivas.]

Vamos começar. A promotora disse: "João não a procurou". Você vê alguma distorção aqui, por parte da promotora?
P: Isso é verdade; João não a procurou.
T: Eu entendi que a jurada n° 1 considera a acusada estranha, uma vez que João não procurou a acusada, isso?
P: Não, isso não é verdade; a promotoria está assumindo uma postura extrema. João pode ter tido outros motivos para não procurá-la. Isso é um pensamento dicotômico.
T: Muito bem. Então, P1.1 é um pensamento dicotômico, certo?
P: Certo!
T: A promotora disse: "Os homens não a paqueram." Existe alguma distorção por parte da promotoria?
P: Eu acho que ela está desqualificando os aspectos positivos. O fato de que alguns caras não flertaram com Leslie na festa não tira seu valor como pessoa.
T: P1.2 é uma desqualificação de aspectos positivos.
T: A promotora alega que Ana disse que Leslie se veste de maneira estranha. Você vê alguma distorção aí?
P: É verdade. A Ana realmente disse que ela se veste de maneira estranha.
T: Realmente, Ana disse isso. Contudo, a promotoria está usando isso como argumento para provar que Leslie é estranha. Isso é suficiente para provar que Leslie é estranha?
P: Não. Isso é supergeneralização. A promotora está supergeneralizando ao dizer que Leslie é estranha só porque ela se veste de maneira estranha. Além disso, essa é a opinião de Ana. Outras pessoas podem não ter a mesma opinião.
T: Muito bem. P1.3 é uma supergeneralização. A promotora disse que ela fica nervosa na frente das pessoas.
P: Hum, nesse caso... Acho que é supergeneralização, pois ela não fica nervosa na frente de todo mundo. Isso acontece mais no trabalho.
T: Muito bom. P1.4 é uma supergeneralização. A promotora afirmou que as mãos de Leslie suam muito. Existe alguma distorção nessa alegação da promotoria?
P: Isso é verdade. As mãos dela suam muito.
T: Então, porque as mãos dela suam muito, de acordo com a promotora, Leslie é estranha. Não é nisso que a promotora quer que acreditemos ao utilizar esse argumento?
P: Acho que a declaração da promotoria é exagerada. Só porque as mãos de uma pessoa suam muito não significa que a pessoa seja estranha. Acho que isso também é uma supergeneralização.
T: Certo. P1.5 é uma supergeneralização. Por fim, a promotoria afirmou que Leslie nunca teve um namorado. O que a jurada n° 1 acha disso?
P: Acho que a promotoria pegou um pouco pesado. Ela quer nos fazer pensar que, devido ao fato de Leslie nunca ter namorado, ela jamais namorará. Isso é previsão do futuro.

T: Muito bem. P1.6 é uma previsão do futuro. Agora, vamos para os argumentos da defesa. Ela afirma que Leslie passou no exame de qualificação. Alguma distorção?
P: Não, isso é verdade.
T: Certo. D1.1 é verdade. "Na festa, alguns caras flertaram com ela." Alguma distorção aqui?
P: Não, isso é verdade.
T: Certo. D1.2 é verdade. "Algumas pessoas no trabalho a consideram eficiente." A advogada de defesa cometeu alguma distorção?
P: Não, isso é verdade.
T: D1.3 é verdade. A advogada de defesa afirmou que algumas pessoas preferem que ela os atenda. Alguma distorção aqui?
P: Não, isso é verdade.
T: Muito bom. D1.4 também é verdade. "Na festa, ela agiu normalmente".
P: Isso é verdade. Ainda que ansiosa, ela agiu normalmente.
T: D1.5 é verdade. Por fim, a advogada de defesa afirmou que ela faz as mesmas coisas que as outras pessoas fazem.
P: Isso também é verdade.
T: Voltando à segunda alegação da promotoria: "muita gente passa."
P: Isso não é verdade. A promotora está desqualificando o fato de que Leslie passou no exame.
T: P2.1 é uma desqualificação de aspectos positivos. "João não a procurou mais."
P: Acho que isso é personalização. João pode ter outras razões para não procurá-la.
T: P2.2 é uma personalização. "Existem outras pessoas que prestam pouca atenção nela."
P: A promotora está claramente desqualificando os aspectos positivos de Leslie e negando o fato de que algumas pessoas em seu trabalho pensam que ela é eficiente.
T: P2.3 é uma desqualificação de aspectos positivos. A promotora afirma que talvez isso aconteça (algumas pessoas preferirem ser atendidas por ela) porque ela não sabe dizer não.
P: A promotora está desqualificando aspectos positivos. O fato é que existem pessoas que preferem ser atendidas por ela, e fim de papo. Isso é inegável.
T: Vou anotar isso aqui. P2.4 é uma desqualificação de aspectos positivos. Depois disso, a promotora afirmou que Leslie fica ansiosa.
P: Isso é rotulação.
T: P2.5 é uma rotulação. Finalmente, a promotora afirmou que ela evita fazer outras coisas mais importantes, considerando o que a defesa disse; ou seja, ela faz as mesmas coisas que todo mundo.
P: Sem dúvida, desqualificação de aspectos positivos.
T: P2.6 é uma desqualficação de aspectos positivos. Vamos passar para a segunda alegação da advogada de defesa, que reafirmou tudo o que disse anteriormente.

Vamos ver. Ela passou no exame de qualificação, o que significa que ela é boa; portanto, não há motivos para ela ficar ansiosa.
P: Isso é verdade.
T: D2.1 é verdade. Na festa, alguns caras flertaram com ela, o que significa que, às vezes, ela é interessante; portanto, outros caras podem se interessar por ela.
P: Isso também é verdade.
T: D2.2 é verdade. Algumas pessoas no trabalho a consideram eficiente, o que significa que ela é uma boa funcionária; portanto, ela sabe desempenhar bem a sua função.
P: Verdade.
T: D2.3 é verdade. Algumas pessoas preferem ser atendidas por ela, o que significa que ela é eficiente; portanto, ela pode continuar atendendo as pessoas e dizer não quando for necessário.
P: Verdade.
T: D2.4 é verdade. Na festa, ela agiu normalmente, o que significa que ela pode agir com tranquilidade; portanto, não há motivo para ela ter medo de advogados grosseiros.
P: Verdade.
T: D2.5 é verdade. Ela faz as mesmas coisas que as outras pessoas, o que significa que ela pode viver normalmente; portanto, ela não é estranha.
P: Verdade, também.
T: D2.6 é verdade. O que você acha que aconteceu durante a segunda alegação da advogada de defesa? Por favor, olhe aqui. Você vê alguma distorção por parte da advogada de defesa?
P: Não. A defesa produziu fatos reais e chegou a conclusões genuínas baseadas nesses fatos.
T: Vamos decidir, enquanto jurados? Você pode dar sua opinião?
P: Como jurada, acho que o promotor cometeu distorções cognitivas em todas as suas declarações: pensamento dicotômico, desqualificação de aspectos positivos, supergeneralização, previsão do futuro, personalização e rotulação. Por outro lado, a advogada de defesa disse a verdade em todas as suas afirmações e não cometeu distorções. A promotoria tentou desqualificar o que a defesa disse, utilizando imprecisão, exagero e distorções; as palavras da advogada de defesa se basearam em evidências verdadeiras.
T: Então, a que veredito chegamos?
P: Inocente.
T: Muito bem. Vou voltar à cadeira do juiz. Jurada nº 1, a senhora poderia, por favor, colocar-se na frente do juiz e anunciar o veredito?
P: Meritíssimo, chegamos à conclusão de que a acusada é inocente.
T: Por favor, sente-se na cadeira da ré. [Leslie senta na cadeira da acusada.] Agora, Leslie, você ouviu do júri que você não é culpada dessa acusação. Então, quanto você acredita na acusação de que você é estranha?

P: 0%.
T: E sua ansiedade?
P: Estou bem: 0% também.

Passo 7: Preparação para o recurso (Tabela 5.4)

T: Muito bem, Leslie. Vamos voltar a nosso ambiente terapêutico. Uma vez estabelecida sua absolvição pelo júri, e agora que sabemos que a advogada de defesa estava certa, o que isso significa sobre você?
P: Que eu sou uma pessoa normal.
T: Isso é muito bom, Leslie, porque, na próxima etapa, o que vamos fazer é escrever: "Eu sou normal". Você acha que a promotoria está satisfeita? Ou que ela vai, de alguma forma, continuar lhe acusando?
P: Acho que em algumas situações ela ainda vai me acusar.
T: Portanto, isso significa que ela está pedindo um recurso? Na realidade, a primeira pergunta é a seguinte: com quem você trabalhou mais durante os últimos anos, com a sua promotoria ou com a sua defesa?
P: Com a promotoria.
T: Você gostaria de mudar? Com quem você gostaria de trabalhar de agora em diante?
P: Com minha advogada de defesa.
T: Por que você está escolhendo sua advogada de defesa?
P: Porque ela pode ser mais realista e isso me ajudaria.
T: Ela pode fazer você se sentir melhor, como você viu aqui, não é? E o que um bom advogado de defesa fará diante da possibilidade de um recurso do promotor?
P: Ele irá avaliar o que o acusado tem que possa reforçar a suposição de que ele é inocente da acusação.
T: Portanto, o que ele vai fazer é ir em busca de mais evidências.
P: Sim, em busca de provas.
T: E assim você pode se preparar para este recurso junto com sua advogada de defesa, não?
P: Sim, verdade.
T: Que tal começarmos aqui, agora? [O terapeuta apresenta a Tabela 5.4, a ser preenchida pela paciente como tarefa de casa durante a semana, porém, iniciada na sessão.]
T: Se você tivesse que fazer uma busca hoje, quais elementos já poderiam ser encontrados? Vou lhe pedir para manter-se, diariamente, próxima de sua advogada de defesa na busca de evidências, como está fazendo aqui, comigo.

P: Eu fui ao trabalho.
T: Por que você não escreve isso aqui? Assim, temos uma evidência que indica que você é normal, correto?
P: Eu atendi várias pessoas.
T: Bom. Você gostaria de deixar a terceira evidência para depois?
P: Sim.
T: Já temos o suficiente. Com base no que temos, quanto você acredita em "Eu sou normal?"
P: 100%.
T: Ótimo. Vou lhe perguntar agora: quanto você acredita na acusação inicial: "Eu sou estranha"?
P: 0%.
T: E em quanto fica sua ansiedade?
P: Eu não me sinto ansiosa: 0%.

Atribuindo a tarefa de casa

T: Muito bem, como você juntaria todas as informações obtidas até agora?
P: Vi, pelo que trabalhamos até aqui, que tenho uma tendência a fazer as coisas parecerem muito trágicas.
T: E pode-se pensar que você tem um personagem interno que a leva a agir dessa forma?
P: Sim.
T: E quem seria esse personagem interno?
P: Minha promotora.
T: Muito bem. E depois de se dar conta disso, o que você decide fazer?
P: Devo parar e trabalhar mais de perto com minha advogada de defesa, e tentar ver as situações de uma maneira mais realista, para, assim, poder pensar em outras possibilidades.
T: Muito bem. E você pode fazer isso diariamente?
P: Sim.
T: Para se sentir normal, você precisa fazer coisas extraordinárias, ou é uma questão de observar suas atividades cotidianas, as pequenas coisas de sua rotina?
P: Dr. Irismar, eu acho isso significativo: se eu prestar atenção no que acontece em meu dia a dia, entenderei que não preciso fazer coisas diferentes.
T: Muito bem. Então, em nossa próxima sessão, para nos prepararmos para este recurso, que tal darmos à advogada de defesa a possibilidade de falar novamente? Uma das coisas que quero que você lembre-se sempre é anotar o quanto você

acredita ser normal, da mesma forma que tem registrado esses pequenos exemplos e evidências.
P: Com certeza.

Resumindo

T: Então, como você resumiria o que aconteceu aqui hoje e de que forma o retorno seria dado, Leslie?
P: A sessão de hoje foi importante, já que cheguei aqui muito desanimada e frustrada, pois minha colega de trabalho fez um comentário sobre minhas roupas e também porque João não me procurou. Eu nem parei para pensar em outras possibilidades para essas situações. Comecei a usar evitação novamente, o que confirmava que eu era estranha. Ao realizarmos esta simulação de um processo, ao pensar, com a sua ajuda como uma advogada de defesa e como uma promotora, percebi que, na realidade, eu não preciso acreditar tanto nos meus pensamentos, pois eles podem estar distorcidos.

Revisando o DCC

T: Muito bem, Leslie. Então podemos voltar ao diagrama. Vou lhe perguntar uma coisa: quando você chegou aqui, que crença a seta estava indicando? [O terapeuta mostra o diagrama de conceituação de caso.]
P: Eu sou estranha.
T: E com a ativação desta crença, "Eu sou estranha," que tipo de pensamento isso gerava para você?
P: Não vou conseguir.
T: Que deixou você se sentindo...
P: Ansiosa.
T: E, na verdade, você estava apresentando alguns tipos de comportamentos que pareciam mais habituais.
P: Exato.
T: Nesse caso aqui, qual era esse comportamento?
P: Evitação.
T: Você evitava coisas, e isso se repetia como um comportamento de segurança.
P: É isso mesmo.
T: Muito bem. Depois que usamos esta técnica chamada Processo I, o que aconteceu? Qual crença você conseguiu ativar?
P: Que eu sou uma pessoa normal.
T: Por que não escrevemos isso aqui, então, neste espaço: "Eu sou normal"? [A paciente escreve "Eu sou normal" na caixa da crença nuclear no DCC.]

P: Dr. Irismar, às vezes acontece com minhas amigas, quando os caras as paqueram em algum lugar, e depois eles não as procuram; isso não significa que elas sejam estranhas.
T: Exatamente, mas por que você está cogitando essa possibilidade de pensar assim, agora? Qual é a origem disso?
P: Dessa nova crença, de que "sou normal".
T: E pensando assim, que mudanças você nota sobre seus pensamentos?
P: Vejo que essas coisas podem acontecer com qualquer pessoa.
T: Muito bem. E o que você vai continuar fazendo aqui, ao alcançar este novo nível intermediário: você vê necessidade de continuar usando este comportamento de segurança, a evitação?
P: Não. Eu não preciso evitar tanto.
T: Então você deve evitar a evitação, não é?
P: Sim.
T: Muito bem.
P: Preciso confrontar mais essas situações.
T: Tudo certo?
P: Sim.

Concluindo a Sessão 5

T: Ótimo, estou muito contente com isso. Assim, o que podíamos usar como tarefa de casa para esta sessão?
P: Você me pediu para trabalhar em alguns dos itens daquela escala de fobia social e eu gostei muito.
T: Muito bem. Mas acho que serei um pouco mais leniente com você agora. Ou seja, você já tem uma tarefa aqui. Qual é sua tarefa?
P: Usar a preparação para o recurso.
T: Exatamente, trabalhar com sua advogada de defesa. Quanto tempo levou para você fazer isso comigo?
P: Menos de dois minutos.
T: Muito bem. E essa é a quantidade de tempo que você vai usar, todos os dias, até o nosso próximo encontro. E, durante o dia, enquanto presta atenção nessas coisas, o que vai ficar claro para você?
P: Que eu sou normal.
T: E como você está se sentindo agora?
P: Mais calma, mais aliviada.
T: Muito bem. Nos vemos na semana que vem então?
P: Sim. Obrigada, Dr. Irismar. Tchau.
T: Tchau, Leslie.

Tabela 5.3 Formulário do "Processo I" de Leslie (RPBP), preenchido durante a Sessão 5

Descreva, resumidamente, a situação: Em sessão, falando sobre minhas preocupações.

1. Inquérito para descobrir a acusação (crença nuclear). O que se passava em sua mente antes de começar a se sentir dessa forma? Pergunte-se o que esses pensamentos dizem sobre você mesmo(a), supondo que eles são verdadeiros. A resposta *"isso significa que eu sou..."* é a **autoacusação** (crença nuclear) revelada.	2. Alegação da promotoria. Cite todas as evidências que você tem que **apoiam** a acusação/crença nuclear identificada na coluna 1.	3. Alegação do advogado de defesa. Cite todas as evidências que você tem que **não apoiam** a acusação/crença nuclear identificada na coluna 1.	4. Segunda alegação da promotoria. Cite os pensamentos que questionam, desvalorizam ou desqualificam cada evidência positiva da coluna 3, ligando-os com a conjunção MAS, após ler cada sentença da coluna 3, geralmente expressos como pensamentos do tipo "Sim, mas..."	5. Segunda alegação do advogado de defesa. Copie cada pensamento da coluna 3, ligando-os com a conjunção MAS, após ler cada sentença da coluna 4. **Nota:** As colunas 5 e 6 são preenchidas simultaneamente.	6. Significado da alegação do advogado de defesa. Cite o significado que você atribui a cada sentença da coluna 5.	7. Veredito do júri. Descreva as distorções cognitivas cometidas pela promotoria e pela defesa e dê o veredito.
João não me procurou mais. Ninguém se interessa por mim. **Técnica da seta descendente:** *Se esses pensamentos fossem verdadeiros, o que eles diriam a meu respeito?* ⟶ *Eu sou estranha* **Emoção:** *Tristeza*	1) João não a procurou. 2) Os homens não a paqueram. 3) Ana disse que ela se veste de maneira estranha. 4) Ela fica nervosa na frente das pessoas. 5) Suas mãos suam muito. 6) Ela nunca teve um namorado.	1) Ela passou no exame de qualificação. 2) Na festa, alguns caras flertaram com ela. 3) Algumas pessoas no trabalho a consideram eficiente. 4) Algumas pessoas preferem ser atendidas por ela. 5) Na festa, ela agiu normalmente. 6) Ela faz as mesmas coisas que as outras pessoas.	**Mas...** 1) Muita gente passa. 2) João não a procurou mais. 3) Existem outras pessoas que não prestam atenção nela. 4) Talvez isso aconteça porque ela não sabe dizer não. 5) Ela é ansiosa. 6) Ela não faz outras coisas importantes.	**Mas...** 1) Ela passou no exame de qualificação. 2) Na festa, alguns caras flertaram com ela. 3) Algumas pessoas no trabalho a consideram eficiente. 4) Algumas pessoas preferem ser atendidas por ela. 5) Na festa, ela agiu normalmente. 6) Ela faz as mesmas coisas que as outras pessoas.	**Isso significa que...** 1) Ela é boa; portanto, não há motivo para ficar ansiosa. 2) Às vezes ela é interessante; portanto, outros caras podem se interessar por ela. 3) Ela é uma boa funcionária; portanto, pode desempenhar bem sua função. 4) Ela é eficiente; portanto, pode continuar atendendo as pessoas e dizer não quando for necessário. 5) Ela pode agir com calma; portanto, não há motivo para temer advogados grosseiros. 6) Ela pode viver normalmente; portanto, ela não é estranha.	**Promotor 1** 1: PD 2: DP 3: SG 4: SG 5: SG 6: PF **Promotor 2** 1: DP 2: P 3: DP 4: SG 5: R 6: DP **Veredito:** *Inocente*	**Defesa 1** 1: V 2: V 3: V 4: V 5: V 6: V **Defesa 2** 1: V 2: V 3: V 4: V 5: V 6: V
Crença Inicial: 100% **Emoção** Inicial: 100%	**Crença** 100% **Emoção** 100%	**Crença** 60% **Emoção** 50%	**Crença** 90% **Emoção** 90%		**Crença** 20% **Emoção** 20%	**Crença** Final: 0% **Emoção** Final: 0%

PD = Pensamento dicotômico; DP = Desqualificação de (aspectos) positivos; SG = Supergeneralização; PF = Previsão do Futuro; R = Rotulação; P = Personalização; V = Verdadeiro.

Tabela 5.4 Preparação de Leslie para o recurso (formulário para uma crença)

Nova crença nuclear positiva: *Eu sou normal* (Anote aqui ao menos uma evidência que apoie a nova crença nuclear. Anote também o quanto você acredita nela, diariamente, no espaço entre parênteses).

Data (90%)	Data (%)	Data (%)
1. Eu fui trabalhar	1.	1.
2. Eu atendi várias pessoas	2.	2.
3.	3.	3.
Data (%)	Data (%)	Data (%)
1.	1.	1.
2.	2.	2.
3.	3.	3.
Data (%)	Data (%)	Data (%)
1.	1.	1.
2.	2.	2.
3.	3.	3.
Data (%)	Data (%)	Data (%)
1.	1.	1.
2.	2.	2.
3.	3.	3.

PROCESSO I SOB A FORMA DE RECURSO   6

Resumo de tópicos
- Explicando o Processo I sob a forma de recurso

Diálogo de ilustração de caso
- Ligação com Sessão 5 e definição da agenda
- Revisando questionários e tarefas de casa
- Apresentando o recurso como item da agenda
  - *Passo 1: Inquérito*
  - *Passo 2: Primeira alegação da promotoria*
  - *Passo 3: Primeira alegação do advogado de defesa*
  - *Passo 4: Segunda alegação da promotoria*
  - *Passo 5: Segunda alegação do advogado de defesa*
  - *Passo 6: Veredito do júri*
  - *Passo 7: Preparação para o recurso*
- Atribuindo a tarefa de casa

Explicando o Processo I sob a forma de recurso

O Processo I sob a forma de recurso é semelhante ao Processo I implementado na Sessão 5. As únicas diferenças são:

1. Não há inquérito, pois a mesma crença nuclear (a acusação) será trabalhada durante a sessão.
2. O paciente já reuniu novas evidências como tarefa de casa durante a semana, de modo que o advogado de defesa provavelmente terá mais elementos para suas alegações.

O trecho a seguir, extraído de uma sessão, dá uma ideia de como o terapeuta pode apresentar o recurso ao paciente:

T: Paulo, estou contente que tenha trazido esta folha chamada "preparação para o recurso", contendo elementos que indicam que você é competente. Ela será muito útil na sessão de hoje. A ideia é ajudá-lo a ter consciência de suas realizações e dos fatos que apoiam a crença nuclear positiva "Eu sou competente", que você trouxe na última sessão.
P: Sim. Não foi fácil encontrar esses elementos positivos. Estou acostumado a encontrar os que indicam que eu sou incompetente.
T: O promotor o impediu de ver as pequenas evidências de que você é competente?
P: Sim. O pensamento de que meu trabalho é ruim e de que João não gostou dele foram apenas alguns dos que me ocorreram novamente, em parte do tempo. Então tentei ativar minha defesa, fazendo perguntas como "O que diz meu advogado de defesa?", como você tinha me ensinado.
T: E conseguiu?
P: Não sei. Às vezes, talvez. Eu continuo me dizendo que muitas das coisas que faço não são mais do que minha obrigação; não significa que sou competente.
T: Certo. Você questionou quem estava lhe dizendo isso?
P: Eu sei que era o promotor, mas foi difícil lembrar disso.
T: Eles vieram como pensamentos automáticos, não? Quero lhe propor uma coisa. Na última sessão, lhe falei sobre um recurso solicitado pelo promotor, que perdeu o caso; ou seja, o promotor terá uma chance de voltar e tentar provar que você é incompetente.
P: Sim, lembro disso.
T: Então, podemos começar? Gostaria que você voltasse a sentar na cadeira do acusado. Não precisamos de um inquérito, pois a acusação é a mesma: "Sou incompetente." [O paciente vai para a cadeira do acusado.] Faremos o mesmo que na sessão passada. Diga-me o quanto você acredita que é incompetente.
P: Creio que menos do que na semana passada, mas ainda está presente: 50%.
T: Isso fez você se sentir triste na semana passada. Qual a intensidade de sua tristeza agora?
P: Mais ou menos a mesma: 45 a 50%.
T: Agora, por favor, sente na cadeira do promotor e declare todos os elementos que sustentam a acusação. Mas antes de sentar ali, por favor, descreva para mim o que você vê naquela cadeira.

DIÁLOGO DE ILUSTRAÇÃO DE CASO

Ligação com a Sessão 5 e definição da agenda

T: Oi, Leslie.
P: Oi, Dr. Irismar.
T: Estou curioso para saber como foi sua semana.

P: Essa semana foi melhor do que a anterior.
T: Por quê?
P: Apesar de ter acontecido as mesmas coisas no trabalho, acho que consegui reagir melhor a elas. Eu me importei menos com o que as pessoas estavam pensando de mim.
T: Aconteceu alguma coisa que você gostaria de incluir em nossa agenda?
P: Não; não aconteceu nada de diferente.
T: Mas vou lhe propor uma coisa. Você se lembra quando mencionei que a promotoria solicitou um recurso na semana passada? Como ela perdeu o caso, concordamos que daríamos a chance de voltar e provar que você é estranha.
P: Sim, lembro-me muito bem. Foi por isso que você me deu a tarefa de ajudar meu advogado de defesa a procurar elementos que mostrem que sou normal.
T: O recurso pode ser o item principal da agenda? Nesse caso, nossa agenda envolveria revisar os questionários e também a preparação para o recurso.
P: Sim, sem problemas.
T: Vamos dar uma rápida olhada nos questionários, certo?

Revisando questionários e tarefas de casa

T: Vejo que sua pontuação no CD-Quest está mais baixa. Você notou?
P: Sim. Apesar de os mesmos pensamentos terem ocorrido, acredito menos neles.
T: Ótimo! Você viu que as pontuações dos outros questionário também diminuíram?
P: Sim, senti-me melhor essa semana.

[O terapeuta e a paciente passam algum tempo revendo os questionários e a tarefa de casa.]

Apresentando o recurso como item da agenda

T: Muito bem, vamos começar. Por favor, sente-se na cadeira do acusado e me diga o quanto você acredita que você é estranha. Observe que não precisamos da etapa de inquérito, pois a crença nuclear é a mesma, "Eu sou estranha".

Passo 1: Inquérito (Tabela 6.1, Coluna 1)
[Desnecessário no recurso]

T: Quanto você acredita que é estranha?
P: 50%.
T: Qual é a intensidade de sua ansiedade agora?
P: 50%, também.
T: Por favor, sente-se na cadeira da promotora.

Passo 2: Primeira alegação da promotoria

T: Que argumentos a senhora trouxe que provarão que Leslie é estranha?
P: Eu não trouxe argumentos diferentes, pois estou convencida de que ela é estranha pelas mesmas razões. Por exemplo: os homens não a paqueram, e quando paqueram, eles somem; João desapareceu; e ainda é verdade que ela nunca teve um namorado.
T: Mais alguma coisa?
P: Ela ainda fica ansiosa na frente das pessoas.
T: Certo.
P: Ela está permanentemente vigilante no trabalho. Quando alguém lhe pede ajuda, ela ainda fica ansiosa. É isso.
T: Você poderia sentar aqui, por favor? A promotora insiste que você é estranha porque os caras não a paqueram, e quando o fazem, eles somem; porque João sumiu; e porque você nunca teve um namorado. Depois de ouvir a promotora dizer essas coisas, quanto você acredita nisso: "Eu sou estranha"?
P: 60%.
T: E sua tristeza, qual a intensidade dela?
P: A mesma: 60%.

Passo 3: Primeira alegação do advogado de defesa

T: Leslie, você quer que a advogada de defesa utilize a folha de preparação para o recurso? Por favor, sente-se na cadeira à minha esquerda. Você gostaria de usar as novas evidências reunidas durante a semana, provando que a promotora está errada?
P: Claro.
P: Ela foi elogiada por um advogado que disse que ela era gentil.
T: Muito bem.
P: Ela foi trabalhar todos os dias e teve bom desempenho.
T: Certo.
P: Ela ajudou seu chefe a resolver um problema difícil.
T: Sim...
P: A mesma coisa que na semana passada: algumas pessoas preferem ser atendidas por ela no trabalho.
T: Muito bem.
P: Ela age de forma mais natural ao atender as pessoas no trabalho. Além disso, ela foi capaz de entrar em lugares em que as pessoas a observam e se sentir confortável.
T: Ótimo! A senhora acha que isso é suficiente?
P: Sim, é suficiente.

T: Pode voltar para a cadeira de Leslie agora? A advogada de defesa disse que você foi elogiada por um advogado que disse que você era gentil; você foi trabalhar todos os dias e desempenhou bem sua função; você ajudou seu chefe a resolver um problema difícil; algumas pessoas preferem ser atendidas por você no trabalho; você age com mais naturalidade ao atender as pessoas no trabalho; e você conseguiu entrar em lugares em que as pessoas a observavam e sentir-se confortável. Depois de ouvir o que seu advogado de defesa disse, quanto você acredita na acusação: "Eu sou estranha"?
P: 30%.
T: Ansiedade?
P: 35%.

Passo 4: Segunda alegação da promotoria

T: Podemos chamar a promotora novamente? Por favor, sente-se aqui.
P: Sim.
T: Você se lembra do papel da promotora? O que ela faz?
P: Ela vai desqualificar o que a advogada de defesa disse.
T: Então, "Ela foi elogiada por um advogado que disse que ela era gentil, mas..."
P: Ele disse isso porque estava interessado na cópia do processo.
T: "Ela foi trabalhar todos os dias e desempenhou bem sua função, mas..."
P: Isso não é mais do que sua obrigação.
T: "Ela ajudou seu chefe a resolver um problema difícil, mas..."
P: Muitas pessoas são capazes disso.
T: "Algumas pessoas preferem ser atendidas por ela no trabalho, mas..."
P: Elas sabem que ela é incapaz de dizer não.
T: "Ela age com mais naturalidade ao atender as pessoas no trabalho, mas..."
P: Ela continua ansiosa.
T: "Ela conseguiu entrar em lugares em que as pessoas a observavam e sentir-se confortável, mas..."
P: Qualquer um pode fazer isso sem ficar ansioso.
T: Por favor, volte à cadeira de Leslie. Ouvindo o promotor dizer que o advogado achou gentil porque estava interessado na cópia do processo; que ir trabalhar todos os dias e fazer bem o seu trabalho não é mais do que sua obrigação; que muitas pessoas são capazes de resolver problemas difíceis; que algumas pessoas preferem que você as atenda porque você é incapaz de dizer não; que você ainda fica ansiosa ao atender as pessoas no trabalho; e que qualquer pessoa pode entrar em lugares sem sentirem-se ansiosas, quanto você acredita que você é estranha?
P: Volta aos 50%.
T: O que acontece com sua ansiedade?
P: Ela também aumenta para 50%.

Passo 5: Segunda alegação do advogado de defesa

T: Você sabe o que fazer agora. Por favor, poderia voltar à cadeira da advogada de defesa? Eu vou ler o que a promotora disse, acrescentar a conjunção "mas", e você vai copiar o que foi dito antes, como advogada de defesa, certo?
P: Certo.
T: "Ele disse isso porque estava interessado na cópia do processo, mas..."
P: Ela foi elogiada por um advogado que disse que ela era gentil.
T: O que isso significa a respeito de Leslie?
P: Que ela é competente.
T: Portanto...
P: Ela pode fazer bem o seu trabalho.
T: "Isso não é mais do que a obrigação dela, mas..."
P: Ela foi trabalhar todos os dias e fez bem o seu trabalho. Isso significa que ela é uma boa funcionária; portanto, ela não é estranha.
T: "Muitas pessoas são capazes disso, mas..."
P: Ela ajudou seu chefe a resolver um problema difícil. Isso significa que ela desempenha bem a sua função; portanto, ela não é estranha.
T: "Eles sabem que ela é incapaz de dizer não, mas..."
P: Algumas pessoas preferem ser atendias por ela no trabalho. Isso significa que ela não é estranha; portanto, ela pode desempenhar bem o seu trabalho.
T: "Ela ainda fica ansiosa, mas..."
P: Ela age com mais naturalidade ao atender as pessoas no trabalho. Isso significa que ela será cada vez mais natural ao fazer seu trabalho; portanto, ela não é estranha.
T: "Qualquer um pode fazer isso sem ficar ansioso, mas..."
P: Ela pode entrar em lugares onde as pessoas a observavam e sentir-se confortável. Isso significa que ela é normal; portanto, ela não tem porque se sentir ansiosa no trabalho.
T: Leslie, por favor, sente-se aqui novamente. Ouça o que sua advogada de defesa acaba de dizer: você foi trabalhar todos os dias e fez bem o seu trabalho. Isso significa que você é uma boa funcionária; portanto, você não é estranha. Você ajudou seu chefe a resolver um problema difícil. Isso significa que você faz bem o seu trabalho; portanto, você não é estranha. Algumas pessoas preferem ser atendidas por você no trabalho. Isso significa que você não é estranha; portanto, você pode desempenhar bem o seu trabalho. Você atende as pessoas com mais naturalidade no trabalho. Isso significa que você será cada vez mais natural ao fazer o seu trabalho; portanto, você não é estranha. Você é capaz de entrar em lugares em que as pessoas a observam e sentir-se confortável. Isso significa que você é normal; portanto, não há motivo para ficar ansiosa no trabalho. Ao ouvir essas conclusões de sua advogada de defesa, quanto você acredita que é estranha, Leslie?

P: 10%.
T: E qual é a intensidade de sua ansiedade agora?
P: 10%.
T: Você lembra qual é o próximo passo?
P: Os jurados. Eles vão decidir se sou inocente ou não.

Passo 6: Veredito do júri
[Após uma análise detalhada das alegações, procurando distorções cognitivas...]

T: Como jurados, o que decidimos sobre Leslie?
P: Ela é inocente daquela acusação. Ela é uma pessoa normal.
T: Sim. Vou voltar à cadeira do juiz. Você pode se levantar e anunciar o veredito para a corte?
P: Meritíssimo, a deliberação do júri foi de que a acusada é inocente.
T: [O terapeuta aguarda que Leslie sente na cadeira da acusada.] Agora, Leslie, quanto você acredita na acusação de que você é estranha?
P: 0%.
T: E como está sua ansiedade?
P: 0% também.

Passo 7: Preparação para o recurso
T: Muito bem, Leslie. Vamos voltar ao nosso ambiente terapêutico. Que conclusão você tira depois dessa segunda experiência?
P: Estou mais convencida de que sou uma pessoa normal.
T: Muito bom. Você acharia útil continuar trabalhando com sua advogada de defesa, e continuar procurando mais evidências de que você é normal?
P: Sim, isso me ajudou muito mais do que prestar atenção em meus pensamentos negativos.
T: Dessa forma, você sempre estará preparada caso seu promotor a acuse, não é?
P: Sim.
T: Você tem elementos para hoje? Vou lhe pedir para continuar fazendo isso, diariamente, ajudando seu advogado de defesa a procurar evidências.
P: Tudo bem. Farei isso.
   [Depois de procurar mais evidências para o dia...]
T: Quanto você acredita que é estranha?
P: 0%
T: E sua ansiedade?
P: 0% também.

Atribuindo a tarefa de casa

T: Leslie, além de continuar a reunir evidências para ajudar sua advogada de defesa, tenho uma nova tarefa de casa para lhe propor, caso a promotora solicite outro recurso. Antes disso, tendo aprendido como a promotoria e a defesa operam, quem você escolhe como sua aliada: a promotora ou a advogada de defesa?

P: Sem dúvida, a advogada de defesa, que claramente se mostrou mais útil!

T: Neste caso, é importante que você lembre o que a advogada de defesa concluiu sobre você, concorda?

P: Certamente.

T: Gostaria que você desse uma olhada neste registro que preenchemos durante o Processo I. Você poderia, por favor, copiar todas as alegações da advogada de defesa da quinta e sexta colunas? A diferença é que, em vez de usar "ela", eu lhe peço para copiá-las na primeira pessoa. Escreva neste cartão. [O terapeuta entrega um cartão para Leslie.]

P: [Copiando.] 1. Eu fui trabalhar todos os dias e desempenhei bem o meu trabalho. Isso significa que sou uma boa funcionária; portanto, não sou estranha.

T: Ótimo! Por favor, complete este cartão com as outras afirmativas da advogada de defesa. Quando terminar, vou lhe pedir para que leia todas as frases para mim. Além disso, vou lhe pedir que leia isso como tarefa de casa sempre que se sentir desconfortável ou angustiada. Por favor, carregue este cartão (Fig. 6.1) com você. Essa é a melhor forma de estar consciente do que sua advogada de defesa gostaria que você lembrasse.

Eu sou normal

1. Fui trabalhar todos os dias e fiz bem o meu trabalho. Isso significa que sou uma boa funcionária; portanto, não sou estranha.
2. Ajudei meu chefe a resolver um problema difícil. Isso significa que desempenho bem o meu trabalho; portanto, não sou estranha.
3. Algumas pessoas preferem ser atendidas por mim no trabalho. Isso significa que não sou estranha; portanto, posso desempenhar bem o meu trabalho.
4. Eu atendo as pessoas com mais naturalidade no trabalho. Isso significa que serei cada vez mais natural ao fazer o meu trabalho; portanto, não sou estranha.
5. Sou capaz de entrar em lugares em que as pessoas me observam e me sentir confortável. Isso significa que sou normal; portanto, não há motivo para ficar ansiosa no trabalho.

Figura 6.1 Atribuição da tarefa de casa utilizando o cartão de significados baseados em evidências de Leslie, a ser consultado quando ela se sentir desconfortável ou angustiada.

Tabela 6.1 Formulário do "Processo I" de Leslie (RPBP), sob a forma de recurso, preenchida durante a Sessão 6

Descreva resumidamente a situação: Em sessão, falando com o terapeuta sobre minhas preocupações.

1. Inquérito para descobrir a acusação (crença nuclear). O que se passava em sua mente antes de começar a se sentir dessa forma? Pergunte-se o que esses pensamentos dizem sobre você mesmo(a), supondo que eles são verdadeiros. A resposta *"isso significa que eu sou..."* é a **autoacusação** (crença nuclear) revelada.	2. Alegação da promotoria. Cite todas as evidências que você tem que **apoiam** a acusação/crença nuclear identificada na coluna 1.	3. Alegação do advogado de defesa. Cite todas as evidências que você **não apoiam** a acusação/crença nuclear identificada na coluna 1.	4. Segunda alegação da promotoria. Cite os pensamentos que questionam, desvalorizam ou desqualificam cada evidência positiva da coluna 3, geralmente expressos como pensamentos do tipo "Sim, mas..."	5. Segunda alegação do advogado de defesa. Copie cada pensamento da coluna 3, ligando-os com a conjunção MAS após ler cada sentença da coluna 4. **Nota:** As colunas 5 e 6 são preenchidas ao mesmo tempo.	6. Significado da alegação do advogado de defesa. Cite o significado que você atribui a cada sentença da coluna 5.	7. Veredito do júri. Descreva as distorções cognitivas cometidas pela promotoria e pela defesa e dê o veredito.
	1) Os homens não a paqueram. 2) Suas mãos suam muito. 3) Quando a paqueram, os caras somem. 4) Ela nunca teve um namorado. 5) Ela fica nervosa na frente das pessoas. 6) Ela está permanentemente vigilante no trabalho. 7) Quando alguém lhe pede ajuda, ela ainda fica ansiosa.	1) Ela foi trabalhar todos os dias e desempenhou bem o seu trabalho. 2) Ela ajudou seu chefe a resolver um problema difícil. 3) Algumas pessoas preferem ser atendidas por ela no trabalho. 4) Ela atende as pessoas com mais naturalidade no trabalho. 5) Ela é capaz de entrar em lugares em que as pessoas a observam e sentir-se confortável.	1) Isso não é mais do que sua obrigação. 2) Muitas pessoas são capazes disso. 3) Elas sabem que ela é incapaz de dizer não. 4) Ela ainda fica ansiosa. 5) Qualquer um pode fazer isso sem ficar ansioso.	Mas... 1) Ela foi trabalhar todos os dias e desempenhou bem o seu trabalho. 2) Ela ajudou seu chefe a resolver um problema difícil. 3) Algumas pessoas preferem ser atendidas por ela no trabalho. 4) Ela atende as pessoas com mais naturalidade no trabalho. 5) Ela é capaz de entrar em lugares em que as pessoas a observam e sentir-se confortável.	Isto significa que... 1) Ela é boa funcionária; portanto, ela não é estranha. 2) Ela desempenha bem o seu trabalho; portanto ela não é estranha. 3) Ela não é estranha; portanto, ela pode desempenhar bem o seu trabalho. 4) Ela atenderá as pessoas com mais naturalidade; portanto, ela não é estranha. 5) Ela é normal; portanto, ela não tem motivo para ficar ansiosa no trabalho.	Promotor 1: 1: PD 2: A 3: SG 4: PD 5: Verdade 6: A 7: DP Promotor 2: 1: DP 2: DP 3: DP/LM 4: DP 5: DP Defesa 1: 1: V 2: V 3: V 4: V 5: V 6: V Defesa 2: 1: V 2: V 3: V 4: V 5: V **Veredito: Inocente**
[Desnecessário no recurso.] **Técnica da seta descendente:** Se esses pensamentos forem verdadeiros, o que eles diriam a meu respeito? → *Eu sou estranha* Emoção: *Tristeza*	Crença *60%* Emoção *60%*	Crença *30%* Emoção *35%*	Crença *50%* Emoção *50%*		Crença *10%* Emoção *10%*	Crença *0%* Emoção *0%*
Crença Inicial: 50% Emoção Inicial: 50%	Crença Final: 0% Emoção Final: 0%					

PD = Pensamento dicotômico; A = Ampliação/minimização; SG = Supergeneralização; LM = Leitura mental; DP = Desqualificação de (aspectos) positivos; R = Rotulação; P = Personalização; V = Verdadeiro.

Tarefa de casa. Preparação para o recurso: supondo que as alegações do advogado de defesa são verdadeiras, o que isso diz a meu respeito (técnica da seta ascendente)? **Crença nuclear positiva:** *Eu sou normal.*

PROCESSO I PARA MUDAR UMA SEGUNDA CRENÇA NUCLEAR 7

Resumo de tópicos
- Explicando o Processo I para reestruturar uma segunda crença nuclear
- Convocando testemunhas para depor

Diálogo de ilustração de caso
- Apresentando o Processo I para reestruturar uma segunda crença nuclear
  - *Passo 1: Inquérito*
- Atribuindo a tarefa de casa

Explicando o Processo I para reestruturar uma segunda crença nuclear

Não há diferença entre o Processo I implementado na Sessão 5 e o Processo I implementado para reestruturar uma segunda ou uma terceira crença nuclear (CN). Contudo, como o paciente já está familiarizado com a técnica, o terapeuta pode ir mais longe e pedir a ele que acrescente testemunhas como novos personagens do Processo I.

No trecho a seguir, o terapeuta e o paciente estão trabalhando em uma segunda CN negativa: "Sou incapaz de ser amado."

T: Paulo, na última sessão, você confirmou ser uma pessoa capaz, após recurso solicitado pelo promotor; não é verdade?
P: Sim, é verdade.
T: De qualquer forma, estou feliz por você estar reunindo elementos de sua vida diária para a nova crença nuclear positiva – ou seja, que você é competente.
P: Sim. É mais fácil encontrar algumas pequenas evidências, mesmo que mínimas, antes despercebidas. O cartão de significado baseado em evidências que você me pediu para ler sempre que me sentisse desconfortável também me ajudou a lembrar que sou capaz. Antes eu só conseguia ver os pontos que mostravam que eu era incompetente. Agora parece ser um pouco diferente.

T: Você tem problemas em que poderíamos trabalhar hoje? Porque não definimos nossa agenda? Alguma coisa o incomodou essa semana ou está incomodando você agora?

P: Sabe, ao compreender como uma crença nuclear atua, como explicado naquele diagrama, eu me pergunto se outras crenças nucleares não estão me fazendo ter pensamentos automáticos desagradáveis. Eu sinto que alguns dos meus colegas de trabalho às vezes me evitam.

T: Você pode me dar um exemplo específico? Aconteceu alguma coisa essa semana que fez você se sentir assim?

P: Sim. Depois que saí do trabalho, na quarta-feira, eu voltei para pegar uma coisa que havia esquecido e vi João, meu chefe, conversando e rindo com dois de meus colegas de trabalho. Não sei por quê, eu senti ciúmes. Ele jamais fala comigo daquela maneira. Pensei que ele não gosta de mim como gosta de meus colegas.

T: Você consegue imaginar aquele momento acontecendo agora? O que você nota?

P: Pensar sobre isso me traz novamente esse sentimento desagradável. Incomoda-me um pouco sentir esse tipo de ciúmes.

T: O que se passa em sua mente agora?

P: Não sei. É como se João preferisse aos meus colegas.

T: Supondo que isso seja verdade, que João prefira a seus colegas, o que isso significa para você?

P: Que talvez João e meus colegas não gostem de mim.

T: E o que há de tão ruim nisso?

P: É horrível. Faz eu me sentir como se estivesse sendo deixado de lado.

T: E o que isso significa sobre você, supondo que seja verdade?

P: Significa que não sou aceito por meu chefe e tampouco por meus colegas.

T: Isso diz alguma coisa sobre você?

P: Sim, que sou incapaz de ser amado.

T: Você consideraria que, provavelmente, essa crença nuclear foi ativada quando viu seu chefe falando com seus colegas?

P: Sim, é possível.

T: Quanto você acredita, agora, que seja incapaz de ser amado?

P: Acredito muito: 90%.

T: O que isso faz você sentir?

P: Embora tenha sentido ciúmes, agora estou triste.

T: Quanto?

P: Muito, também: 80%.

T: Consideraremos isso como uma autoacusação, caso concorde, do mesmo jeito que fizemos nessas duas últimas semanas. Você acha que podemos fazer outro processo e ver o que você aprende sobre isso?

P: Sim. Estou disposto a fazer isso. Essa técnica me ajudou com à ideia que eu tinha de ser incompetente, e passei a me sentir muito mais confortável. Tenho certeza de que ela vai me ajudar novamente.

Convocando testemunhas para depor

Nesta sessão, após as alegações da promotoria e da defesa, o terapeuta também tem a opção de propor a convocação de testemunhas para depor contra e a favor do acusado. A ideia é conscientizar o paciente do papel e do impacto que algumas pessoas têm em sua vida, dando tanto ao promotor quanto ao advogado de defesa a oportunidade de convocar testemunhas para depor. Neste caso, em vez de desempenhar os papéis de personagens internos (promotor, advogado de defesa, jurado), o paciente poderá imaginar e representar pessoas reais em seu ambiente.

T: Paulo [ainda na cadeira do acusado, depois das alegações da promotoria e da defesa], você poderia, por favor, voltar para a cadeira do promotor? [Paulo vai para a cadeira do promotor.] Agora, Sr. Promotor, gostaria de saber se o senhor quer chamar alguém para testemunhar contra Paulo, para provar que ele é incompetente.
P: Sim, Meritíssimo. Gostaria de chamar João, chefe de Paulo.
T: Por favor, vá para a cadeira do advogado de defesa. Agora, Sr. Advogado de Defesa, gostaria de perguntar se o senhor quer chamar alguém para testemunhar a favor de Paulo, para provar que ele não é incompetente.
P: Sim, Meritíssimo. Gostaria de chamar Carlos, melhor amigo do Paulo, que o conhece desde criança.

O processo é completado da mesma forma que na Sessão 5, com o terapeuta e o paciente fazendo os papéis de jurados, revelando e rotulando as distorções cognitivas cometidas pelo promotor e pelo advogado de defesa, mas, desta vez, considerando os depoimentos das testemunhas quando necessário.

DIÁLOGO DE ILUSTRAÇÃO DE CASO

[Depois de ter feito a ligação com a Sessão 6, definido a agenda e revisado os questionários e a tarefa de casa]

Apresentando o Processo I para reestruturar uma segunda crença nuclear

T: Tudo bem, Leslie. Estou feliz por saber que você está se sentindo mais à vontade no trabalho quanto à assistência que presta aos advogados. Mas você disse que ainda há pensamentos sobre não desempenhar bem o seu trabalho.
P: Sim, Dr. Irismar, não temo ser avaliada pelo público, mas algo ainda me diz que não sou boa o suficiente, como se eu não fosse competente.

Passo 1: Inquérito

T: Você consegue imaginar isso como uma autoacusação? Qual delas a mobiliza mais: "Não sou boa o suficiente" ou "Sou incompetente"?
P: Elas são a mesma coisa, mas não sou boa o suficiente parece me incomodar mais. Essa é uma expressão que minha mãe repetia quando eu não ia bem na escola.
T: Neste momento, quanto você acredita que não é boa o suficiente?
P: 95%.
T: E como você se ente?
P: Triste: 90%.
T: Você acha que o processo poderia ajudá-la a compreender melhor esta autoacusação, "Não sou boa o suficiente?"
P: Sim, Dr. Irismar.

[Exceto pela tarefa de casa, esta sessão é semelhante à Sessão 5.]

Atribuindo a tarefa de casa

T: Leslie, quanto tempo você acha que levará para reunir evidências que apoiem sua nova crença nuclear "sou boa o suficiente"?
P: O mesmo tempo, pois agora vou prestar atenção às evidências de que sou boa o suficiente, não é?
T: Posso pedir que você também continue prestando atenção na crença nuclear "sou uma pessoa normal"? Você acha que levará mais tempo para fazer sua tarefa de casa?
P: Sim, porque agora tenho duas novas crenças nucleares.
T: Você ficaria surpresa se eu lhe dissesse que o tempo que você vai precisar para isso é o mesmo que para uma única crença nuclear?
P: Mas como, Dr. Irismar? Eu ouvi você dizer que vou reunir elementos para as duas crenças.
T: Sim, é verdade. Contudo, os elementos que você encontrar para uma podem servir para a outra. Por favor, dê uma olhada neste formulário. [O terapeuta mostra o formulário para duas ou mais crenças (Tabela 7.1).] Buscar apenas três evidências é o suficiente. Este formulário é estruturado de tal forma que deve-se procurar até três evidências. Se uma evidência apoia as duas crenças, você só precisa repeti-la na outra coluna. Isso faz sentido para você?
P: Sim.
T: Contudo, mesmo que um dia você não encontre evidência para uma crença, mas encontre para a outra, gostaria que indicasse o quanto você acredita em ambas as crenças nucleares, certo?
P: Sim, sem problemas.

TERAPIA COGNITIVA PROCESSUAL **133**

Tabela 7.1 Preparação para o recurso (formulário para duas ou mais crenças)

Crenças nucleares novas positivas. Por favor, escreva ao menos uma evidência que apoie as novas crenças nucleares. Registre, também, diariamente, o quanto você acredita nelas (%). Observe que uma evidência pode apoiar uma ou mais novas crenças nucleares.

Data	Sou uma pessoa normal	Sou boa o suficiente	Eu sou...	Eu sou...
21/05/12	(60%)	(60%)	(%)	(%)
	1. Fui ao cinema.	1. _____	1.	1.
	2. João me convidou para sair.	2. _____	2.	2.
	3.	3. Eu ajudei vários clientes no trabalho.	3.	3.
22/05/12	**Data:** (70%)	(65%)	(%)	(%)
	1. Fiz exercícios hoje de manhã.	1. _____	1.	1.
	2. Ana me pediu conselhos.	2. Ana me pediu conselhos.	2.	2.
	3. Ajudei clientes no trabalho.	3. Ajudei clientes no trabalho.	3.	3.
23/05/12	**Data:** (65%)	(60%)	(%)	(%)
	1. Ajudei minha mãe a se vestir.	1. _____	1.	1.
	2. Fiz exercícios.	2. _____	2.	2.
	3. Almocei com Ana no refeitório.	3. _____	3.	3.
24/05/12	**Data:** (%)	(%)	(%)	(%)
	1.	1.	1.	1.
	2.	2.	2.	2.
	3.	3.	3.	3.

PROCESSO I SOB A FORMA DE RECURSO PARA MUDAR UMA SEGUNDA CRENÇA 8

Resumo de tópicos
- Explicando o Processo I sob a forma de recurso para reestruturar uma segunda crença nuclear
- Carta assertiva ao promotor

Diálogo de ilustração de caso
- Processo I sob a forma de recurso para reestruturar uma segunda crença nuclear
- Atribuindo a tarefa de casa

Explicando o Processo I sob a forma de recurso para reestruturar uma segunda crença nuclear

Conforme foi feito na Sessão 6, o Processo I é implementado sob a forma de recurso na transcrição a seguir.

T: Paulo, estou feliz que esteja reunindo elementos de sua rotina que mostram o quão competente você é, e que também esteja, agora que você é capaz de ser amado, contrastando as ideias de que é incompetente e incapaz de ser amado.

P: Sim. Está ficando mais fácil encontrar elementos e evidências que mostram que sou competente e capaz de ser amado.

T: Por que não definimos nossa agenda? O que você gostaria de acrescentar à agenda de hoje?

P: Lembro de você ter dito que poderíamos ter um novo recurso solicitado pela promotoria. Na verdade, eu tinha isso em mente durante a semana. Embora eu tenha diversas evidências de que sou capaz de ser amado, não acredito muito nisso. Sempre existem situações que mostram o contrário.

T: Você tem alguma coisa em mente, um exemplo específico de algo que aconteceu esta semana?
P: Sim. Dessa vez foi Marta. Liguei para ela a fim de convidá-la para assistir a uma nova peça, e ela se desculpou dizendo que estava cansada. Meu primeiro pensamento foi de que ela tinha deixado de me amar. Eu não consegui evitar a ideia de que é impossível alguém gostar de mim.
T: Ótimo. Você concorda em testar essa ideia aqui na sessão? Podemos retornar ao julgamento e dar ao promotor uma chance de provar que você é incapaz de ser amado?
P: Sim, podemos fazer isso.
T: Você pode sentar na cadeira a minha frente e, como acusado, dizer o quanto acredita que não é incapaz de ser amado?
P: Não tanto quanto antes, mas bastante ainda: 50%.
T: O que isso faz você sentir?
P: Triste, o mesmo que na semana passada.
T: Quanto?
P: 50% também.
T: Vamos usar isso como uma autoacusação. Por favor, venha para esta cadeira ao meu lado e, como promotor, diga-nos por que Paulo é incapaz de ser amado.

Carta assertiva ao promotor

Tendo realizado ao menos dois processos, o paciente agora está apto a perceber o caráter intimidador do promotor. O terapeuta propõe que o paciente torne-se assertivo contra as demandas abusivas do promotor. Uma abordagem útil e às vezes muito emotiva é pedir ao paciente que escreva formalmente uma carta (ou *e-mail*) respeitosa e assertiva ao promotor, explicando que, de agora em diante, ele não irá mais atender a suas demandas.

T: Paulo, o que você percebeu sobre o promotor nos últimos processos e recursos que realizamos?
P: Está claro agora que o promotor comete distorções dos fatos o tempo todo.
T: Você concorda que, na ausência de um advogado de defesa competente, você tendia a atender às demandas do promotor?
P: Eu nem sabia da existência de um advogado de defesa.
T: É engraçado que mesmo sabendo isso, você ainda acredita e obedece ao promotor, estou certo?
P: Sim. É um hábito de muitos anos. Não tenho certeza de que conseguirei ser bem-sucedido.

T: Só de ter consciência de sua existência já muda alguma coisa, você não concorda?
P: Sim, muda um pouco, mas eu gostaria que fosse algo duradouro.
T: Vou lhe propor uma coisa que poderá ajudá-lo. Escreva uma carta assertiva ao promotor. Nessa carta, ou *e-mail*, se preferir, você deve explicar formalmente ao promotor por que você não irá mais atender às exigências dele.
P: Mas como farei isso? Eu não sei o que dizer.
T: Você já coletou muitas informações sobre isso, e possui cópias dos formulários do Processo I preenchidas. Pode ser alguma coisa semelhante a: "Caro Promotor, sei que você vem tentando me ajudar esses anos todos, mas agora decidi não lhe obedecer mais. Eis as razões: você perdeu todos os processos e recursos até agora; neles, todos os elementos que você apresentou eram distorções. Percebo agora que, em vez de me ajudar, você me atrapalhou". Você também pode citar todos os danos que a obediência ao promotor causaram em sua vida. O que acha?
P: Entendi. Será uma carta longa.
T: Estou curioso, e lhe pedirei para lê-la na semana que vem.
P: Certo.

DIÁLOGO DE ILUSTRAÇÃO DE CASO

[Depois de ter feito a ligação com a Sessão 7, definido a agenda e revisado os questionários e a tarefa de casa].

Processo I sob a forma de recurso para reestruturar uma segunda crença nuclear

T: Muito bem, Leslie. Estou curioso para saber se essa ideia, "Não sou boa o bastante", uma espécie de autoacusação, ainda a incomoda.
P: Sim, Dr. Irismar, embora não tanto quanto antes. Porém, essa ideia ainda me vem à mente.
T: Então, podemos prosseguir e dar ao promotor outra chance de provar que a acusação é válida?
P: Sim, claro. Tenho muitas evidências. Tomei notas durante a semana que mostram que isso não é verdade. Mas, vamos dar ao promotor mais uma chance.

Atribuindo a tarefa de casa

[A mesma da semana passada. O terapeuta também pode pedir que ela escreva uma carta assertiva ao promotor.]

MODIFICANDO MÚLTIPLAS CRENÇAS NUCLEARES NEGATIVAS COM O PROCESSO I

9

Resumo de tópicos
- Apresentando múltiplas crenças nucleares ao paciente

Diálogo de ilustração de caso
- Ligação com a Sessão 8 e definição da agenda
- Apresentando múltiplas crenças nucleares e o Processo I durante o trabalho no item principal da agenda
  - *Passo 1: Inquérito (Tabela 9.1, Coluna 1)*
  - *Passo 2: Primeira alegação da promotoria (Tabela 9.1, Coluna 2)*
  - *Passo 3: Primeira alegação do advogado de defesa (Tabela 9.1, Coluna 3)*
  - *Passo 4: Segunda alegação da promotoria (Tabela 9.1, Coluna 4)*
  - *Passo 5: Segunda alegação do advogado de defesa (Tabela 9.1, Colunas 5 e 6)*
  - *Passo 6: Veredito do júri (Tabela 9.1, Coluna 7)*
  - *Passo 7: Preparação para o recurso (Tabela 9.2)*
- Revisando o diagrama de conceituação cognitiva e concluindo a Sessão 9

Apresentando múltiplas crenças nucleares ao paciente

Não raro, os pacientes apresentam duas ou mais CNs ativas. Isso explica, em parte, por que reestruturar apenas uma crença nuclear não é suficiente para melhorar os sintomas do paciente, pois uma CN negativa pode ativar outras. Por exemplo, depois de ter a CN "Sou incompetente" reestruturada durante uma sessão, Paulo teve a CN negativa "Sou incapaz de ser amado" ativada ao ver seu chefe conversando com seus colegas de trabalho. Assim, além de acreditar firmemente que era incapaz de ser amado, Paulo estava com a CN negativa "Sou incompetente" reativada.

Na TCP, múltiplas CNs negativas podem ser reestruturadas na mesma sessão. O trecho a seguir ilustra como o terapeuta pode apresentar o Processo I para múltiplas crenças a um paciente.

T: Muito bem, Maria. E quando você está pensando em como conversar com seu marido a respeito da mudança de emprego, que pensamentos lhe ocorrem?
P: Que ele ficaria zangado e tentaria me convencer a não fazer isso.
T: Mais alguma coisa se passou pela sua mente?
P: Ele vai pensar que não sou mais aquela mulher forte que conheceu.
T: E, se esse pensamento for verdadeiro, o que ele significa a respeito de você?
P: Significa que sou fraca.
T: Existe algum outro adjetivo que você usa para qualificar a si mesma em tais situações?
P: Sim. Acho que sou um fracasso e que meu marido vai me rejeitar. Então, sou incapaz de ser amada.
T: É correto dizer que temos três crenças nucleares ativadas aqui?
P: Sim, "Eu me acho fraca, um fracasso, e incapaz de ser amada".
T: Certo. Talvez possamos colocar essas três crenças negativas ativadas em julgamento. O que acha?
P: Isso é possível, Dr. Irismar?
P: Sim. E podemos fazer isso agora mesmo.

DIÁLOGO DE ILUSTRAÇÃO DE CASO

Ligação com a sessão 8 e definição da agenda

T: Bom dia, Leslie.
P: Bom dia, Dr. Irismar.
T: Seria interessante que você resumisse o que tem acontecido para que possamos ver de que forma posso lhe ajudar hoje.
P: Certo. Bom, Dr. Irismar, eu tenho me sentido bem, e a terapia tem me ajudado muitíssimo. Mas, desde a última sessão, venho sentindo muita pressão. Não consegui voltar a minha rotina de trabalho, pois esta semana foi muito complicada, por causa do problema de minha irmã com meus pais, que piorou muito. Eu acabei me envolvendo, tentando ajudar. Mas daí, com tudo isso, fiquei muito estressada e me desgastei psicologicamente, porque a situação ficou mais séria, com ameaças a meus pais.
T: Esse é um problema novo que não havia aparecido em nossa terapia até agora. Vejo que você está passando por um momento muito estressante, porque agora a situação não envolve apenas você, mas toda a sua família, não é?
P: Exatamente. Nós trabalhamos minhas dificuldades em relação a minha ansiedade social, para que eu pudesse ter um contato normal com as pessoas, sem me sentir tão ansiosa. Só que me dei conta, durante a semana, que se alguma situação como a entre meus pais e minha irmã acontece, eu não a enfrento bem. Ou seja, acabo sentindo uma enorme exaustão psicológica. Assim, me sinto exausta porque minha vida não é normal.

TERAPIA COGNITIVA PROCESSUAL   141

Tabela 9.1   Formulário da TCP de Leslie para múltiplas crenças

1. Investigação para revelar a acusação (crenças nucleares)	2. Alegação da promotoria	3. Alegação do advogado de defesa	4. Segunda alegação da promotoria ou resposta à alegação do advogado de defesa	5. Segunda alegação do advogado de defesa Nota: As colunas 5 e 6 são preenchidas ao mesmo tempo.	6. Significado da alegação do advogado de defesa	7. Veredito do júri
Acusações: 1) Sou estranha. 2) Sou um fracasso. 3) Sou uma fraude. 4) Sou má.	1) Ela é uma pessoa que não aprende. 2) Ela não é capaz de se manter estável ao enfrentar seus problemas. 3) Ela é incapaz de manter uma rotina de trabalho. 4) Ela não dá a devida atenção a um amigo necessitado. 5) Ela bloqueia as chamadas no telefone celular para não ter que atender às ligações das pessoas.	1) Ela é uma pessoa extremamente disciplinada (suas atividades planejadas são executadas). 2) Ela vai as sessões de terapia e faz a tarefa de casa corretamente. 3) As pessoas dizem que ela é extremamente gentil. 4) Ela dá muito apoio aos amigos, e todos eles confirmam isso. 5) Ela é procurada pelos amigos e os aconselha.	Mas... 1) Ela sempre faz o que as outras pessoas querem. 2) Olhe para ela, em total sofrimento, defrontando-se com todas as crenças ativadas. 3) Essas pessoas não estão com ela o tempo todo. 4) Ela bloqueia as chamadas no telefone celular para não responder às ligações das pessoas. 5) Ela estabeleceu restrições.	Mas... 1) Ela é uma pessoa extremamente disciplinada. 2) Ela vai a suas sessões de terapia e faz a tarefa de casa corretamente. 3) As pessoas dizem que ela é extremamente gentil. 4) Ela dá muito apoio aos amigos, e todos eles confirmam isso. 5) Ela é procurada pelos amigos e os aconselha.	Isso significa que... 1) Ela é uma pessoa disciplinada; portanto, é capaz de levar uma vida normal. 2) Ela está se aperfeiçoando; portanto, vai melhorar. 3) Ela é capaz de ser gentil; portanto, as pessoas podem estar dizendo a verdade. 4) Ela não é má; portanto, é uma boa pessoa. 5) Ela presta ajuda; portanto, não é uma má pessoa.	Distorções cognitivas Promotor 1 1: R 2: PD 3: PD 4: AD 5: CP Promotor 2 1: SG 2: PD 3: PD 4: PD 5: PD **Veredito: INOCENTE**

Defesa 1: 1: V, 2: V, 3: V, 4: V, 5: V
Defesa 2: 1: V, 2: V, 3: V, 4: V, 5: V, 6: V

(Continua)

Tabela 9.1 (*Continuação*)

1. Investigação para revelar a acusação (crenças nucleares)	2. Alegação da promotoria	3. Alegação do advogado de defesa	4. Segunda alegação da promotoria ou resposta à alegação do advogado de defesa	5. Segunda alegação do advogado de defesa **Nota:** As colunas 5 e 6 são preenchidas ao mesmo tempo.	6. Significado da alegação do advogado de defesa	7. Veredito do júri
% Inicial % Final:	Acusações:	Acusações:	Acusações:		Acusações:	Acusações:
Acusações:	1) 100	1) 80	1) 90		1) 65	1) 0
1) 100 0	2) 100	2) 80	2) 100		2) 70	2) 0
2) 100 0	3) 100	3) 80	3) 100		3) 70	3) 0
3) 100 0	4) 100	4) 80	4) 90		4) 65	4) 0
4) 100 0	Emoções:	Emoções:	Emoções:		Emoções:	Emoções:
Emoções:	1) 100	1) 80	1) 90		1) 60	1) 0
1) 100 0	2) 100	2) 80	2) 90		2) 60	2) 5
2) 100 0	3) 100	3) 70	3) 90		3) 60	3) 5
3) 100 0						

R = rotulação; PD = pensamento dicotômico; AD = afirmações do tipo deveria; CP = conclusões precipitadas; SG = supergeneralização; V= verdade.

Apresentando múltiplas crenças nucleares e o Processo I durante o trabalho no item principal da agenda

Passo 1: Inquérito (Tabela 9.1, Coluna 1)

T: Leslie, qual crença nuclear negativa você acha que está ativa agora? O que essa nova situação pela qual você está passando significa sobre você?
P: Significa que sou estranha.
T: Mas desconfio que esta não é a única crença nuclear ativada. Parece-me que existe um círculo que se fecha, em que uma crença como "Sou estranha" está ativa e parece ativar outras crenças nucleares.
P: Como é isso, Dr. Irismar?
T: Pode-se ver claramente que a crença "Sou estranha" foi ativada, mas tenho a impressão, com base em tudo o que você disse, que é como se outras crenças negativas também estivessem ativadas. O que isso a leva a pensar? Eu sou...
P: Dr. Irismar, também acredito que sou um fracasso, que sou uma fraude e que sou má.
T: Vou anotar isso aqui, Leslie, mas vou lhe propor para trabalharmos de uma maneira um pouco diferente do que antes. Isto é, nós sempre trabalhamos com apenas uma crença.
P: Sim.
T: Você acabou de me dizer que é estranha. Vamos transformar "Sou estranha" em uma acusação? Mas me parece que seu promotor não a está acusando apenas disso hoje.
P: Sim.
T: Então, vou escrever aqui, na caixa da crença nuclear negativa do diagrama de conceituação cognitiva [o terapeuta lhe mostra o DCC]: "Sou estranha", "Sou um fracasso", "Sou uma fraude", "Sou má".
P: Sim.
T: Você vê que é possível trabalharmos em várias crenças ao mesmo tempo?
P: Sim, Dr. Irismar.
T: Nunca fizemos isso antes; esta é a primeira vez que tentaremos trabalhar em várias crenças negativas ao mesmo tempo. Você disse "Sou estranha". Quanto você acredita nisso agora, Leslie?
P: Acredito 100%.
T: Vou anotar 100%. Quanto você acredita ser um fracasso?
P: Ah, o mesmo, Dr. Irismar: 100%.
T: Quanto você acredita ser uma fraude?
P: 100%.
T: E quanto você acredita ser má?
P: 100%.
T: É fácil ver, agora, com todas essas acusações, como seu nível de sofrimento deve ser alto...

P: São várias acusações.
T: E por acreditar em todas essas coisas, como você se sente, se considerarmos as emoções mais importantes?
P: Ah! Sinto raiva de mim mesma, e também me sinto triste e ansiosa.
T: Então, vamos anotar raiva, tristeza e ansiedade. Qual é a quantidade de raiva que você sente neste momento?
P: 100%.
T: Qual é a quantidade de tristeza neste momento?
P: Também é 100%.
T: Pode-se ver por suas lágrimas; neste exato momento você está chorando. E qual é o tamanho de sua ansiedade neste momento, Leslie?
P: Também é 100%, Dr. Irismar. Preciso me afastar dessas crenças.
T: Leslie, que tal se fizéssemos outro processo agora? Acho que podemos colocar todas essas crenças que você acaba de mencionar em julgamento. Gostaria de transformar isso em um tribunal. Gostaria que, desta vez, você ocupasse a cadeira do acusado, pois vamos começar o processo e você será acusada, mas, primeiro, quero que você tenha a sensação de estar na cadeira do acusado, para que a acusação seja formalizada.
P: Certo.
T: Você poderia sentar-se ali, Leslie? [A paciente vai para a cadeira do acusado.] Muito bem. Então você está no tribunal, sentada na cadeira do acusado, sendo acusada de ser estranha, de ser um fracasso, de ser uma fraude e de ser má, tudo isso ao mesmo tempo. Você acredita 100% em tudo isso, como acaba de me dizer?
P: Sim.
T: Muito bem. E isso causa 100% de raiva, de tristeza e de ansiedade, certo?
P: Certo.

Passo 2: Primeira alegação da promotoria (Tabela 9.1, Coluna 2)

T: O homem ou a mulher que está formalizando a acusação é o promotor. Gostaria que você olhasse para esta cadeira, pois há uma pessoa sentada aqui. Descreva essa pessoa para mim, Leslie. É um homem? É uma mulher? Como ele/ela está vestido/a? Como ele/ela olha para você?
P: É uma mulher, vestida de preto. Ela é muito cruel. Tem um rosto muito malvado. Mas a pior parte é que sei que ela está dizendo a verdade. É isso que é doloroso em sua expressão, pois ela parece estar dizendo a verdade.
T: Então, você conhece a promotora perfeitamente bem, pois ela tem feito parte de sua vida, e você a vê aqui, nesta cadeira.
P: Sim, eu posso vê-la.
T: Certo. Gostaria que você se sentasse aqui; você pode fazer isso?
P: Claro.

T: Agora você é a promotora. E, como promotora, você está acusando a ré, Leslie, de ser estranha, um fracasso, uma fraude e má. Quais são os elementos que você tem que provem todas as acusações?
P: Ela é uma pessoa que não aprende...
T: Sim.
P: Ela não é capaz de permanecer estável quando enfrenta seus problemas.... Ela não é capaz de manter uma rotina de trabalho.
T: Então, ela não é capaz de manter uma rotina.
P: Não, não é. Ela é incapaz disso. Ela não consegue manter sua rotina de trabalho, e não consegue ajudar as pessoas com seus pedidos sem se sentir ansiosa, mantendo a estabilidade.
T: Muito bem, existe algum outro elemento que você gostaria de assinalar para provar todas essas coisas?
P: Ela não dá a sua irmã e a seus pais a atenção que deveria dar. Ela é o tipo de pessoa que é incapaz de dar a devida atenção a quem deveria, por exemplo, a um amigo que esteja precisando. Ela inventa histórias, diz que está em outro lugar, e bloqueia o telefone celular para não ter que atender as chamadas das pessoas.
T: Então ela bloqueia o telefone celular...
P: Sim, ela é totalmente má. Ela é uma fraude. Ela finge que tudo está 100%, que é alguém disponível para aconselhar os outros, ajudar sua irmã ou seus pais, mas ela não consegue fazer nada disso.
T: Muito bem. Então, se pudéssemos parar agora, gostaria que você voltasse para lá. [A paciente senta na cadeira do acusado.] Leslie, veja o que você acaba de ouvir da promotoria.
P: Certo.
T: A promotora a acusa de ser estranha, um fracasso, de ser uma fraude, de ser má, e existem argumentos que a respaldam. Os argumentos mencionados são: você é desequilibrada porque é incapaz de se manter estável; você não consegue manter uma rotina de trabalho; você não dá a devida atenção a sua irmã ou a seus pais; e bloqueia as chamadas em seu telefone celular para que seus amigos não possam lhe contatar. Finalmente, a promotora diz que você finge estar à disposição, mas não consegue estar disponível para seus amigos. Quando ouve isso, Leslie, quanto você acredita na veracidade destas acusações?
P: 100%.
T: Em todas elas?
P: Todas.
T: Muito bem. Então me diga uma coisa: qual é a intensidade da raiva, da tristeza e da ansiedade?
P: Certamente, 100%.
T: Todas as três?
P: Sim.

Passo 3: Primeira alegação do advogado de defesa (Tabela 9.1, Coluna 3)

T: Certo, Leslie, gostaria que você prestasse atenção naquela outra cadeira, e que olhasse para ela e visualizasse muito bem quem está sentado ali. A essa altura você sabe que a pessoa que está sentada ali é a que vai defendê-la, certo?
P: Certo.
T: Então, descreva essa pessoa para mim, Leslie.
P: Ele é um homem alto de cabelo escuro, que parece dócil, agradável e que me olha com compaixão. Ele me olha com bondade: eu vejo essa pessoa.
T: Certo. Então, eu gostaria que você viesse até aqui e assumisse a identidade do advogado de defesa. [A paciente senta na cadeira do advogado de defesa.] Você está sentado aqui para defender Leslie contra diversas acusações. Ela acaba de ser acusada, e ouvimos todos os elementos apontados pela promotora para provar as acusações. Gostaria que você assumisse seu papel, a fim de defender Leslie.
P: Leslie é uma pessoa extremamente disciplinada.
T: E talvez você possa dar um exemplo.
P: Eu poderia citar suas atividades. Quando ela programa as coisas, sempre as cumpre; qualquer compromisso que tenha, inclusive suas sessões de terapia, ela segue à risca, indo às sessões, fazendo as tarefas de casa corretamente. Ela é uma pessoa muito disciplinada. E, como testemunho, as pessoas que estão à volta dela a consideram extremamente gentil.
T: Muito bem. Então, ela é gentil.
P: Sim. Ela também demonstra muito apoio a seus amigos.
T: Ela dá muito apoio aos amigos.
P: Os amigos dela sempre dizem isso, tanto que ela é muito procurada para aconselhar as pessoas.
T: Muito bem. Talvez você possa voltar àquela cadeira, para ouvirmos a acusada. [A paciente vai para a cadeira do acusado.] Então, Leslie, você acaba de ouvir a defesa, e ela não concorda com as acusações de que você é estranha, um fracasso, uma fraude e má. O advogado usa vários argumentos para isso, e eu gostaria que você ouvisse os argumentos utilizados por ele. Ele diz que você é extremamente disciplinada e dá como exemplo o calendário de atividades que você costuma cumprir. O advogado de defesa diz que você comparece às sessões de terapia e faz as tarefas de casa corretamente, e que as pessoas a consideram extremamente gentil. Além disso, ele cita como exemplo o apoio que você dá a seus amigos, e afirma que eles dizem isso a respeito de você. O advogado de defesa, discordando das acusações, diz que seus amigos a procuram, e que você os aconselha quando necessário. Quando você ouve tudo isso, quanto você acredita ser estranha, Leslie?
P: 80%.

T: Quanto você acredita ser um fracasso?
P: 80%.
T: Quanto você acredita ser uma fraude?
P: 80 por cento também.
T: Quanto você acredita ser má?
P: Colocarei 80% também, por enquanto.
T: Tudo bem. E, com isso, Leslie, o tamanho da raiva ficou em quanto?
P: Ouvindo o advogado de defesa, sinto um certo alívio. Então vou diminuir a raiva para 80%, também.
T: E a tristeza?
P: Diminuirei a tristeza para 80%.
T: E a ansiedade?
P: Diminuirei a ansiedade para 70%, pois ela baixou um pouco mais do que a raiva e a tristeza.

Passo 4: Segunda alegação do promotor (Tabela 9.1, Coluna 4)

T: Muito bem. Leslie, agora é hora da réplica, e eu gostaria que você viesse aqui e visualizasse novamente a pessoa que é o promotor. Por favor, sente-se nesta cadeira. [A paciente senta na outra cadeira.] Agora você vai ser esta pessoa.
P: Sou a promotora.
T: Então, Senhora Promotora, a defesa alega que "Leslie é uma pessoa extremamente disciplinada (que cumpre as atividades planejadas)", mas...
P: Ela sempre faz o que as outras pessoas querem.
T: A defesa diz que "Leslie vai às sessões de terapia e faz a tarefa de casa corretamente", mas...
P: Olhe para ela, em total sofrimento, defrontando-se com todas as crenças ativadas.
T: A defesa diz que "as pessoas dizem que ela é extremamente gentil", mas...
P: Essas pessoas não estão com ela o tempo todo. Só ela sabe.
T: Certo. A defesa diz que "ela ajuda muito os amigos, e que todos eles dizem isso", mas...
P: Mas ela bloqueia as chamadas telefônicas. Ela impõe um limite.
T: O advogado de defesa diz que "os amigos dela a procuram e ela lhes dá conselhos," mas...
P: Ela vem restringindo isso.
T: Muito bem. Por favor, você poderia voltar para lá? [A paciente vai para a cadeira do acusado.] Leslie, o promotor mantém todas essas acusações. Ela insiste que você é estranha, um fracasso, uma fraude, má, e os argumentos apresentados são que você não passou em nenhum exame. Ela prossegue dizendo "olhe para ela, em total sofrimento, defrontando-se com todas as crenças ativadas"! O pro-

motor até usou esses pontos para comprovar todas essas acusações – neste caso, referindo-se aos pontos que dizem que você é disciplinada – alegando que essas pessoas não estão com você o tempo todo, só você sabe disso. O promotor insiste que você bloqueia as chamadas de seus amigos e impõe limites de tempo. E, finalmente, em relação ao fato de ser procurada pelos amigos, foi dito que você tem restringido isso. Quando você ouve tudo isso, Leslie, gostaria que me dissesse quanto você acredita ser estranha.
P: 90%.
T: Quanto você acredita ser um fracasso?
P: Hum... Eu acho que colocarei 100%.
T: Quanto você acredita ser uma fraude?
P: 100% também.
T: Quanto você acredita ser má?
P: 90%.
T: E quanta raiva há?
P: 90%.
T: Quanta tristeza há?
P: 90%.
T: E quanto há de ansiedade?
P: Ela também sobe para 90%.

Passo 5: Segunda alegação do advogado de defesa (Tabela 9.1, Colunas 5 e 6)

T: Você vê o advogado de defesa aqui ao meu lado novamente?
P: Sim.
T: Você o está visualizando?
P: Sim, estou.
T: A imagem da pessoa está clara para você?
P: Sim, está clara.
T: Porque eu gostaria que você viesse aqui e assumisse o personagem de advogado de defesa. Então, você tem novamente o direito de falar para defender Leslie contra as acusações. Eu gostaria que, após eu ler os argumentos usados pela promotoria e acrescentar o "mas", que copiasse o que você disse na primeira defesa. Assim, "ela sempre faz o que as outras pessoas querem," mas...
P: Ela é uma pessoa extremamente disciplinada; ela cumpre as atividades que planeja.
T: O que isso diz a respeito de Leslie, que está ali?
P: Isso significa que Leslie é uma pessoa disciplinada.
T: Então anote, ela é...
P: Ela é uma pessoa disciplinada.
T: Portanto...
P: ... ela é capaz.
T: Por que você não anota? Ela é capaz.
P: Ela é capaz de levar uma vida normal.

T: Então você pode continuar usando a mesma estratégia. "Olhe para ela, em total sofrimento, defrontando-se com todas as crenças ativadas," mas...
P: Ela vai às sessões de terapia e faz sua tarefa de casa corretamente.
T: O que isso diz a respeito de Leslie?
P: Isso significa que ela está se aperfeiçoando.
T: Portanto...
P: ... ela vai melhorar.
T: "Essas pessoas não estão com ela o tempo todo, só ela sabe", mas...
P: As pessoas dizem que ela é extremamente gentil.
T: O que isso diz a respeito dela?
P: Isso significa que ela pode ser gentil; portanto, as pessoas podem estar dizendo a verdade.
T: "Ela bloqueia as chamadas telefônicas dos amigos e restringe seu tempo", mas...
P: Ela dá muito apoio aos amigos, e todos eles confirmam isso.
T: O que isso significa sobre Leslie?
P: Isso significa que ela ajuda; portanto, ela não é má. Então, ela é... Não vou dizer que ela é boa, porque ela...
T: Deixe-me dizer uma coisa. Você está aqui como advogado de defesa. Existem coisas que podem não ser necessárias, que poderiam ser usadas pela promotora. Você mantém, ou gostaria de reformular o que acabou de dizer?
P: Certo. Então, ela é boa. Ela é uma boa pessoa.
T: "Ela estabeleceu restrições", mas...
P: Ela é procurada pelos amigos e os aconselha.
T: O que isso quer dizer sobre Leslie?
P: Isso significa que ela ajuda; portanto... ela não é uma má pessoa.
T: Muito bem. Agora, por favor, vá para lá. [A paciente senta na cadeira do acusado.] Então, Leslie, você acaba de ouvir o advogado de defesa, que não apenas repete todos os argumentos apresentados anteriormente mas também chega a conclusões sobre você. O advogado de defesa acabou de afirmar que você é extremamente disciplinada, executando as atividades que planeja, o que quer dizer que você é capaz de levar uma vida normal.
P: Certo.
T: O advogado de defesa diz que você frequenta as sessões de terapia e faz a tarefa de casa, o que significa que você está se aperfeiçoando; portanto, você vai melhorar.
P: Exatamente.
T: O advogado de defesa afirma que as pessoas dizem que você é extremamente gentil, o que significa que você pode ser uma boa pessoa; portanto, as pessoas podem estar dizendo a verdade. A defesa alega que você dá muito apoio a seus amigos, e todos eles afirmam isso, o que significa que você é uma boa pessoa.
P: Certo.

T: E, finalmente, a defesa alega que seus amigos a procuram e que você os aconselha, o que significa que você ajuda; portanto, você não é uma má pessoa. Quando você ouve tudo isso, Leslie, quanto acredita ser estranha?
P: 65%.
T: Quanto você acredita ser um fracasso?
P: 70%.
T: Quanto você acredita ser uma fraude?
P: Também 70%.
T: Quanto você acredita ser má?
P: Agora, 65%.
T: Como fica a sua raiva, Leslie?
P: 60%.
T: E sua tristeza?
P: 60%.
T: E a sua ansiedade?
P: Também, 60%.

Passo 6: Veredito do júri (Tabela 9.1, Coluna 7)

T: Muito bem. Com isso, Leslie, você pode ver que encerramos a participação do promotor e do advogado de defesa.
P: Certo.
T: O que faremos agora é ir para o júri. Então, eu gostaria que entrássemos neste outro espaço.
P: Certo.
T: Gostaria que você viesse aqui. Nesta sala você não é Leslie. Nosso papel aqui é, na verdade, de pessoas absolutamente neutras.
P: Certo.
T: E como pessoas neutras, você sendo a jurada número 1 e eu o jurado número 2, tudo que precisamos fazer é considerar o que foi dito pela promotora e depois pelo advogado de defesa. Assim, este é nosso documento [o terapeuta lhe entrega a folha de distorções cognitivas], e com ele examinaremos item por item e veremos o que foi dito por cada um dos lados, pois nosso objetivo é ver quem distorceu os fatos ou quem os apresentou de maneira verdadeira. Está bem para você?
P: Claro.
T: Iniciando com a promotora. Ela disse que Leslie, que não está presente no recinto, é uma pessoa que não aprende.
P: Na minha opinião, ela está rotulando.
T: A promotora afirmou que Leslie não é capaz de manter-se estável quando enfrenta problemas.
P: Acho que ela está usando um pensamento do tipo tudo ou nada; isso é dicotomização, certo? E rotulação também, não é?

T: Eu diria que, de acordo com as informações de que dispomos, é mais como um pensamento dicotômico, pois me parece que Leslie, em certas ocasiões, está muito bem e consegue fazer as coisas. Portanto, creio que a promotora está fazendo uma dicotomização.
P: Exatamente. Pensamento dicotômico.
T: A promotora disse que ela não é capaz de manter uma rotina de estudo.
P: Acho que aqui é um caso de rotulação, não é?
T: Não tenho certeza. Creio que seja um pensamento dicotômico, pois, quando as coisas estão indo relativamente bem e ela não é interrompida por questões diárias, Leslie é capaz. Consequentemente, isso está mais parecido com pensamentos do tipo tudo ou nada, não acha?
P: Você tem razão.
T: A promotora disse que ela não dá atenção a amigos em necessidade.
P: Na verdade, também é uma dicotomia e uma "afirmação do tipo deveria", certo?
T: A promotora disse que ela bloqueia as chamadas no telefone celular para não ter que atender aos telefonemas das pessoas.
P: Acho que aí a promotora está dizendo a verdade.
T: Parece que é verdade, mas "bloquear chamadas" é prova suficiente para que ela mereça a acusação de ser estranha, um fracasso, uma fraude e má?
P: Não, não. Na verdade, acho que isso é tirar conclusões precipitadas. Existem ocasiões em que precisamos nos isolar.
T: Sim. Vamos passar para a defesa? O advogado de defesa disse que Leslie é extremamente disciplinada e executa as atividades planejadas; ou seja, ela consegue fazer as coisas.
P: Sim, é verdade. Podemos trazer testemunhas para confirmar isso.
T: Muito bem. "Leslie vai às consultas e faz as tarefas de casa corretamente."
P: Também não vejo nenhuma distorção; podemos provar isso, certo?
T: O advogado de defesa diz que as pessoas a consideram disciplinada.
P: Aí também não vejo distorção alguma. As pessoas dizem isso, elas atestam isso, certo?
T: Sim. O advogado de defesa afirma que ela dá muito apoio aos amigos, e todos eles confirmam isso.
P: Então é o mesmo caso, suponho. Também não vejo distorções nisso.
T: E o advogado de defesa diz que ela é procurada pelos amigos e que ela os aconselha.
P: Também não consigo ver distorções nisso.
T: Muito bem. Se voltarmos à promotora: ela disse que Leslie sempre faz o que os outros querem.
P: É uma supergeneralização.
T: A promotora disse: "Olhe para ela, em total sofrimento, defrontando-se com todas as crenças ativadas". Parece-me uma total desqualificação de aspectos positivos, você não acha?
P: Sim, total desqualificação de aspectos positivos.

T: Feita até com certa zombaria, certo?
P: Exatamente.
T: A promotora disse que as pessoas que falaram em defesa dela não estão com ela o tempo todo. Só ela sabe sobre si.
P: Sim. Acho que aí também há a desqualificação de aspectos positivos.
T: E a promotora disse que ela bloqueia as chamadas dos amigos e restringe seu tempo, o que é verdade.
P: Sim, isso é verdade.
T: Diga-me uma coisa: o fato de ela bloquear as chamadas dos amigos, isso não é desqualificar o que o advogado de defesa alegou – que ela dá muito apoio aos seus amigos?
P: Sim. É desqualificação.
T: Muito bem. Vamos registrar isso como desqualificação de aspectos positivos. E, finalmente, o promotor disse que ela limita o fato de que as pessoas a procuram e ela os aconselha. Isso parece desconsiderar os aspectos positivos, não é mesmo?
P: Sim.
T: Muito bem. Quando o advogado de defesa dirigiu-se à corte pela segunda vez, ele repetiu exatamente o que tinha sido dito e tirou algumas conclusões. Então, o advogado de defesa disse que Leslie é extremamente disciplinada, pois ela executa as atividades que planeja; portanto, é capaz de levar uma vida normal.
P: Exatamente. Não vejo distorções nisso.
T: Ele disse que ela comparece às consultas e faz sua tarefa de casa corretamente, o que significa que ela está se aperfeiçoando; portanto, ela vai melhorar.
P: Exatamente.
T: O advogado de defesa afirmou que as pessoas a consideram extremamente gentil, o que significa que ela pode ser uma boa pessoa; portanto, as pessoas podem estar dizendo a verdade.
P: Certo. Não vejo distorções nisso.
T: O advogado de defesa disse que ela dá muito apoio aos amigos e todos eles confirmam isso, o que significa que ela não é má; portanto, ela é uma boa pessoa.
P: Eu concordo. Não vejo distorção alguma.
T: E o advogado de defesa disse que ela é procurada pelos amigos e que os aconselha, o que significa que ela dá apoio; portanto, ela não é uma má pessoa.
P: Não vejo, não consigo identificar distorções cognitivas.
T: Parece que tudo o que foi dito aqui é verdade.
P: Isso mesmo; é tudo verdade.
T: Muito bem. O que temos aqui é o registro (Tabela 9.1) – a análise da promotora se encontra na primeira subcoluna da coluna 7, e a análise do advogado de defesa está na segunda. O que você, jurada número 1, sugere?

P: Realmente, não há nada a questionar aqui. Na verdade, podemos deixar este recinto vendo claramente como a promotora usou distorções em todas as evidências apresentadas durante o processo. Ou seja, ela desqualificou aspectos positivos, rotulou, usou pensamentos dicotômicos, ao passo que o advogado de defesa sempre tentou usar evidências verdadeiras...
T: Muito bem. Vamos voltar ao tribunal?
P: Vamos.
T: Agora, vou ocupar novamente a cadeira do juiz, e gostaria que você, formalmente e perante o juiz, dissesse qual é o resultado do que foi discutido pelos jurados. [O terapeuta passa para a cadeira do juiz. Leslie se coloca de pé diante do juiz.]
P: Bem, Meritíssimo, nós, como jurados, conversamos e chegamos a nossas conclusões. A promotora usou distorções em todas as evidências apresentadas. Ou seja, em cada evidência apresentada, não foi possível comprovar os fatos. Encontramos rotulações, pensamentos dicotômicos e outras distorções; ela sempre desqualificou aspectos positivos em todas as fases deste processo. Ante tudo isso, e ao mesmo tempo avaliando o que o advogado de defesa disse, verificamos e validamos cada evidência apresentada por ele. Portanto, declaramos que a acusada é inocente.
T: Muito bem. Você poderia, por favor, sentar-se ali? [A paciente vai para a cadeira da acusada.] Muito bem, Leslie, você acaba de ouvir o veredito declarado pela jurada número 1, e viu todas as razões pelas quais você foi absolvida destas acusações. De acordo com o registro que tenho aqui em minhas mãos, e pelo que foi declarado pela jurada número 1, podemos ver claramente que a promotora usou diversas distorções. Posso ver a desqualificação de aspectos positivos, ao passo que o advogado de defesa declarou a verdade, sem qualquer distorção. Eu gostaria que você reavaliasse o quanto acredita em todas as acusações feitas contra você. Quanto você acredita ser estranha?
P: 0%.
T: Quanto você acredita um fracasso?
P: 0% também.
T: Quanto você acredita uma fraude?
P: 0% também.
T: E quanto você acredita ser má?
P: 0%.
T: Certo. Na medida em que você acredita 0% em todas essas afirmativas, qual é o tamanho de sua raiva?
P: Não estou com raiva. 0%.
T: Qual é seu nível de tristeza, Leslie?
P: Ainda me sinto um pouco triste com todo o processo. Apenas um pouco. Direi que 5%.

T: Qual é seu nível de ansiedade?
P: Direi que 5% também.

Passo 7: Preparação para o recurso (Tabela 9.2)

T: Então, Leslie, sendo absolvida de tudo isso e não acreditando nas acusações, parece que você agora está livre para ir e vir. Então, gostaria que retornássemos a nosso ambiente terapêutico. Leslie, acho que valeria a pena avaliarmos isso. Estou curioso para saber como você se sente e como você descreve tudo isso.

P: Estou tão aliviada.

T: Por uma razão muito simples: essa é a primeira vez que trabalhamos dessa forma, com todas as crenças como um conjunto.

P: Ah, Dr. Irismar, sinto-me muito mais leve. Eu cheguei aqui tão sobrecarregada. E quando começamos a discutir todas as crenças em conjunto, foi algo inicialmente opressivo. Na verdade, o sentimento que eu tinha era de que não seria capaz de passar pelo processo.

T: Bem, o que aconteceu quando você se sentou ali, na cadeira do acusado, e ouviu de forma clara e impiedosa o que o promotor disse?

P: Senti que o que estava sendo dito era a absoluta verdade e que eu não superaria tudo isso, pois muitas coisas foram ativadas ao mesmo tempo.

T: Toda vez que tivemos nossas sessões antes e fizemos os processos depois, eles sempre foram sobre uma acusação, uma crença. Dessa vez, trabalhamos várias crenças ao mesmo tempo. E foi muito emotivo, não foi?

P: Sim, muito emotivo. Aquela posição, a do acusado, carrega muitas emoções ao mesmo tempo. Porque você sente cada uma, e, neste caso, eu tinha várias crenças ativadas ao mesmo tempo: "Sou estranha", "Sou um fracasso", "Sou uma fraude" e "Sou má".

T: Isso explica, Leslie, por que a princípio você se livrava de uma crença, mas ela não se reduzia a 0%, já que crenças ativadas ainda estavam alimentando algumas outras crenças...

P: Agora a conexão está muito clara, Dr. Irismar. Quando eu ouço a promotora, todas aquelas declarações estão relacionadas entre si: "Sou estranha, sou um fracasso, sou uma fraude e sou má", todas essas crenças vêm ao mesmo tempo, e elas são muito reais. Quando ouço os jurados examinando cada evidência, uma por uma, e todas se comprovam distorções cometidas pela promotora, só então me convenço de que não sou estranha. Pelo contrário, sou uma pessoa normal. Não me acho um fracasso. Pelo contrário, sou uma pessoa bem-sucedida. Não sou uma fraude, pois sou honesta. E não acredito que eu seja uma má pessoa. Pelo contrário, sou uma boa pessoa. Eu fui capaz de resolver todo um conjunto de crenças ao mesmo tempo.

Tabela 9.2 Preparação de Leslie para o recurso (formulário para duas ou mais crenças)

Novas crenças nucleares positivas. Por favor, escreva ao menos uma evidência que apoie as novas crenças nucleares. Além disso, escreva o quanto você acredita (%) nela diariamente. Observe que uma evidência pode apoiar uma ou mais novas crenças nucleares.

Data	Eu sou uma pessoa normal	Eu sou boa o bastante	Eu sou bem-sucedida	Eu sou uma pessoa honesta
23/06	(100%) 1. Eu liguei para perguntar sobre Jane. 2. Viajei uma longa distância para vir à terapia. 3. -----	100% 1. ----- 2. ----- 3. -----	100% 1. ----- 2. Viajei uma longa distância para vir à terapia. 3. -----	100% 1. Eu liguei para perguntar sobre Jane. 2. ----- 3. -----
24/06	Data: (100%) 1. Eu fiz exercícios pela manhã 2. Ana pediu conselhos. 3. Ajudei clientes no trabalho.	(90%) 1. ----- 2. Ana pediu conselhos. 3. Ajudei clientes no trabalho.	(80%) 1. ----- 2. ----- 3. Eu ajudei clientes no trabalho.	(95%) 1. ----- 2. ----- 3. -----
25/06	Data: (90%) 1. Ajudei minha mãe a se vestir. 2. Eu fiz exercícios pela manhã. 3. Almocei com Ana na cantina.	(85%) 1. ----- 2. ----- 3. Almocei com Ana na cantina.	(85%) 1. ----- 2. ----- 3. -----	(95%) 1. ----- 2. ----- 3. -----
26/06	Data: (90%) 1. Eu disse a meu marido que o amava. 2. ----- 3. -----	(90%) 1. ----- 2. Eu preparei o almoço para meu marido. 3. -----	(80%) 1. ----- 2. ----- 3. -----	(100%) 1. Eu disse a meu marido que o amava. 2. ----- 3. -----
27/06	Data: (90%) 1. ----- 2. ----- 3. -----	(80%) 1. ----- 2. ----- 3. -----	(85%) 1. ----- 2. ----- 3. -----	(95%) 1. ----- 2. ----- 3. -----

T: O que podemos entender a respeito do que o seu advogado de defesa quis provar sobre você, Leslie?
P: Que eu era normal, bem-sucedida, honesta e uma boa pessoa.
T: Exatamente. Leslie, eu gostaria de lhe dar este documento, que lhe permitirá manter um diário de várias crenças positivas ao mesmo tempo. Gostaria que continuasse com ele.
P: Está bem.
T: Você tem a possibilidade de avaliar todas essas crenças ao mesmo tempo, de acompanhar cada uma delas, e gostaria que saísse daqui hoje anotando isso com exatidão, ou seja: o que o advogado de defesa quer lhe dizer? Você mesma pode escrever tudo que foi dito pela defesa em cada item e acompanhar isso diariamente – trazendo uma, duas ou três evidências de que você é normal, bem-sucedida, honesta e boa.
P: Certo, Dr. Irismar. É engraçado, eu saio daqui com tudo: sou normal, sou bem-sucedida, sou honesta e sou uma boa pessoa.
T: Se fossemos iniciar a preparação para um recurso hoje, você veria que traremos somente três elementos para provar todas essas crenças positivas. Se você tivesse que trazer três elementos de seu dia agora, o que aconteceu hoje que prova uma ou mais dessas crenças?
P: Para "Eu sou normal"?
T: Na verdade, não especificamente para "Eu sou normal". Conte-me sobre alguma coisa que aconteceu hoje que se encaixe em uma dessas crenças.
P: Certo. Uma amiga minha está doente, e, antes de vir aqui, eu me lembrei de ligar para ela para perguntar se estava se sentindo melhor hoje. Então acho que isso demonstra que eu sou uma boa pessoa, certo?
T: Sim. Você estava fingindo quando fez isso?
P: Não.
T: Então, isso não provaria que você também é honesta?
P: É, isso é verdade!
T: Você pode ver muito bem que o exemplo serve para duas crenças.
P: Isso é verdade.
T: Você poderia descrever alguma outra coisa que aconteceu hoje que poderia alimentar uma ou mais dessas crenças?
P: Sim. Antes de vir para cá, comprei um livro sobre um assunto que estou estudando para um exame. Eu precisava dele porque não tenho certeza se esse assunto vai ser testado ou não; logo, sou uma pessoa normal.
T: Deste modo, você parece compreender o que estou lhe pedindo para fazer.
P: Sim.

T: Portanto, embora este diário seja algo que você esteja acostumada a preencher, pode ver que hoje ele tem um aspecto um pouco diferente, trazendo elementos que ajudam seu advogado de defesa a comprovar todas essas crenças nucleares positivas. Bem, deixe-me aproveitar o momento para perguntar quanto você acredita ser normal?
P: 100%.
T: Quanto você acredita ser bem-sucedida?
P: 100%.
T: Quanto você acredita ser honesta?
P: 100%.
T: E quanto você acredita ser uma boa pessoa?
P: Também 100%.
T: Então, já avaliamos estes pontos aqui, em que você partiu de 100% para cada uma das crenças nucleares negativas e terminou com 0% em todas elas. Você confirma isso?
P: Sim.
T: E quanto a suas emoções, como elas estão?
P: Na verdade, elas estão todas em 0%.
T: E, na medida em que você as levou todas a zero, foi possível entender que essas crenças alimentam umas às outras?
P: Sim. Vejo isso com clareza agora.
T: Você entende que uma crença nuclear positiva também ativa outras crenças nucleares positivas?
P: Claro. Isso está muito claro para mim agora.

Revisando o diagrama de conceituação de caso e concluindo a Sessão 9

T: Leslie, gostaria que você desse uma olhada neste diagrama de conceituação de caso e descrevesse para mim o que você viu acontecer durante esta sessão? [O terapeuta lhe mostra o DCC, fase 2 (Fig. 11.2).]
P: A princípio eu achava que a única crença nuclear que seria ativada era "Eu sou estranha". Mas, na verdade, eu tinha um conjunto de crenças nucleares negativas que foram ativadas: sou estranha, sou um fracasso, sou uma fraude e sou má. Consequentemente, consegui, por meio do Processo I, produzir crenças nucleares positivas. Agora, esta seta aponta para cá, ativando estes itens, que são as crenças positivas.
T: Agora que a seta ascendente não está vindo daqui [o terapeuta aponta para a caixa das crenças nucleares negativas], mas vindo dessas crenças positivas ativadas [o terapeuta aponta para a caixa das crenças nucleares positivas], quais são os pensamentos que aparecem aqui, na caixa de pensamentos automáticos [o terapeuta aponta para a caixa dos PAs]?

P: Desde que ativei minhas crenças nucleares positivas e desativei as negativas, tenho outros tipos de pensamentos automáticos, como: "Nossa, Leslie, você é uma pessoa normal; você tem feito as coisas da melhor maneira possível. Você tem sido disciplinada quando necessário. Existem ocasiões em que qualquer pessoa normal se sentiria desanimada com a situação familiar que você está enfrentando". Então, todos esses bons pensamentos me ocorrem dentro da caixa de pensamentos automáticos.

T: O que acontece na caixa da reação emocional?

P: Tudo se reduziu a zero.

T: Exatamente. O que você acha que vai acontecer agora, Leslie, com seus comportamentos?

P: Agora tenho um conjunto de crenças nucleares positivas, que promovem pensamentos automáticos favoráveis, e minhas reações emocionais diminuíram para zero. Automaticamente, não necessito evitar as pessoas ou me isolar.

T: Leslie, esses comportamentos tinham se tornado habituais, e você viu que, neste segundo nível, nós os chamamos de comportamentos de segurança.

P: Exatamente.

T: E você se lembra que eles são comportamentos de segurança porque eles fazem com que se sinta bem. Quando você evita as pessoas, isso lhe dá uma sensação de alívio, porque, se você não faz isso, o que acontece?

P: Sou estranha.

T: Você é estranha. Então, você consegue ver isso como um pressuposto subjacente.

P: Exatamente.

T: Na verdade, você obedece ao pressuposto subjacente por meio desse comportamento. E ao obedecer a esse pressuposto, você está tentando desativar ou se livrar de alguma coisa?

P: Talvez de minhas crenças nucleares negativas. Posso ver claramente que eu ainda tinha uma cognição por trás disso, que é o pressuposto subjacente: se não evito as pessoas, isso mostra que sou estranha e que sofro muito.... Agora está bem claro para mim que eu não tenho a obrigação de obedecer a esse pressuposto subjacente.

T: E mesmo se, eventualmente, ele voltar devido à força do hábito, o que você fará?

P: Vou me lembrar de meu conjunto de crenças positivas.... Vou me lembrar que sou uma pessoa normal, bem-sucedida, honesta, enfim, que sou uma boa pessoa.

T: E existem muitas coisas para comprovar isso, que são as evidências acumuladas diariamente. Certo? Como você está se sentindo agora, Leslie?

P: Muito bem, Dr. Irismar, realmente muito bem! Estou impressionada com o resultado que alcancei!

CONSCIÊNCIA METACOGNITIVA BASEADA NO PROCESSO (PROCESSO II)

10

Resumo de tópicos

- Introdução
- Descrição da técnica da consciência metacognitiva baseada no processo (Processo II)
  - *Passo 1: Inquérito*
  - *Passo 2: Acusações contra o promotor*
  - *Passo 3: O advogado do paciente formaliza a acusação contra o promotor*
  - *Passo 4: O advogado de defesa do promotor o defende*
  - *Passo 5: O advogado do paciente responde ao advogado de defesa do promotor*
  - *Passo 6: O advogado de defesa do promotor responde à alegação do advogado do paciente*
  - *Passo 7: Veredito do júri*
  - *Passo 8: Sentença do juiz*
- Explicando a consciência metacognitiva ao paciente

Diálogo de ilustração de caso

- Ligação com a Sessão 9 e definição da agenda
  - *Passo 1: Inquérito*
  - *Passo 2: Acusações contra a promotora*
  - *Passo 3: O advogado da paciente formaliza a acusação contra a promotora*
  - *Passo 4: A advogada de defesa da promotora a defende*
  - *Passo 5: O advogado da paciente responde à advogada de defesa da promotora*
  - *Passo 6: A advogada de defesa da promotora responde à alegação do advogado da paciente*
  - *Passo 7: Veredito do júri*
  - *Passo 8: Sentença do juiz*
- Revisando
- Resumo e *feedback*
- Explicando a consciência metacognitiva à paciente
- Atribuindo a tarefa de casa e concluindo a sessão 10

Introdução

A cognição inclui uma gama de variáveis envolvidas no processamento da informação e do significado (Alford & Beck, 1997). Define-se metacognição como uma variedade de fatores inter-relacionados nos processos cognitivos que envolvem a interpretação, o monitoramento ou o controle da cognição (Wells, 2009). O conhecimento metacognitivo incorpora crenças e teorias que as pessoas mantêm sobre seu próprio pensar, e esse conhecimento pode compreender crenças sobre tipos específicos de pensamentos e crenças sobre a eficiência de nossa memória ou poder de concentração (Wells, 2009).

Nesta sessão, eu apresento e explico esse conceito para o paciente por meio da metáfora do processo. O paciente é estimulado a confrontar pensamentos produzidos por seu personagem interno, representado pelo promotor que o acusa. Aqui, o paciente aprende a inverter os papéis e, em vez de ser controlado pelas acusações do promotor, adquire poder para acusá-lo e sentenciá-lo.

Descrição da técnica da consciência metacognitiva baseada no processo (Processo II)

O terapeuta desempenhará um papel diferente nesta sessão. No Processo I, o terapeuta fez o papel de juiz, e agora ele se torna o narrador. Esta técnica também é implementada no formato da cadeira vazia. A Figura 10.1 ilustra como são colocadas

Processo II
Posição das cadeiras

Terapeuta = narrador e jurado #2
Paciente = outros papéis (o paciente faz o papel de juiz pela primeira vez)
Nota: A cadeira do promotor (agora acusado) ficará vazia o tempo todo, pois ele tem seu próprio advogado de defesa

- Advogado de defesa do promotor
- Juiz
- Advogado do paciente
- Jurado #1 (Paciente)
- Reclamante
- Jurado #1
- Jurado #2
- Jurado #2 (Terapeuta)
- Acusado (Promotor)

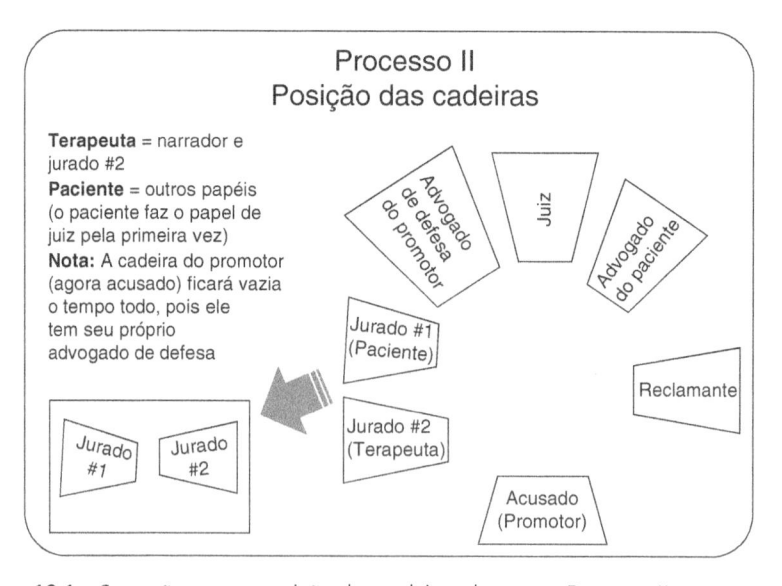

Figura 10.1   Sugestão para a posição das cadeiras durante o Processo II.

as cadeiras usadas pelo paciente durante a sessão do Processo II (como narrador, o terapeuta não tem uma cadeira própria, exceto na fase do júri).

Passo 1: Inquérito

No Processo I, o terapeuta usou a técnica da seta descendente para revelar crenças nucleares negativas, apresentadas como autoacusações. Da mesma forma, no Processo II, o terapeuta faz uma série de perguntas que revelarão a fragilidade demonstrada pelo promotor no Processo I. Essas perguntas levam o paciente a concluir que o promotor é abusivo e incompetente e pratica assédio. Durante esta etapa, o terapeuta faz três grupos de perguntas:

- Grupo 1: perguntas sobre a competência do promotor;
- Grupo 2: perguntas sobre os danos e perdas sofridos pelo paciente;
- Grupo 3: perguntas que levam às acusações contra o promotor.

Passo 2: Acusações contra o promotor

O paciente é encorajado a verbalizar todos os danos e perdas causados pelas acusações excessivas do promotor, transformados em pensamentos e crenças negativas.

Passo 3: O advogado do paciente formaliza a acusação contra o promotor

Aqui, o paciente senta-se na cadeira reservada para seu advogado e repete todas as queixas já feitas, dessa vez desempenhando o papel de seu advogado. Essa é uma forma de exteriorizar o mesmo conteúdo da fala. O personagem interno que o defendeu no Processo I agora acusa o promotor por abuso, assédio e incompetência. O terapeuta introduz este tópico ao paciente, sugerindo que ele formalize a acusação contra o promotor para o juiz.

Passo 4: O advogado de defesa do promotor o defende

Pede-se para que o paciente sente-se na mesma cadeira antes ocupada pelo promotor. Entretanto, agora um novo personagem é introduzido: o advogado de defesa do promotor. O fundamento lógico é que, no sistema legal, geralmente não se aceita que o acusado – neste caso, o promotor – faça sua própria defesa. É interessante que, quase invariavelmente, o advogado de defesa do promotor, em vez de usar argumentos para justificar e defender o comportamento do promotor, tende a continuar acusando o paciente. Depois de permitir que o promotor faça isso por certo tempo, o terapeuta (narrador) interrompe-o (advogado de defesa do promotor) e lembra que seu papel não é acusar o paciente. Ele também lembra ao personagem que o paciente foi inocentado em vários processos. Assim, nega-se ao advogado de defesa do promotor o direito de usar argumentos que o acusem.

Passo 5: O advogado do paciente responde ao advogado de defesa do promotor
O paciente, fazendo o papel de seu próprio advogado, confrontará os argumentos evocados pelo advogado de defesa do promotor.

Passo 6: O advogado de defesa do promotor responde à alegação do advogado do paciente
Como em qualquer processo criminal, aquele que está sendo acusado tem direito a ter a última palavra, e o procedimento lógico é manter essa forma. O que se observa com frequência é que o paciente (colocado no lugar do advogado de defesa do promotor) não tem argumentos para defender o promotor, alegando isso explicitamente ou repetindo os argumentos anteriores.

Passo 7: Veredito do júri
Da mesma forma como no Processo I, o terapeuta ajuda o paciente a decidir o veredito, fazendo-lhe perguntas socráticas cuidadosas. O paciente será o jurado número 1 e o terapeuta o jurado número 2. Entretanto, a discussão é livre e diferente do Processo I, pois não haverá alegações para serem lidas. Usando questões socráticas, o terapeuta ajuda o paciente a compreender o caráter persecutório do promotor, que será considerado culpado de incompetência, assédio e abuso.

Passo 8: Sentença do juiz
Esta etapa simboliza o momento mais importante no processo de terapia. Aqui, pela primeira vez, o paciente ocupa a cadeira do juiz e profere a sentença. Haverá um imenso contraste entre o poder que ele assume para estabelecer a sentença dada ao promotor e o fato de não ter permissão para falar durante toda a sessão (a cadeira do promotor permanece vazia durante todo o processo). Na verdade, a partir desta sessão, o promotor terá permissão para falar somente quando for considerado reciclado e reabilitado. E o poder para decidir isso é dado ao paciente, quando estiver ocupando a cadeira do juiz.

Explicando a consciência metacognitiva ao paciente

A consciência metacognitiva pode ser explícita (declarativa – ela é expressa verbalmente) ou implícita (procedimental – ela não é acessível verbalmente) (Wells, 2009). Essa etapa da terapia cognitiva processual (TCP) pretende comunicar tal conhecimento à consciência por meio da metáfora do processo. O seguinte trecho de uma sessão ilustra como o terapeuta explica a consciência metacognitiva ao paciente.

T: Paulo, agora que o Processo II terminou, eu gostaria que voltássemos a nosso ambiente terapêutico. Gostaria de dar-lhe algumas informações adicionais que

o ajudarão a compreender o trabalho que fizemos hoje. Talvez você nunca tenha ouvido a palavra "metacognição".
P: Não, nunca.
T: Embora seja um termo técnico usado por terapeutas cognitivos, eu gosto de ensiná-lo a meus pacientes. Consciência metacognitiva é uma capacidade que somente os seres humanos possuem. Isso significa que podemos pensar sobre nosso pensamentos, avaliarmos nosso próprio processo de pensamento. Por que você acha que estou explicando isso a você?
P: Isso tem alguma coisa a ver com o promotor e as acusações que ele tem contra mim?
T: Você é capaz de ver as acusações como um processo que você consegue avaliar e escolher entre aceitar ou não, obedecer ou não?
P: Sim, vejo isso com clareza agora. Embora eu saiba que não posso controlar meus pensamentos negativos, posso examiná-los e escolher não fazer nada em relação a eles.
T: Exatamente.

DIÁLOGO DE ILUSTRAÇÃO DE CASO

Ligação com a Sessão 9 e definição da agenda

T: Bom dia, Leslie.
P: Bom dia, Dr. Irismar.
T: Gostaria de saber como você tem passado desde a última sessão.
P: Foi tudo bem comigo. Este trabalho parece ter me ajudado muito, Dr. Irismar, embora, esses pensamentos perturbadores me ocorram com frequência. Eu não consegui detê-los ou me livrar deles.
T: Você diria que, usando nossa metáfora do tribunal, é como se seu promotor interno continuasse agindo, dizendo as mesmas coisas, trazendo as mesmas acusações?
P: Isso mesmo.
T: Que tal definirmos nossa agenda?
P: Tudo bem.
T: Sobre o que você gostaria de conversar hoje?
P: Embora eu esteja muito melhor do que na semana passada, essas acusações ainda são relevantes e me incomodam muito. Ainda tenho ideias de que sou feia, de que sou estranha e de que existe alguma coisa errada comigo.
T: Você está me dizendo que essas ideias ainda a incomodam e que você não sabe o que fazer?
P: Sim.
T: Vou propor que examinemos a tarefa de casa e os questionários, e depois tomemos as ideias de ser feia, estranha e de que há algo errado com você como

principal item da agenda. Esses não são tópicos concretos e específicos como os itens que estivemos trabalhando, mas isso não representa problema para minha proposta de hoje.

P: Certo.

T: Retornando aos questionários, as pontuações do CD-Quest mudaram muito desde o início da terapia, não concorda? Embora você tenha tido dificuldade na semana passada, com múltiplas crenças nucleares negativas a incomodando, sua pontuação agora é 20, quase a mesma encontrada em alunos de medicina e psicologia. Supondo que essas pessoas sejam normais [o terapeuta ri], sua pontuação está quase lá.

P: Isso é ótimo! [Leslie também ri.]

T: E tanto a escala de ansiedade como de fobia social diminuíram significativamente, não? Você vê a diferença, comparando com o início da terapia?

P: Com certeza, Dr. Irismar. Eu me sinto muito menos ansiosa, e faço muitas coisas que não era capaz de fazer antes desta terapia.

T: Ótimo, Leslie. Nosso objetivo, trabalhando juntos, é que isso se torne duradouro, não é?

P: Sim, claro.

Passo 1: Inquérito

T: Quero lhe fazer algumas perguntas. Você foi julgada em um tribunal cinco vezes sob acusações de ser estranha e de não ser suficientemente boa – e cada uma dessas acusações foi julgada duas vezes, se levarmos em consideração os recursos. Na semana passada, as acusações vieram em uma espécie de pacote, quatro ao mesmo tempo.

P: Exatamente.

T: Então, eis minhas perguntas [Perguntas do primeiro grupo – competência da promotora]: quantas vezes a promotora venceu?

P: Nenhuma. Ela nunca venceu.

T: Quantas vezes a promotora entrou com recurso e teve chance de provar que estava certa?

P: Duas vezes pelas acusações e duas vezes pelos recursos. E mais uma vez na semana passada.

T: Quantas vezes a promotora conseguiu provar que você era estranha ou que você não era boa o bastante?

P: Nunca.

T: Quantas vezes a promotora se manteve calma e se convenceu de que ela estava errada?

P: Nunca. Ela continua me acusando o tempo todo.

T: Quantas vezes a promotora distorceu os fatos durante os processos?

P: Quase todos os argumentos dela eram acusações falsas; quase todos eram distorções.
T: Por outro lado, quantas vezes o advogado de defesa trouxe falsas evidências ao tribunal?
P: Nenhuma. Elas eram todas verdadeiras, sem qualquer exceção.
T: Mas você ainda dá muito crédito ao que a promotora diz e não ao que o advogado de defesa diz. Por que isso?
P: Não sei. A promotora parece mais convincente porque ela sempre tem certeza do que diz, e ela é muito persistente. Por outro lado, o advogado de defesa, embora sempre diga a verdade, não parece ser suficientemente convincente. A promotora sempre esteve presente em minha vida; e faz pouco tempo que tomei consciência da existência do advogado de defesa. Faz apenas um mês. Ainda não estou acostumada com ele.
T: Exatamente. Quero fazer mais algumas perguntas [Perguntas do segundo grupo – perdas e danos]. Quais são os danos e perdas que você teve que podem ser atribuídos às acusações da promotora?
P: Eu tive muitas perdas, profissionais, sociais e pessoais. A promotora arruinou a minha vida.
T: Por que você não a processa?
P: O quê?
T: Por que você não a processa?
P: O que você quer dizer com isso?
T: Por que você não processa a promotora pelas perdas e danos que ela gerou em sua vida, por todo o sofrimento e angústia que você teve que passar por causa dela?
P: Isso é possível, Dr. Irismar?
T: Não só é possível como podemos fazer isso aqui e agora, nesta sessão.
P: Diga-me como, por favor.
T: [Perguntas do terceiro grupo – acusações] Primeiro, do que você vai acusar a promotora? Por exemplo, se ela nunca venceu, como você a consideraria enquanto profissional?
P: Com certeza, incompetente!
T: Exatamente. E se ela a acusa em qualquer lugar, de qualquer forma, a qualquer hora; se ela a acusa durante feriados, dias e noites, o que você considera que isso pode ser?
P: Assédio, é claro!
T: Você adicionaria abuso de poder, considerando que um promotor é uma autoridade?
P: Certamente.
T: Muito bem. Temos várias cadeiras nesta sala. Proponho que retornemos ao tribunal. Sente-se ali, por favor. [Leslie vai para a cadeira do acusado.] Não, não, Leslie, não nessa cadeira. Não vê que você não é a acusada? Hoje a acusada é a promotora. Por favor, sente-se aqui, ao lado de seu advogado. [O terapeuta gen-

tilmente aponta para outra cadeira.] Hoje, faremos de uma maneira diferente. A partir de agora, eu deixo esta cadeira, a cadeira do juiz, e torno-me um narrador. Não sou mais o juiz.
P: E quem vai ser o juiz?
T: Você verá por si mesma. Agora, sentada onde você está, você é Leslie. Vou lhe pedir para citar as acusações contra a promotora. Existem vários personagens nesta sala. Na cadeira que você está ocupando neste momento, você é você mesma. Como narrador, ficarei me movimentando pela sala. O advogado, que anteriormente era seu advogado de defesa, vai acusar a promotora, depois que você trouxer suas queixas. O juiz vai se sentar aqui, na cadeira maior e central; aqui, nesta outra cadeira, teremos a promotora, que agora é ré, e, nesta outra, teremos um novo personagem: a advogada de defesa da promotora.

Passo 2: Acusações contra a promotora
T: Gostaria que você apresentasse a acusação agora.
P: Eu não sei o que dizer.
T: Nada mais do que suas queixas. Você as conhece bem.
P: Meritíssimo, estou aqui hoje para fazer uma reclamação contra os excessos da promotora, que causaram muitos danos e perdas em minha vida. Gostaria de fazer minhas acusações contra ela, pois ela tem sido excessiva e praticado ações que estão além de suas obrigações, ou seja, tem feito seu trabalho fora do que seria seu papel profissional. Ela me acusou fora do horário e do local de trabalho, e não da maneira que acusações devem ser feitas.
T: Então, Leslie, gostaria que você formalizasse essas queixas, e isso deve ser feito pela parte competente. Agora, você poderia, por favor, sentar-se na cadeira do advogado e formalizar as acusações contra a promotora?

Passo 3: O advogado da paciente formaliza a acusação contra a promotora
P: Meritíssimo, estou aqui, representando minha cliente, Leslie, neste tribunal, para formalmente iniciar uma ação judicial contra a promotoria. Ela teve uma atitude abusiva e excessiva contra minha cliente, causando muito sofrimento, como vossa excelência sabe. Suas acusações falsas e distorcidas trouxeram muitos danos e incalculáveis perdas a minha cliente, e essa não é a função da promotoria. Ela deve agir dentro de padrões normais. No caso da minha cliente, a promotoria os excedeu. Então, estou aqui para fazer acusações formais a fim de que a promotora pare com suas acusações excessivas e abusivas contra minha cliente.

Passo 4: A advogada de defesa da promotora a defende
T: Leslie, você poderia, por favor, passar para aquela cadeira ali, ao lado da promotora, e ser a advogada de defesa dela e defendê-la, agora que ela é acusada?
P: Sim, Dr. Irismar.

T: Muito bem, vá em frente, e faça a defesa da promotora.
P: Meritíssimo, estou aqui como advogada de defesa da promotora, e me sinto à vontade, já que minha cliente não fez nada de errado. O dever dela é acusar. Então, evidentemente, ela está aqui para exercer sua função, pois é para isso que ela foi preparada, para chegar a vereditos corretos. Eu não vejo na acusação trazida pelo advogado de Leslie qualquer desvio de função por parte de minha cliente. Em primeiro lugar, tem sido sempre assim na história deste processo. Leslie sempre esteve consciente das acusações e aquiesceu a elas. Eu diria até que ela estimulou minha cliente a fazer isso (a fazer aquelas acusações). Ela tem sido muito ativa nesse aspecto. Na verdade, ela me parece muito estranha e não ser boa o bastante.
T: Por favor, pare. Como narrador, gostaria de interrompê-la e lembrar que a senhora não está aqui para acusar Leslie. Essa não é sua tarefa hoje. A senhora está aqui para defender sua cliente, a promotora. Gostaria de lembrar-lhe que Leslie foi considerada inocente em cinco processos. Portanto, peço que a senhora limite-se à defesa de sua cliente, a promotora, que é a acusada no processso de hoje. Por favor, continue, mas não se esqueça disso.
P: Como eu disse, a promotora sempre agiu dessa forma; ela sempre foi assim. Portanto, as acusações trazidas contra minha cliente não são válidas. A promotoria existe para acusar, e houve consentimento por parte da acusada. Ela sempre conviveu com a promotora. Então, não há abuso, e minha cliente está fazendo seu trabalho honestamente e dentro da lei.

Passo 5: *O advogado da paciente responde à advogada de defesa da promotora*
T: Leslie, você pode voltar e sentar-se na cadeira do advogado. O que ele vai dizer?
P: Ele vai responder ao que a advogada de defesa da promotora alegou agora.
T: Exatamente.
P: Meritíssimo, nesta resposta, eu gostaria de dizer à advogada de defesa da promotoria que o fato de que ela agiu dessa maneira durante muitos anos da vida de minha cliente não lhe dá o direito de fazer acusações excessivas, ou que esses excessos sejam legítimos. Isso não significa que a promotora tem o direito de agir da forma que bem queira. Ela tem agido dessa forma por causa da falta de consciência de minha cliente, que não sabia qual era o papel da promotora; ela sequer sabia que as acusações vinham de uma promotora; portanto, ela permitiu que a promotora crescesse e excedesse em suas funções. Usar o argumento de que isso sempre foi assim não é aceitável. Certamente, se sempre foi assim, sempre foi errado, sempre foi excessivo, e sempre esteve fora de quaisquer padrões éticos. Assim, as palavras da defesa da promotora servem apenas para reforçar os argumentos de minha cliente, uma vez que a defesa disse que ela, a promotora, sempre agiu dessa maneira. Logo, ela sempre agiu com excesso. Meu pedido, meritíssimo, é que a promotora seja considerada culpada por incompetência, assédio e abuso de poder.

Passo 6: A advogada de defesa da promotora responde à alegação do advogado da paciente

T: Agora, devemos dar a palavra à advogada de defesa da promotora – pois sempre se dá a última palavra ao acusado –, e então o veredito será dado pelos jurados.

P: Muito bem. Em minha última instância neste processo, Meritíssimo, eu gostaria apenas de reforçar minha posição dizendo que a promotoria existe para acusar. Este é o dever de minha cliente. Mais uma vez, reitero, e digo essas palavras para que fique claro que em nenhum momento a promotora saiu de sua função. Ela acusa e procura promover o devido ritmo do processo. Não há nada que prove que as ações de minha cliente sejam contrárias a como o trabalho de um promotor deve ser executado.

Passo 7: Veredito do júri

T: Neste momento, o júri assume o seu lugar. Eu deixarei o papel de narrador e me sentarei com você como jurado. Você é a jurada número 1 e eu sou o jurado número 2. [O terapeuta e paciente sentam-se nas cadeiras dos jurados.] Os jurados agora devem analisar as proposições, e, de acordo com o que é produzido, eles decidem, de forma que a decisão seja unânime. Então, estamos aqui nesta sala novamente, como jurados, dessa vez para decidir se o promotor é culpado ou inocente. O que você acha?

P: Acho que, pelo que vimos aqui hoje, o advogado da cliente traz elementos factuais de que a promotora interfere de modo excessivo na vida de sua cliente. Em nenhum momento foi confirmado que agir como promotor lhe dá o direito de exceder-se, de levar à vida daquele que está sendo acusado mais do que o que se espera dele. Assim, a ação de um promotor é legítima contanto que permaneça dentro do que é normal e ético, e não foi isso o que vimos aqui em relação à promotora. Então, acho que o veredito deve ser culpado.

T: Muito bem. Concordo com você e este é nosso papel aqui: chegar a um veredito unânime. Vamos voltar e levar o veredito ao juiz. Você poderia, por favor, anunciar o veredito à corte?

P: Meritíssimo, o júri considera a promotora culpada de incompetência, assédio e abuso de poder.

Passo 8: Sentença do juiz

T: Leslie, vou lhe pedir para sentar-se na cadeira de juiz. Agora, pela primeira vez, você será capaz de assumir este lugar. Por favor, sente-se aqui. Eu volto ao papel de narrador. Os jurados trouxeram o veredito: culpado. Seu papel como juiz é pronunciar a sentença. Mas, como narrador, eu gostaria de chamar sua atenção para a importância de um promotor em nossas vidas, seja no sistema judiciário externo ou em nosso sistema judiciário interno. Promotores são importantes. Assim, posso sugerir que você dê à promotora uma chance de reciclar seu conhecimento como profissional, e considerar que ela talvez esteja mentalmente perturbada e, assim, dar a ela uma chance de reabilitação? Por favor, a decisão é sua como autoridade máxima neste recinto. Você é a juíza.

P: Minha decisão é dar à promotora a seguinte sentença: ela deve ser submetida a tratamento especializado para mudar suas condutas e atitudes; ela deve reciclar seus conhecimentos para poder trabalhar com eficiência e dentro dos termos legais.

Revisando

T: Então, neste caso, a sessão do júri está encerrada, certo? Chegamos ao fim e o julgamento está concluído. Depois de dissolver o júri, gostaria de ouvir, Leslie, ainda dentro da sala de audiência, retornando a sua posição inicial, sobre como você se sente em relação à decisão da corte.

P: Sinto-me mais aliviada porque participar desse processo me trouxe uma maior compreensão de meus mundos e das coisas pelas quais estou passando. Para mim, é um alívio saber que a promotora vai se tornar mais adequada e ficar em seu devido lugar; estou muito feliz com a sentença dada. Saber que ela será tratada e cuidada faz com que me sinta capaz de confirmar que a promotora, da forma como foi colocado aqui, precisa agir dentro de padrões normais.

Resumo e *feedback*

T: O que podemos fazer agora, Leslie, é retornar a nosso ambiente terapêutico. Eu vou lhe pedir para me dar algum retorno, agora como Leslie em uma sessão de terapia.

P: Foi muito bom porque, de uma maneira simples mas objetiva, fui capaz de examinar quem realmente são os personagens dessa situação intricada. Para mim, como paciente, quando iniciei este tratamento, não acreditava que isso era real. Eu não acreditava que técnicas como essa pudessem me trazer saúde. E hoje posso confirmar *in loco* que isso é possível. Eu tenho essa crença nuclear, a acusação de que eu sou estranha. Você me deu a tarefa de levantar minha defesa todo dia, escrevendo e focalizando nas coisas que afirmam que sou uma pessoa normal. Busco as pequenas coisas que trazem esses elementos para provar, junto com meu advogado de defesa, que eu sou normal. Assim, a partir do momento que começo a levantar as menores coisas que atestam minha normalidade, isso traz elementos que reforçam minha defesa, uma vez que passei toda a minha vida fazendo acusações a mim mesma.

T: Estou muito contente com isso, Leslie. Posso sentir sua sensação de segurança. Por exemplo, o que você é capaz de fazer agora é diferente do que era capaz algum tempo atrás. Há pouco tempo, você não era capaz de conversar com advogados olhando em seus olhos.
P: Não, não era.

Explicando a consciência metacognitiva à paciente

T: E agora que você deu vida a esses personagens, você pode se distanciar deles. Chamamos isso de metacognição. Você não precisa memorizar este termo técnico, mas gostaria que compreendesse o que ele significa. Isso é uma coisa que apenas os seres humanos são capazes de fazer: pensar sobre seus próprios pensamentos e dar um passo atrás. Você pode apenas prestar atenção em seus pensamentos e, ao mesmo tempo, não segui-los, não obedecê-los, mesmo quando acredita neles. Quando este personagem, que está se submetendo a um tratamento, a promotora em reabilitação, lhe disser alguma coisa, o que você pode fazer?
P: Hoje, sou capaz de usar mecanismos quando ela me acusa. Uso todos os elementos que aprendi aqui, como "você está distorcendo, você está catastrofizando, você está supergeneralizando". Eu lhe dou respostas objetivas: "Olha, todas as evidências que eu tenho indicam que sou normal. Eu não preciso acreditar no que você diz."
T: Isso é muito interessante porque talvez agora você possa passar para o próximo passo. Você notou que hoje a promotora não teve o direito de falar, que ela ficou em silêncio? Como você vê esta promotora em silêncio aqui neste tribunal?
P: Isso é algo que diz muita coisa para mim. Porque tê-la em silêncio, desempenhando apenas um papel secundário e não como uma personagem principal é algo que esclarece, ao menos em meu ponto de vista, qual deveria ser a situação dela. Ou seja, vendo-a quieta, em silêncio, podendo se manifestar somente através de uma terceira parte, me diz que hoje eu tenho forças para me opor quando ela for excessiva.
T: Assim, o que é interessante agora é que você não precisa mais se justificar para a promotora.
P: Não, não preciso.
T: Agora, quando a promotora disser alguma coisa, você simplesmente se coloca à distância, o que chamamos de metacognição, e diz o quê?
P: Posso simplesmente dizer: "Fique quieta e mantenha-se no seu lugar. Eu não preciso acreditar em você neste momento, pois você está em reabilitação".
T: Perfeito. E consequentemente, ela não merece crédito, certo?
P: Certo. Hoje eu consigo ver isso com clareza.
T: Não é isso que queremos de agora em diante: reciclar a promotora?
P: Sim. Colocá-la em seu lugar.

T: E, a partir do momento em que ela estiver reabilitada –, ou seja, quando você estiver sentada na cadeira do juiz e lhe disser "Você está reabilitada" – a partir daí você poderá acreditar nela, não?
P: Sim, pois ela estará curada.
T: Consequentemente, o que ela disser merecerá crédito.
P: Sim, ela merecerá crédito.
T: Nesse meio tempo, o que você pretende fazer?
P: Apenas dar-lhe este tempo de espera. Eu ainda a acho excessiva. Eu ainda acho que não há chance alguma, no momento, de ouvi-la e dar crédito às palavras dela.

Atribuindo a tarefa de casa e concluindo a Sessão 10

T: Muito bem, então. Ótimo! Espero que você seja capaz de usar o que aprendeu hoje. Sua tarefa de casa é continuar a prática da consciência metacognitiva.
P: Sim. Vou continuar fazendo isso.
T: Contudo, existe mais uma coisa que você pode fazer para ajudar a aperfeiçoar sua consciência metacognitiva. Você acaba de chegar à conclusão de que a promotora precisa de ajuda, e que ela precisa de reabilitação. Talvez você pudesse escrever uma carta compassiva a ela.
P: E como isso funciona?
T: Diferentemente da carta assertiva que você escreveu algumas semanas atrás, agora você sabe que uma promotora saudável é útil e necessária para nossa vida. Assim, talvez você queira escrever uma carta informando que você compreende o ponto de vista dela, que a aceita, que você lamenta que ela tenha sido considerada culpada, e que você está pronta para ouvi-la, para ajudá-la a melhorar, embora você não esteja pronta para acatar suas demandas; que você sabe que as demandas dela são feitas com boa intenção, mas que isso é porque ela não sabe fazer de outra maneira. Você vê a diferença?
P: Sim, está clara para mim.
T: Estou curioso para ler sua carta. Nos vemos na semana que vem.

RELAXAMENTO E A METÁFORA DO BARCO À VELA 11

Resumo de tópicos
- Explicando a metáfora do barco a vela ao paciente
- Relaxamento
- Metáfora do barco a vela

Diálogo de ilustração de caso
- Prevenção de recaída e finalização do tratamento

Explicando a metáfora do barco a vela ao paciente

É difícil saber há quanto tempo existe a metáfora do barco a vela. Você provavelmente já ouviu este ditado muitas vezes: "Não podemos controlar o vento, mas podemos ajustar a vela". Ou talvez você já tenha escutado a música gravada por Ricky Scaggs, "Can't Control the Wind", que pode ser facilmente encontrada no YouTube digitando-se seu título. A metáfora do barco a vela é poderosa, usada para aumentar a resiliência e encorajar as pessoas a suportar situações difíceis.

Eu uso essa metáfora durante exercícios de relaxamento com os pacientes. Que eu saiba, esta é a primeira vez que essa metáfora está sendo usada em terapia, ao menos em terapia cognitiva, para explicar a natureza da metacognição. Eu comparo os pensamentos com o vento, as emoções com as ondas e o comportamento com o leme. Baixar ou hastear a vela é minha ideia de consciência metacognitiva. Não precisamos prestar atenção em nossos pensamentos quando estamos bem (vela hasteada), mas podemos acessar nossos pensamentos, avaliá-los e optar por não segui-los em momentos tempestuosos (vela abaixada). No excerto a seguir, eu proponho ao paciente um exercício de relaxamento com a metáfora do barco a vela.

T: Ana Maria, você parece impressionada com a noção de que você não precisa obedecer a seus pensamentos e emoções. Você teve uma ideia mais clara disso na semana passada, quando conversamos sobre metacognição durante a sessão do Processo II.

P: Realmente, fiquei impressionada com a imagem de uma promotora quieta e silenciosa durante a sessão e de como eu era capaz de ouvi-la durante a semana e não ser coagida pelo que ela queria que eu fizesse. Foi engraçado porque, antes de eu tomar o elevador para o consultório de meu ginecologista, a ouvi dizer "É perigoso. É melhor você pegar a escada rolante. Você é fraca." Eu respondi imediatamente, "Cale a boca. Você não tem credibilidade. Eu não acredito no que você diz. Você está em reabilitação". [A paciente ri.]

T: E, é claro, suponho que você pegou o elevador.

P: Claro.

T: Ótimo, Ana Maria. Gostaria de propor-lhe algo que pode ajudá-la a ficar ainda mais consciente das acusações da promotora quando ela se torna excessiva, e de que você não precisa mais justificar-se para ela, basta apenas prestar atenção. É um exercício de relaxamento, o mesmo que usamos algumas semanas atrás para ajudar a diminuir sua ansiedade. Entretanto, gostaria de usá-lo de uma maneira diferente hoje. Gostaria de adicionar uma metáfora no meio dele, quando estiver relaxada, para que você adquira ainda mais consciência dos pensamentos que não ajudam, como os evocados por sua promotora.

P: Certo.

Relaxamento 1*

T: Vamos iniciar o processo de relaxamento. Gostaria que você escolhesse uma posição confortável. Feche os olhos e respire fundo. Segure o ar por um instante. // Agora, solte todo o ar. Gostaria que você continuasse respirando dessa maneira, profundamente, por um momento. / Enquanto respira, gostaria de chamar sua atenção para seu abdome. Permita que seu abdome se movimente, em vez de seu peito. /// Inspire totalmente. /// Agora deixe que todo o ar saia. /// Repita este movimento por um tempo. /// Sinta seu abdome se movendo para cima ao inspirar e se movendo para baixo ao soltar o ar. /// Em pouco tempo você vai perceber seu corpo ficar mole e seus músculos em um estado confortável e completamente relaxado. /// Continue prestando atenção em sua respiração. Sinta seu abdome movendo-se para cima e para baixo enquanto você inspira e expira./// Agora, vou lhe pedir para fechar sua mão direita com força, cerrando o punho. Sinta a tensão em seu punho direito. Aperte os dedos com força. /// Agora solte-os. /// Relaxe sua mão direita. Deixe sua mão direita mole, / deixe seus dedos relaxarem, / e sinta a diferença entre o estado de tensão e o estado de relaxamento. /// Agora, repita o mesmo processo com sua mão esquerda. Feche-a com força, cerrando o punho. Aperte os dedos da mão esquerda. // Solte-os. // Relaxe sua mão esquerda. Deixe sua mão esquerda mole, / deixe os dedos relaxarem./ Você sente a diferença entre tensão e relaxamento? /// Agora contraia seu braço direito, levando-o para

---

*/ = pausa curta; // = média; /// = mais longa.

perto do seu corpo, com o cotovelo apertando sua cintura. Segure a tensão por um tempo.// Agora relaxe. / Solte. // Relaxe seu antebraço direito, e depois seu braço direito. /// Repita a sequência com o braço esquerdo e leve-o para junto do corpo, com o cotovelo apertando sua cintura. Segure a tensão por um tempo. // Relaxe. Solte. // Relaxe seu antebraço esquerdo, e depois seu braço esquerdo. /// Aproveite cada movimento de expiração para deixar que seus músculos fiquem moles, completamente relaxados. Deixe seus músculos relaxarem cada vez que você solta o ar. /// Agora preste atenção nos dedos dos pés. Aperte-os. Segure-os por um instante. // Relaxe. Solte-os. Você sente a diferença entre tensão e relaxamento? Por favor, repita o processo. Aperte os dedos. Segure-os. /// Solte-os. Você irá mais uma vez sentir a diferença entre tensão e relaxamento. // Relaxe seus pés o máximo que puder. Deixe-os moles. //Agora, mantenha os pés bem apoiados no piso e pressione as pernas contra ele. Mantenha mais um pouco a pressão. // Relaxe. Deixe as pernas relaxarem. Deixe as panturrilhas relaxarem e depois a parte superior de suas pernas. Solte-as. //Você sente a diferença entre tensão e relaxamento? /// Agora contraia suas nádegas. Mantenha-as tensionadas por um momento. //Relaxe. /// Agora, preste atenção em seus ombros. Dobre-os em direção ao pescoço. Segure-os por um tempo. Só mais um pouco. // E agora relaxe. Deixe os ombros caírem. / Sinta os músculos se afrouxarem. / Deixe todos os músculos nesta área – costas, escápulas, pescoço – relaxarem. /// Agora contraia os maxilares. // Faça uma careta para que seus lábios se retenham entre os dentes. // Mantenha essa tensão por um tempo. // Agora solte-os. Relaxe. Relaxe os maxilares.... permita que eles se separem e sua língua se assente no assoalho da boca. O seu rosto inteiro está completamente relaxado. / Sua testa está completamente lisa. Suas bochechas, sua testa e seu couro cabeludo estão totalmente relaxados. /// Aproveite esta oportunidade para soltar todos os músculos de seu corpo. Relaxe-os; solte-os ao expirar.

Metáfora do barco à vela

Depois que o paciente está claramente relaxado, o terapeuta acrescenta algo como consta no seguinte trecho de sessão:

T: Agora quero que você pense no que eu lhe disse sobre metacognição na semana passada, depois da sessão do Processo II. Lembre-se que a promotora foi acusada de incompetência, abuso e assédio; a promotora está em reabilitação e não tem mais credibilidade, ao menos temporariamente, até você decidir o contrário. /// Imagine agora que você está em um barco a vela, em uma linda baía. / O mar está calmo, e o vento, agradável. / O dia está ensolarado. Você sente o vento tocando sua pele. / Você sente a agradável sensação do sol aquecendo o seu corpo. // Fique um tempo assim, sentindo o prazer de estar em comunhão com a Natureza. /// Mantenha esta imagem em sua mente por um minuto e tire força dela. /// Agora imagine o vento tornando-se um pouco mais forte. // As nuvens estão escurecendo. / Você olha para o horizonte e pensa se terá tempo para voltar para casa com segurança. / Não. Você está longe da praia. É melhor se preparar para enfrentar um temporal. / Você já enfrentou muitos temporais antes. Este será apenas mais um em sua vida. / O vento está cada vez mais forte, / e as ondas começam a sacudir o barco. // Você não sabe o que fazer. / Depois de um momento de dúvida, você decide baixar a vela. / Essa é a única maneira de proteger o barco da força do vento e das ondas. // Você baixa a vela e espera. / Não há mais nada a fazer a não ser esperar. // Esperar. /// Esperar. /// Apenas olhe o vento passar. /// Agora, gostaria que você imaginasse que o vento é como seus pensamentos, / que as ondas são como suas emoções, / e que o leme é como seu comportamento. // Você não pode controlar o vento; tampouco pode controlar seus pensamentos. // Você não pode controlar suas emoções nem controlar as ondas. // Agora, o vento está tempestuoso, então você não tem nada a fazer senão manter a vela abaixada e segurar o leme do barco o mais firme que puder para que ele não vire. // Não siga o vento. // Não siga seus pensamentos. Eles estão tempestuosos agora. // Você não pode controlar as ondas. / E também não pode controlar suas emoções. Então, tente não controlar suas emoções, apenas mantenha-se firme, segurando o leme, / segurando seu comportamento. Apenas espere. Apenas observe. Não julgue o vento como bom ou ruim. É apenas o vento. Não julgue seus pensamentos como bons ou ruins. Eles são apenas pensamentos. // Não tente se livrar de suas emoções. Elas são apenas produto de seus pensamentos, assim como as ondas são produtos do vento. // Espere que os pensamentos e as emoções tempestuosos passem, se acalmem. Apenas deixe-os passar. // Agora olhe para o horizonte e perceba o céu azul. Você também percebe que, talvez, o vento e o céu estejam se acalmando. // Aliviado, você percebe o dia tornando-se ensolarado e agradável novamente. Em breve você poderá hastear a vela e voltar a navegar. /// Dessa forma, você pode compreender o que é metacognição. São apenas pensamentos. Você não é obrigado a segui-los. São apenas emoções. // Você não é obrigado a obedecê-las. /// Você acaba de hastear a vela. // O mar está calmo novamente, e o vento, agradável e calmo // O dia está ensolarado. // Você sente novamente o prazer do vento tocando sua pele. / Você sente a agradável sensação do sol aquecendo o seu corpo. /// E agora você está voltando para casa, para a praia. // Você começa a ouvir o ruído cada vez mais alto de carros e vozes. ///... /// Agora você está pronto para despertar. Eu vou contar até cinco e então, abra seus olhos: // um, // dois, // três // quatro, // e cinco. / Por favor, abra os olhos.

DIÁLOGO DE ILUSTRAÇÃO DE CASO

[Depois de ter feito a ligação com a Sessão 10, definido a agenda, revisado questionários, introduzido o relaxamento com a metáfora do barco a vela, e pedido o resumo e o retorno, o terapeuta e a paciente concluem esta sessão revisitando o DCC, fase 3.]

Prevenção de recaída e término do tratamento

T: Leslie, esta terapia parece tê-la ajudado em muitos aspectos, não?
P: Sim, Dr. Irismar, sinto-me muito melhor agora.
T: Você acha que poderíamos revisar nossas metas da terapia e nos preparar para o término do tratamento?
P: Sim. Embora eu pense que não atingi todas as metas, sei que tenho muitos recursos para lidar com meus problemas.
T: Você se recorda de seus problemas e das metas estabelecidas para a terapia?
P: Claro. Não eram muitos, mas eram importantes e me fizeram sofrer muito. Como eu os esqueceria?
T: Quais eram suas metas de terapia?
P: Falar com as pessoas sem sentir muita ansiedade, ser capaz de dizer não sem sentir ansiedade, ver-me como capaz no trabalho, conversar com as pessoas naturalmente, sem sintomas de ansiedade, sair mais e socializar mais.
T: Elas não eram muito específicas, mas estavam claramente representadas pelos sintomas daquela escala de fobia social cuja pontuação agora é normal. Nós usamos os itens da escala de fobia social como metas específicas, você se lembra?
P: Isso. E agora eu pontuo baixo em todos aqueles itens.
T: Você acha que foi bem-sucedida? O que você acha que lhe ajudou mais nesta terapia?
P: Saber que minhas dificuldades para lidar com as pessoas provinham de meus comportamentos de segurança foi muito importante. Tanto a hierarquia de sintomas codificados por cores quanto o *role-play* consensual me ajudaram muito. Eles me deram coragem para me expor a situações desagradáveis. Entretanto, o Processo I foi essencial, pois me ajudou a descobrir minhas crenças nucleares negativas e a desenvolver outras mais positivas, como "Eu sou normal" e "Eu sou boa o bastante". Por fim, o Processo II foi incrível. As coisas ficaram muito mais claras.
T: Talvez pudéssemos revisar o diagrama de conceituação e tentar compreender o que aconteceu.
P: Sim.
T: Talvez você pudesse fazer um resumo da terapia até aqui, enquanto usamos o diagrama.
P: Quando iniciei a terapia, eu era incapaz de fazer coisas simples, como ir a um restaurante, sem me sentir ansiosa. Acho que foi importante compreender, primeiramente, que a ansiedade era uma emoção normal e que reações físicas como suar e enrubescer eram consequências de um modo errado de pensar, um modo errado de ver e compreender a realidade. Você me deu uma lista de distorções cognitivas e conhecê-las me ajudou a acreditar menos em meus pensamentos ansiosos. Este foi o primeiro nível. [Leslie aponta para o nível 1 do diagrama na Figura 11.1.]

T: Esse foi um bom resumo do primeiro nível.
P: Depois disso, fomos para o segundo nível, o dos pressupostos subjacentes e dos comportamentos de segurança. Saber isso me ajudou nas exposições que você me pediu para fazer. Depois você me mostrou o terceiro nível, o das crenças nucleares negativas e positivas.
T: Talvez este diagrama (Fig. 11.1) possa ajudar a resumir.
P: Testamos a crença nuclear "Eu sou estranha", tomada como autoacusação. Por isso, passamos pelo processo, enfrentando a promotora e suas demandas; eu acionei meu advogado de defesa, mas o mais importante foi a tarefa de casa que você me atribuiu – de reforçar minha defesa todos os dias, anotando pequenas coisas que indicavam que eu era uma pessoa normal e focando nisso. Assim, depois de levantar essas questões, prosseguimos até o exame desse sistema por meio da dramatização e da cadeira vazia, fazendo a promotora tornar-se adequada, fazendo com que fique em seu lugar.
T: Estou muito contente e impressionado com seu resumo, Leslie. Posso sentir seu senso de segurança atual. Por exemplo, o que você faz hoje é muito diferente do que você era capaz de fazer algum tempo atrás. Há pouco tempo, você não era capaz de ir a uma festa.
P: Não, não era.
T: Você não conseguia ir a um restaurante sem sentir-se ansiosa.
P: Eu não sabia dizer não a um vendedor. [Ela ri.]
T: E o que você é capaz de fazer atualmente?
P: Bom, atualmente sou capaz de fazer tudo que está naquela lista da escala de fobia social.
T: Então isso tudo foi realizado em 10 sessões, sendo esta nossa décima primeira sessão.
P: Sim.
T: Já durante a primeira sessão, pude lhe mostrar o diagrama de conceituação de caso, e você pôde compreender pensamentos, emoções e comportamentos de forma mais clara e, na Sessão 4, como seus comportamentos tornaram-se habituais por causa de seus pressupostos subjacentes. Esses comportamentos de segurança protegiam você do quê?
P: Eles me protegiam de ver-me como estranha e não sendo boa o bastante.
T: Exatamente. E nesses momentos você adquiria ao menos um pouco de segurança.
P: Certo, certo.
T: E já na quinta sessão eu pude propor um processo em que você pôde levantar a questão "Eu sou estranha". E você facilmente chegou à conclusão de que isso não era verdade, que você é normal. Pudemos retornar ao recurso, durante a Sessão 6, em que isso se tornou ainda mais claro, após você reunir elementos que mostravam que você é....
P: Uma pessoa normal.

T: E, realmente, depois disso, tudo que fizemos foi reforçar esse conhecimento. Ou seja, como a promotora interna continuava, de certa forma, a acusá-la, nós finalmente chegamos ao Processo II na Sessão 10, quando você aprendeu sobre a consciência metacognitiva. Para que possa me dar a palavra final quanto a como está se sentindo hoje, o que você imagina que virá depois?

P: Acho que posso viver com autoconfiança, pois sei que sou normal e boa o bastante. Minha vida teve um aumento de possibilidades agora. Hoje, minha condição é de liberdade.

T: E, acima de tudo, embora você possa dar vida a esses personagens, como a promotora, o advogado de defesa, a juíza, etc., você agora também pode distanciar-se deles. Isso é algo que você aprendeu, e que chamamos de metacognição. Agora você pode pensar sobre isso, e quando a promotora – que está sendo submetida a reabilitação – eventualmente disser alguma coisa, o que você fará?

P: Hoje tenho os meus recursos. Quando ela me acusa, uso todos os elementos que aprendi aqui, como "você está catastrofizando, você está supergeneralizando". Eu lhe dou respostas objetivas: "Olha, já fiz tantas coisas que eu não conseguia fazer antes, agora posso fazê-las normalmente".

T: E a partir do momento em que ela estiver reabilitada – ou seja, quando você estiver na cadeira do juiz e lhe disser: "Você está reabilitada" – você poderá acreditar nela a partir daí, não?

P: Acho que sim.

T: Como você explica esta fase no diagrama? O que você acha que estava acontecendo quando veio aqui pela primeira vez?

P: Esta seta grossa descendo indicava que as situações ativavam minha crença nuclear negativa "Eu sou estranha". [Fig. 11.1.]

T: Exatamente. É como se estivesse neste espaço. [O terapeuta aponta para a caixa da crença nuclear no nível 3 da Figura 11.1.] Você vê esta seta subindo e demonstrando que, uma vez que você é estranha, seus pensamentos correspondem a esses pensamentos ansiosos na caixa do PA? E se olhássemos este outro diagrama, você diria que o que aconteceu aqui foi isso? O que aconteceu com esta seta? [O terapeuta lhe mostra a Figura 11.2.]

P: Ela não ativa minha crença negativa nuclear "Eu sou estranha"; ela ativa diretamente a crença de que sou normal.

T: O que você imagina que vai acontecer de agora em diante, agora que essas crenças nucleares positivas ("eu sou normal" e "eu sou boa o bastante") são ativadas com mais frequência?

P: Agora essas crenças permanecem ativadas por mais tempo e com mais frequência.

T: E agora, ativando essas crenças com mais frequência, que pensamentos você diria que serão produzidos neste espaço dos pensamentos automáticos? [O terapeuta aponta para a caixa do PA na Figura 11.2.]

P: Eu socializo e encontro as pessoas normalmente, sem me sentir ansiosa. Tenho pensamentos ansiosos com menos frequência.

T: E como você explica isso de acordo com este diagrama? [O terapeuta mostra a Figura 11.3.]
P: É o que espero desta terapia: poder encontrar um equilíbrio entre meus pensamentos positivos e negativos, pois haverá um equilíbrio na ativação de minhas crenças positivas e negativas. Mas, Dr. Irismar, eu não compreendo por que a linha que indica a crença nuclear positiva é mais grossa do que a negativa. Não deve haver um equilíbrio?
T: Você tem razão. Mas neste caso, o equilíbrio significa que você tem suas crenças nucleares positivas ativadas com mais frequência e que suas crenças nucleares negativas estarão prontas para serem ativadas sempre que necessário. É um estado normal de vigilância. Crenças nucleares negativas devem ser ativadas sempre que alguma coisa dê errado, como, por exemplo quando você decide fazer alguma coisa não aprovada socialmente. Você precisa daquela voz interna lhe dizendo, "Cuidado, Leslie. Se você pegar este objeto que não lhe pertence, você será acusada. Estou aqui para lembrá-la disso. Eu sou sua promotora".

TERAPIA COGNITIVA PROCESSUAL **181**

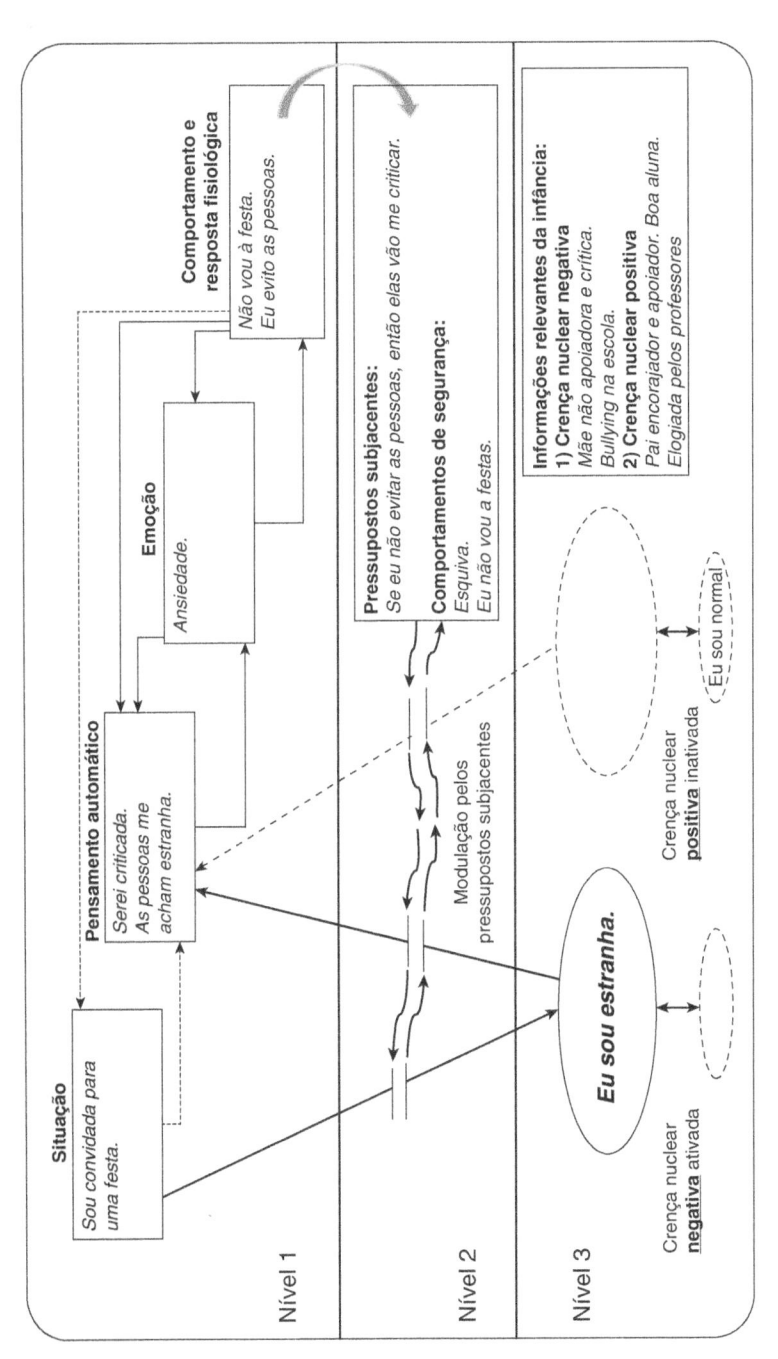

Nível 1

Situação
Sou convidada para uma festa.

Pensamento automático
Serei criticada.
As pessoas me acham estranha.

Emoção
Ansiedade.

Comportamento e resposta fisiológica
Não vou à festa.
Eu evito as pessoas.

Nível 2

Pressupostos subjacentes:
Se eu não evitar as pessoas, então elas vão me criticar.

Comportamentos de segurança:
Esquiva.
Eu não vou a festas.

Modulação pelos pressupostos subjacentes

Nível 3

Informações relevantes da infância:
1) **Crença nuclear negativa**
Mãe não apoiadora e crítica.
Bullying na escola.
2) **Crença nuclear positiva**
Pai encorajador e apoiador. Boa aluna.
Elogiada pelos professores

Eu sou normal
Crença nuclear **positiva** inativada

Eu sou estranha.
Crença nuclear **negativa** ativada

Figura 11.1 Diagrama de conceituação de Leslie antes da terapia e após o seu início (fase 1).

Nível 1

Situação
Sou convidada para uma festa.

Pensamento automático
Eu sou uma pessoa normal.

Emoção
Empolgada.

Comportamento e resposta fisiológica
Eu aceito o convite.

Nível 2

Pressupostos subjacentes:
Se eu for à festa, as pessoas podem me criticar, mas vou me divertir.
Comportamentos de segurança:
Desafiar a esquiva.

Modulação pelos pressupostos subjacentes

Nível 3

Informações relevantes da infância:
1) Crença nuclear negativa
Mãe não apoiadora e crítica.
Bullying na escola.
2) Crença nuclear positiva
Pai encorajador e apoiador. Boa aluna. Elogiada pelos professores.

Eu sou uma pessoa normal.

Crença nuclear **positiva** ativada

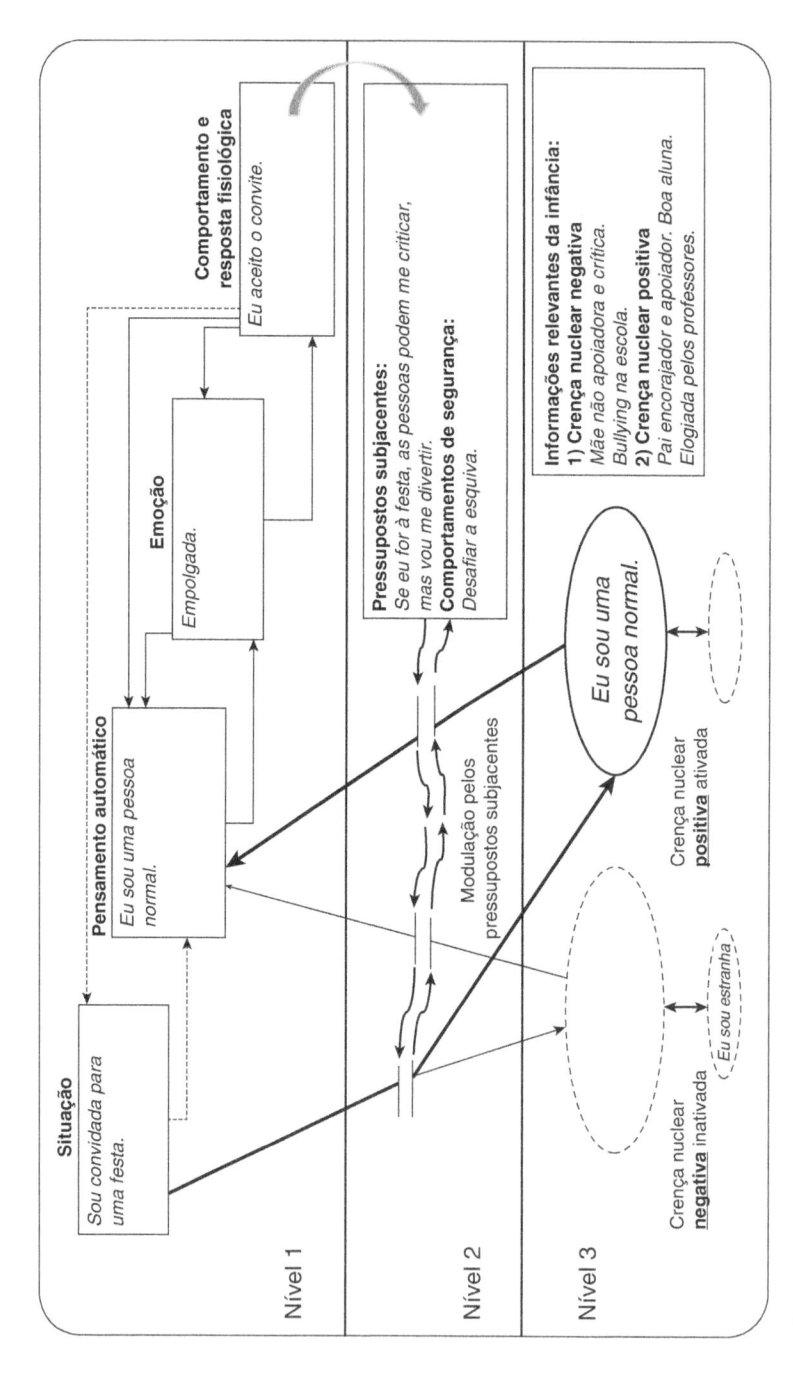

Crença nuclear **negativa** inativada
(Eu sou estranha)

Figura 11.2 Diagrama de conceituação de Leslie durante a terapia (fase 2).

TERAPIA COGNITIVA PROCESSUAL **183**

Nível 1

Situação
Preparando-me para ir ao trabalho.
Coração acelerado.

Pensamento automático
Aí vem isso de novo, mas posso enfrentá-lo.

Emoção
Vigilante, mas não ansiosa.

Comportamento e resposta fisiológica
Vou ao trabalho sozinha.

Nível 2

Pressupostos subjacentes:
Se eu não evitar as pessoas e for às festas, então aprenderei a ser mais forte.
Comportamentos de segurança:
Desafiados ao ir a festas sozinha e conhecer novas pessoas.

Modulação pelos pressupostos subjacentes

Nível 3

Informações relevantes da infância:
1) Crença nuclear negativa
Mãe não apoiadora e crítica.
Bullying na escola.
2) Crença nuclear positiva
Pai encorajador e apoiador. Boa aluna.
Elogiada pelos professores

Eu sou uma pessoa normal.

Crença nuclear **positiva** ativada

Sou fraca e estranha nesta situação específica e realmente perigosa.

(Eu sou fraca)

Crença nuclear **negativa** ativada

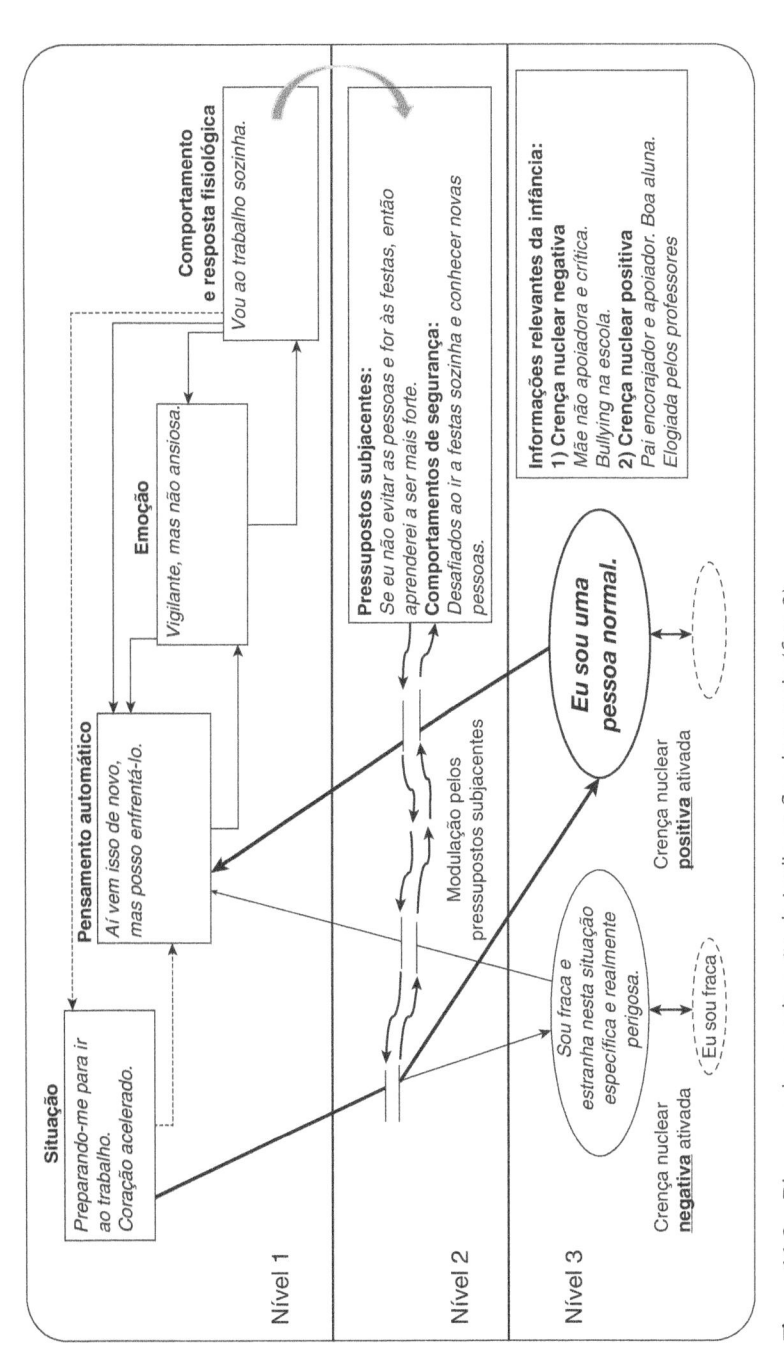

Figura 11.3 Diagrama de conceituação de Leslie no fim da terapia (fase 3).

GRADE DE PARTICIPAÇÃO BASEADA NO PROCESSO (PROCESSO III)   12

Resumo de tópicos
- Grade de participação baseada no processo (GPBP, ou Processo III)
- Ilustração de caso

Grade de participação baseada no processo (GPBP, ou Processo III)

A GPBP ou Processo III é uma modificação da torta de responsabilidade (Greenberger & Padesky, 1995). Embora sejam procedimentos muito semelhantes, em minha experiência, a grade de participação parece permitir uma exposição mais progressiva à situação evitada ou considerada vergonhosa. Além disso, ela pode ser particularmente útil para pacientes que não gostam ou que sentem-se desconfortáveis quando solicitados a desenhar. A GPBP geralmente traz um elemento de surpresa quando os pacientes calculam a soma de todas as porcentagens dadas às circunstâncias e às pessoas que participaram do acontecido, e sentem-se menos culpados ou envergonhados ao descobrir que sua participação ou responsabilidade foi mínima ou inexistente. A grade de participação pode ser usada precocemente na terapia, especialmente quando a culpa é uma queixa clara. Por exemplo, uma paciente se sentia culpada por ter sido estuprada, pois concluiu que não deveria ter retornado do trabalho para casa a pé tarde da noite. Ademais, ela não aceitou a carona oferecida por seu chefe para levá-la de carro. Com tais pacientes, essa abordagem pode ser usada precocemente, como uma preparação, mas também como um complemento para o Processo I.

Contudo, para avaliar sentimentos de culpa, antes das avaliações de participação, o terapeuta pergunta à paciente o quanto ela acredita ser culpada em relação a alguma coisa que tenha acontecido. Então, nas avaliações de participação, a paciente é encorajada a pensar em outras pessoas, fenômenos ou circunstâncias que poderiam ter "participação" no fato. Quando a culpa é transformada em participação, a paciente aceita pensar sobre outras pessoas ou circunstâncias. Sua participação é avaliada por último, depois que ela calcula a soma de outros participantes. Eu uso a palavra "participação" porque ela pode ser intencional ou não-intencional. Para um paciente religioso, concluir que a participação de Deus foi importante pode mudar dramaticamente seus sentimentos de culpa. Um paciente disse, "É um alívio tão grande aceitar que esta pode ter sido a vontade de Deus, e que não pude fazer nada para evitar". Para a primeira avaliação de participação, sugiro que o terapeuta faça as perguntas da maneira mais vaga e menos detalhada possível. Deve-se atentar para a esquiva e para o humor do paciente. Às vezes, mesmo pequenas reduções na culpa, de 5 ou 10%, podem ser surpreendentes para o paciente. Cada avaliação torna-se progressivamente mais detalhada, específica e concreta. Às vezes, é preciso até cinco avaliações para que o paciente tenha um benefício real. As avaliações são conduzidas na mesma sessão.

Ilustração de caso

Um homem casado de 60 anos atormentava-se há mais de trinta sentindo-se culpado pela morte da mãe. Ele dizia: "Eu matei minha mãe". Quando lhe perguntei quanto acreditava nisso, ele respondeu 100%. Ele a tinha levado de carro à estação rodoviária e ela tinha morrido em um acidente de trânsito. Por anos, ele evitou pensar nisso. Veja na Tabela 12.1 como esse homem reavaliou sua participação e sua culpa. Acreditando inicialmente ser 100% culpado pela morte de sua mãe, depois das avaliações de participação, sua culpa diminuiu drasticamente para 5%.

Depois que o terapeuta conduziu um questionamento socrático cuidadoso sobre outras pessoas e fatos que possivelmente contribuíram para o evento, o paciente deu as seguintes razões:

- Sua mãe decidiu viajar para acompanhar sua irmã mais jovem, que iria ser submetida a uma cirurgia eletiva. Ele disse que tinha tentado dissuadi-la, mas que ela não lhe deu ouvidos.
- Seu pai não fez nada para impedir que sua mãe fosse.
- A cirurgia de sua irmã era simples e não necessitava da presença da mãe. Sua irmã não tentou dissuadi-la.
- O motorista de sua mãe estava doente e não pôde levá-la à estação rodoviária, tendo sido este o motivo pelo qual ela pediu que ele a levasse.
- O motorista do ônibus deve ter tido alguma participação, pois estava chovendo e talvez ele não tenha sido cauteloso.
- Estava chovendo, então o tempo também contribuiu.

Tabela 12.1 Grade de participação baseada no processo (GPBP, ou Processo III)

Eu acredito ser *100%* culpado pela *morte de minha mãe*.

Avaliação da participação	Primeira avaliação	Segunda avaliação	Terceira avaliação	Quarta avaliação	Quinta avaliação
Eu	30	15	5		
Minha mãe	10	20	20		
Meu pai	10	15	20		
Minha irmã	20	20	20		
O motorista de minha mãe	10	10	10		
O motorista do ônibus	15	15	20		
O tempo	5	5	5		
Porcentagem total	100	100	100	100	100

Eu acredito ser *5%* culpado pela *morte de minha mãe*.

CONCLUSÃO

A TCP é uma abordagem flexível

O terapeuta pode iniciar a terapia usando qualquer uma de suas técnicas a partir de qualquer nível cognitivo descrito no diagrama de conceituação cognitiva (DCC) da TCP abordado no Capítulo 1 (Fig. 1.2). A TCP pode ser adaptada aos pacientes e deve adaptar-se a suas atuais dificuldades. A Tabela C.1 resume as técnicas da TCP.

Ela pode ser descrita como uma abordagem integrativa assimilativa (Messer, 1992), tendo a terapia cognitiva como principal modelo teórico e incorporando e assimilando técnicas de outras abordagens.

Embora este manual descreva o uso de TCP em 12 sessões, essa descrição não deve ser feita ao pé da letra. Pelo contrário, uma sessão típica pode ser repetida uma ou duas vezes, às vezes mais, se necessário. Por exemplo, se o paciente não compreende de forma clara determinada técnica ou é incapaz de usá-la de maneira independente (p. ex., registro de pensamento intrapessoal [RP-Intra]), o terapeuta deve encorajá-lo a continuar praticando seu uso até que ele se sinta confiante e hábil. Por outro lado, algumas técnicas de TCP parecem não repercutir nos problemas de um determinado paciente ou parecem não agradá-lo. Nesse caso, o terapeuta deve escolher outra técnica, contanto que a razão lógica para isso seja exposta ao paciente antes de passar para uma técnica diferente. Por exemplo, para alguns pacientes, identificar pensamentos automáticos (PAs) e reestruturar cognições no primeiro nível (explicados no Capítulo 1) são particularmente difíceis. Nesses casos, sugiro que o terapeuta vá para o nível 2 e use experimentos comportamentais com o auxílio do cartão de hierarquia de sintomas codificados por cores (HSCC) e do *role-play* consensual (RPC) (descritos no Capítulo 4) com o intuito de desafiar e modificar pressupostos subjacentes disfuncionais. Às vezes, o terapeuta e o paciente dispõem de um número limitado de sessões, como quando o paciente está hospitalizado por um breve período de tempo. Não é raro que o terapeuta e o paciente tenham apenas uma consulta, e neste caso, dependendo do nível educacional do paciente, suas dificuldades podem ser abordadas imediatamente por meio do Processo I – a principal técnica da TCP –, que normalmente é usada após preparação de um mês com quatro sessões.

Em suma, embora a TCP tenha uma sequência lógica, com início, meio e fim, a natureza circular das cognições permite que a terapia se inicie em qualquer um dos circuitos cognitivos e nos três níveis cognitivos mostrados no Capítulo 1.

Tabela C1 Resumo de técnicas, diagramas e formulários da terapia cognitiva processual (TCP). As colunas 2 e 3 mostram em quais sessões e níveis cognitivos são geralmente usados

Técnicas/Diagramas/Formulários	Sessões	Nível cognitivo
Diagrama de conceituação de caso	Todas as sessões	1, 2 e 3
Questionário de distorções cognitivas (CD-Quest)	Toda sessão a partir da Sessão 2	1
Registro de pensamento intrapessoal (RP-Intra)	Qualquer sessão a partir da Sessão 2 ou 3, conforme necessário	1
Registro de pensamento interpessoal (RP-Inter)	Qualquer sessão a partir da Sessão 2 ou 3, conforme necessário	1
Hierarquia de sintomas codificados por cores (HSCC)	Qualquer sessão a partir da Sessão 3 ou 4, conforme necessário	2
Role-play consensual (RPC)	Qualquer sessão a partir da Sessão 3 ou 4, conforme necessário	2
Registro de pensamento baseado no processo (RPBP ou Processo I)		3
Primeiro uso:	Geralmente a partir da Sessão 5	
Sob a forma de recurso:	Após primeiro uso	
Para crenças múltiplas simultaneamente	Geralmente após reestruturar 2 ou 3 crenças individuais	
Consciência metacognitiva baseada no processo (CMBP, ou Processo II)	Geralmente a partir da Sessão 7	3
Avaliação da participação baseada no processo (GPBP, ou Processo III)	Qualquer sessão (conforme necessário) para culpa/vergonha	1, 2 e 3
Relaxamento com a metáfora do barco a vela	Geralmente a partir da Sessão 7	1, 2 e 3

APÊNDICE
Diagramas e Formulários em Branco para Serem Usados com e pelos Pacientes

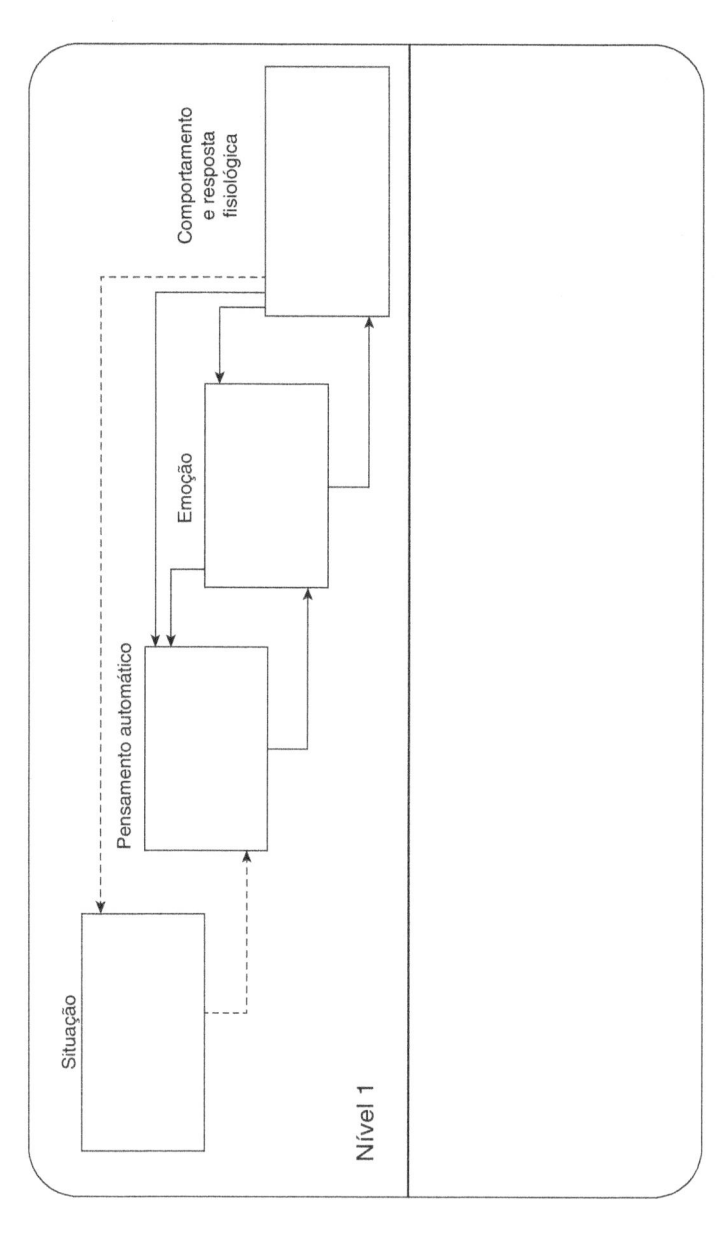

Figura A1 Diagrama de conceituação da TCP (fase 1, nível 1).

© 2015, *Trial-Based Cognitive Therapy*, Irismar Reis de Oliveira, Routledge

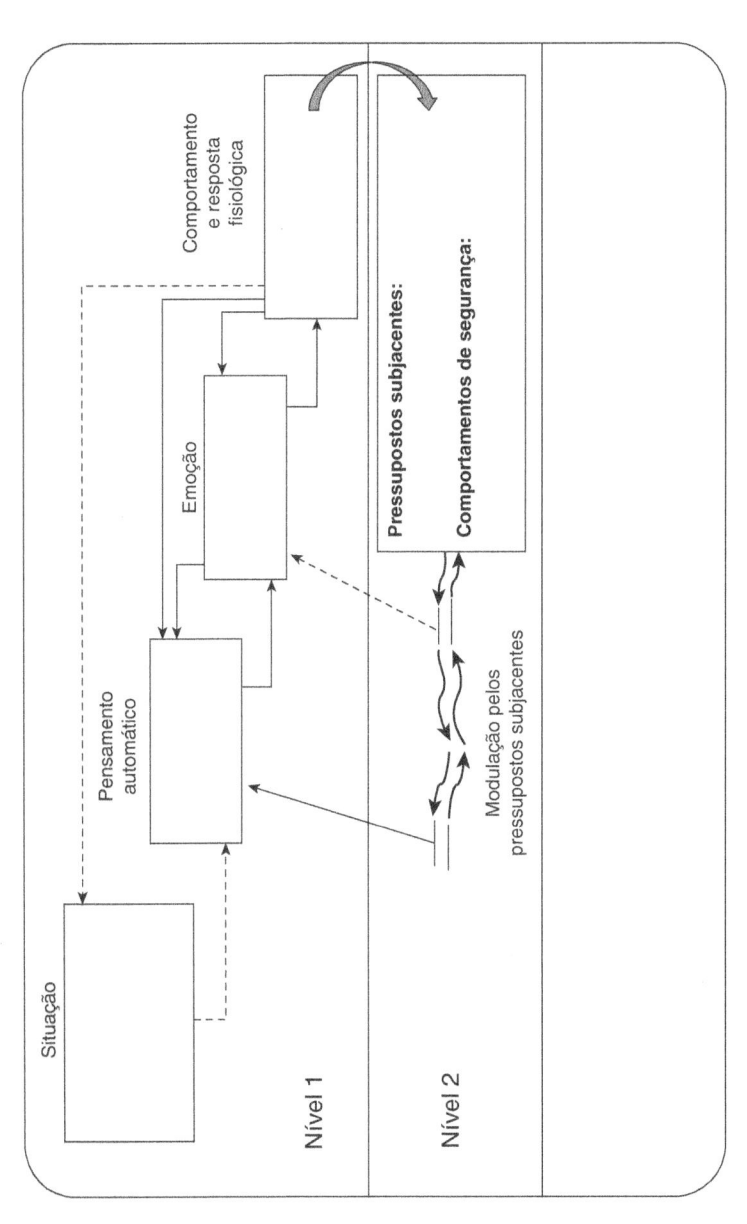

Figura A2 Diagrama de conceituação da TCP (fase 1, níveis 1 e 2).

© 2015, *Trial-Based Cognitive Therapy*, Irismar Reis de Oliveira, Routledge

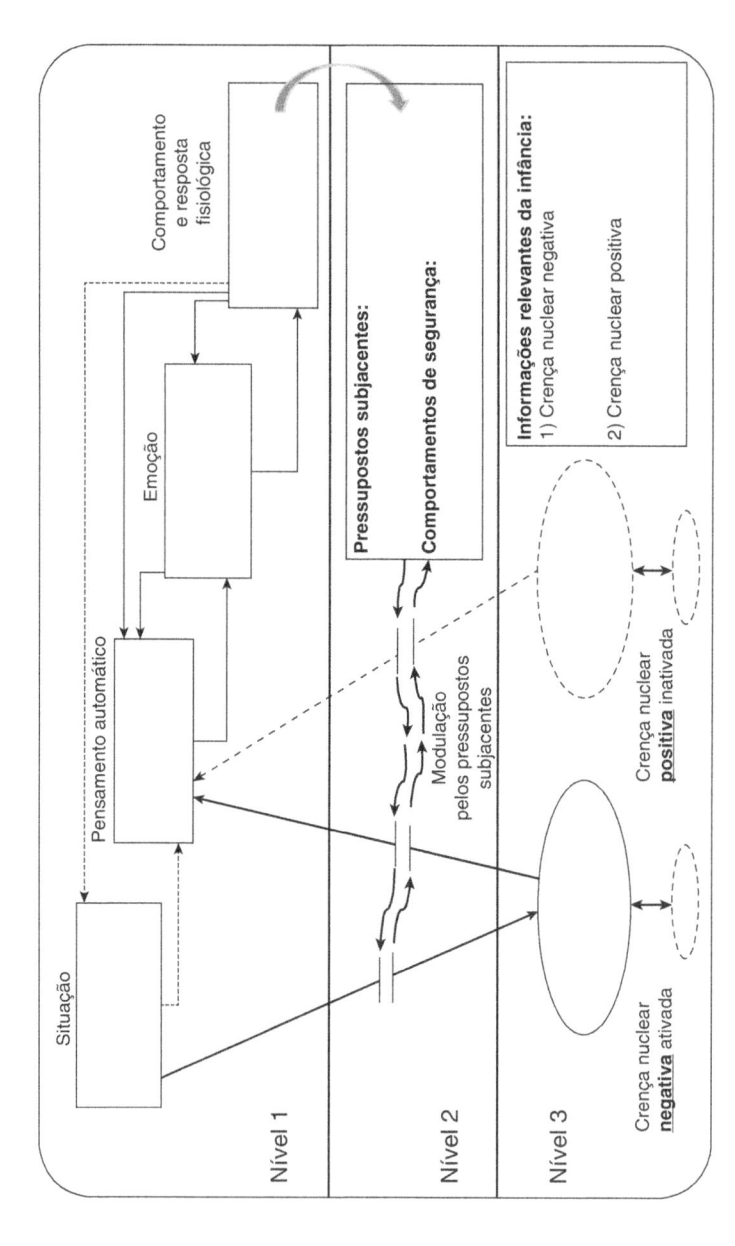

Figura A3 Diagrama de conceituação da TCP (fase 1, níveis 1 a 3).

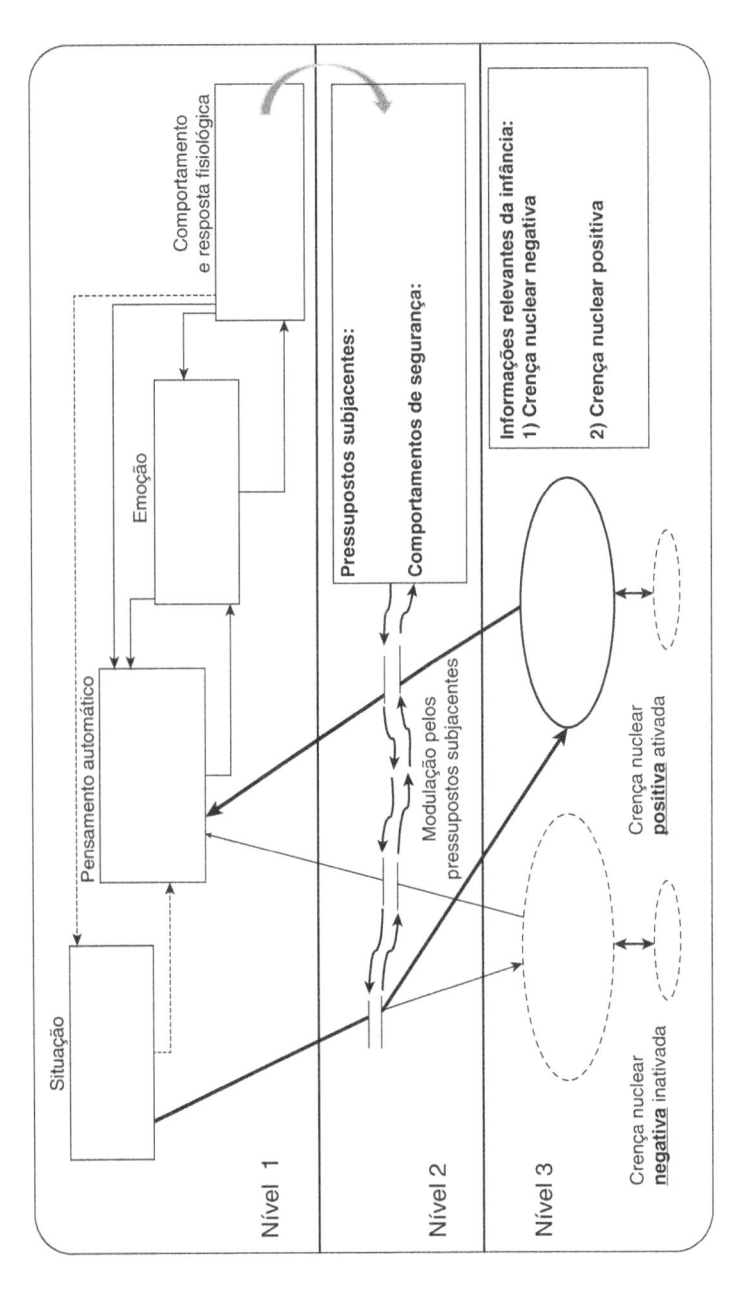

Figura A4 Diagrama de conceituação da TCP (fase 2, níveis 1 a 3).

© 2015, *Trial-Based Cognitive Therapy*, Irismar Reis de Oliveira, Routledge

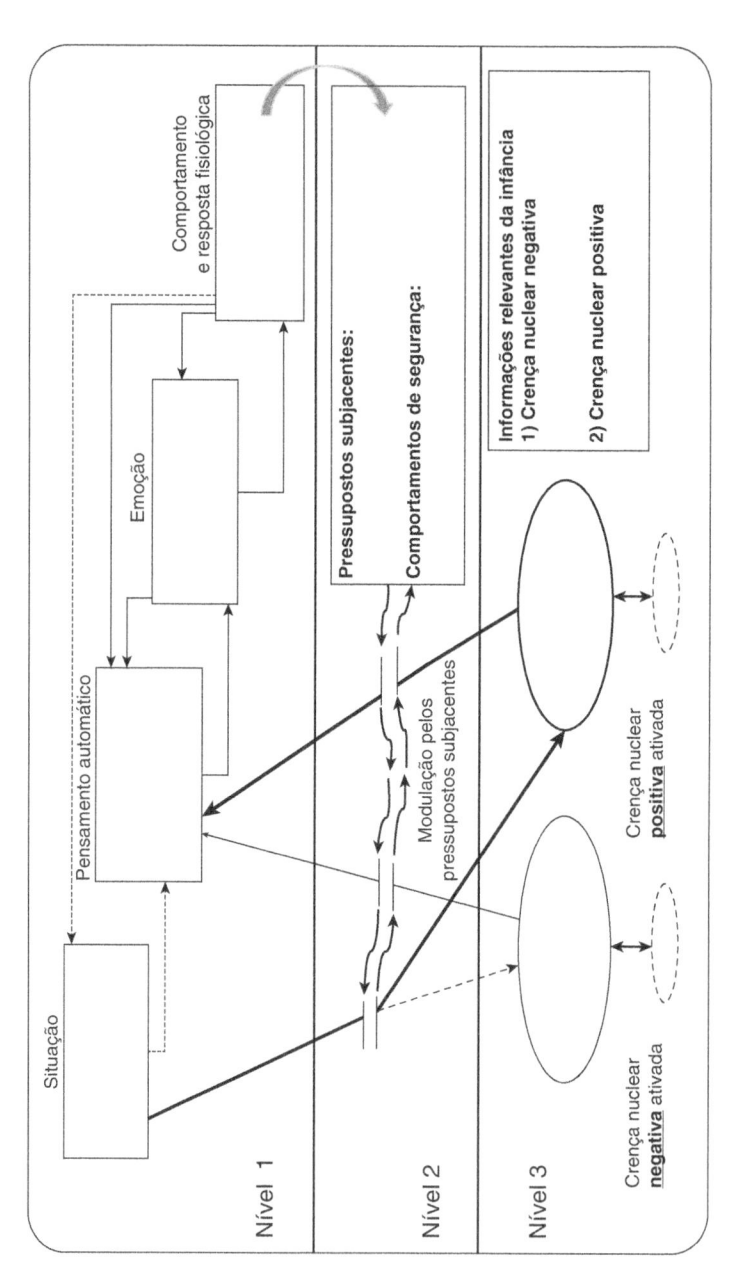

Figura A5 Diagrama de conceituação da TCP (fase 3, níveis 1 a 3).

© 2015, *Trial-Based Cognitive Therapy*, Irismar Reis de Oliveira, Routledge

Situação

1. O que está acontecendo?

Pensamento automático (PA)

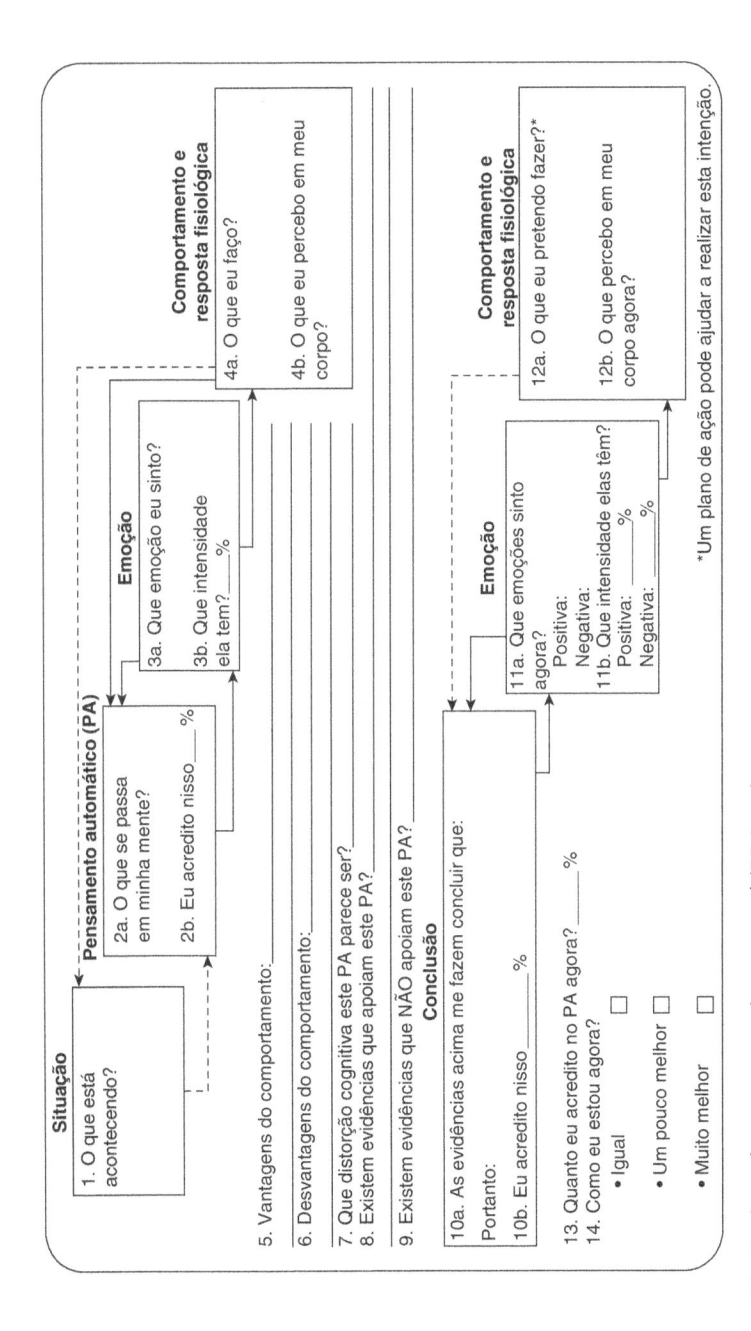

2a. O que se passa em minha mente?
2b. Eu acredito nisso ____%

Emoção

3a. Que emoção eu sinto?
3b. Que intensidade ela tem? ____%

Comportamento e resposta fisiológica

4a. O que eu faço?
4b. O que eu percebo em meu corpo?

5. Vantagens do comportamento:
6. Desvantagens do comportamento:
7. Que distorção cognitiva este PA parece ser?
8. Existem evidências que apoiam este PA?
9. Existem evidências que NÃO apoiam este PA?

Conclusão

10a. As evidências acima me fazem concluir que:
Portanto:
10b. Eu acredito nisso ____%
13. Quanto eu acredito no PA agora? ____%
14. Como eu estou agora?
  • Igual
  • Um pouco melhor ☐
  • Muito melhor ☐

Emoção

11a. Que emoções sinto agora?
Positiva:
Negativa:
11b. Que intensidade elas têm?
Positiva: ____%
Negativa: ____%

Comportamento e resposta fisiológica

12a. O que eu pretendo fazer?*
12b. O que percebo em meu corpo agora?

*Um plano de ação pode ajudar a realizar esta intenção.

Figura A6 Registro de pensamento intrapessoal (RP-Intra).

© 2015, *Trial-Based Cognitive Therapy*, Irismar Reis de Oliveira, Routledge

Eu

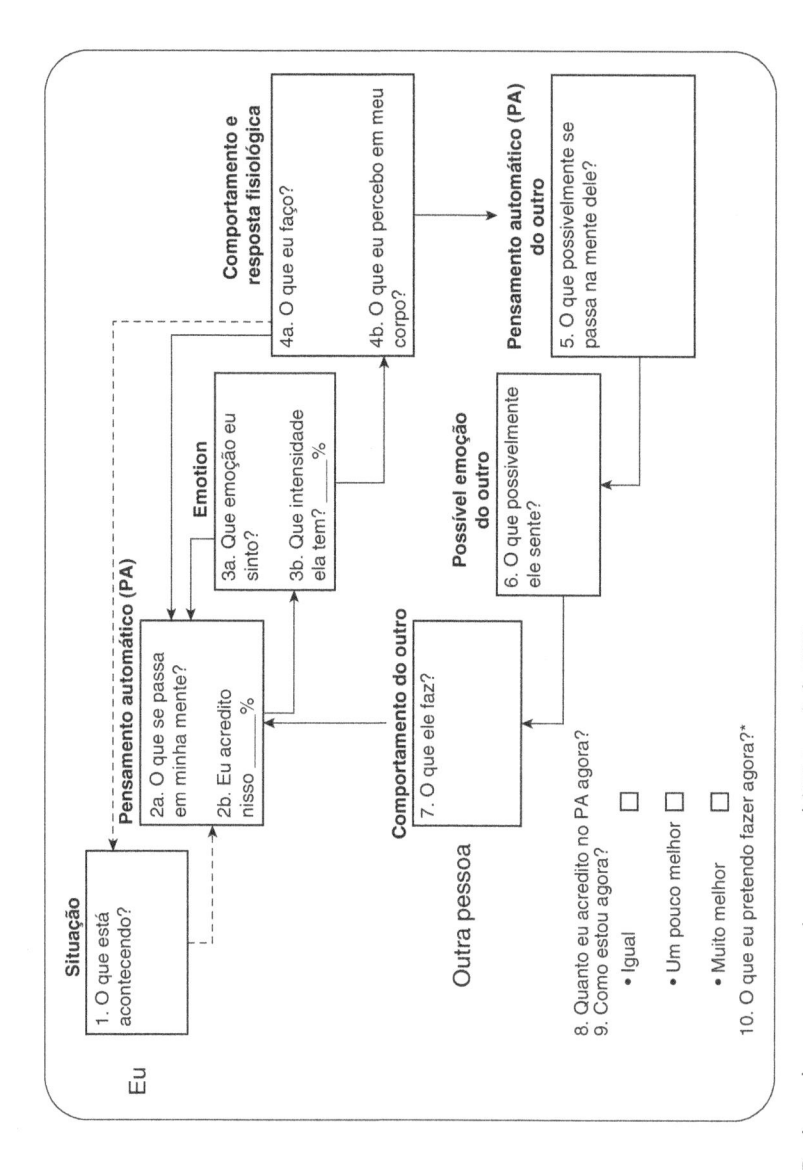

Situação
1. O que está acontecendo?

Pensamento automático (PA)
2a. O que se passa em minha mente?
2b. Eu acredito nisso _____ %

Emotion
3a. Que emoção eu sinto?
3b. Que intensidade ela tem? _____ %

Comportamento e resposta fisiológica
4a. O que eu faço?
4b. O que eu percebo em meu corpo?

Outra pessoa

Comportamento do outro
7. O que ele faz?

Possível emoção do outro
6. O que possivelmente ele sente?

Pensamento automático (PA) do outro
5. O que possivelmente se passa na mente dele?

8. Quanto eu acredito no PA agora?
9. Como estou agora?
 • Igual ☐
 • Um pouco melhor ☐
 • Muito melhor ☐
10. O que eu pretendo fazer agora?*

Figura A7 Registro de pensamento interpessoal (RP-Inter) da TCP.

© 2015, *Trial-Based Cognitive Therapy*, Irismar Reis de Oliveira, Routledge

0	A exposição é confortável ou indiferente
1	A exposição é um pouco desconfortável
2	A exposição é desconfortável
3	A exposição é muito desconfortável
4	A exposição provoca sofrimento tal que eu faço apenas se for realmente necessário
5	A exposição sofrimento tal que não consigo me imaginar fazendo

- Os sintomas cinza-claros (0 e 1) não são razão para preocupação
- Os sintomas cinza-médios (2 e 3) devem sempre ser desafiados
- Os sintomas cinza-escuros (4) são desafiados na sessão ou com ajuda do terapeuta
- Os sintomas pretos (5) NUNCA são desafiados

Figura A8 Cartão de Hierarquia de Sintomas Codificados por Cores (HSCC) para facilitar a implementação da exposição.

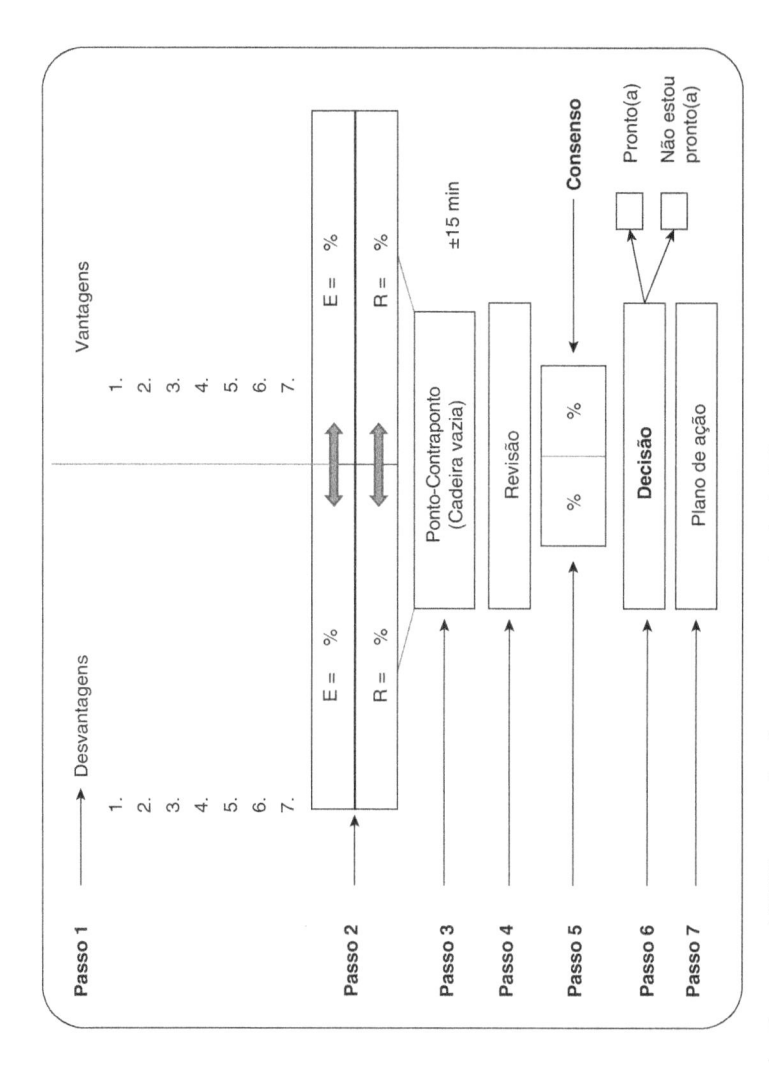

Passo 1 → Desvantagens   Vantagens
1.   1.
2.   2.
3.   3.
4.   4.
5.   5.
6.   6.
7.   7.

Passo 2 E = %   /   E = %
             R = %   /   R = %

Passo 3 Ponto-Contraponto (Cadeira vazia) — ±15 min

Passo 4 Revisão

Passo 5 % / %

Consenso

Passo 6 **Decisão** → Pronto(a) / Não estou pronto(a)

Passo 7 Plano de ação

Figura A9 *Role-play* Consensual (RPC), uma abordagem para tomada de decisões.

© 2015, *Trial-Based Cognitive Therapy*, Irismar Reis de Oliveira, Routledge

1. Ações propostas:
   a. _____
   b. _____
   c. _____
   d. _____
2. Possíveis obstáculos às ações:
   a. _____
   b. _____
   c. _____
   d. _____
3. Soluções para os obstáculos:
   a. _____
   b. _____
   c. _____
   d. _____
4. Quando implementar as ações propostas:
   a. _____
   b. _____
   c. _____
   d. _____
5. Acompanhamento:
   a. _____
   b. _____
   c. _____
   d. _____

Figura A10 Plano de ação.

© 2015, *Trial-Based Cognitive Therapy*, Irismar Reis de Oliveira, Routledge

Tabela A1 Lista de distorções cognitivas do CD-Quest

Por favor, leia as definições e exemplos de distorções cognitivas abaixo, para aprender a identificar seus próprios exemplos. Registre esses exemplos na quarta coluna, "Meus exemplos"

Distorção cognitiva	Definição	Exemplos	Meus exemplos
1. Pensamento dicotômico (também denominado pensamento do tipo tudo ou nada, preto e branco ou polarizado.	Vejo a situação, a pessoa ou o acontecimento apenas em termos de "uma coisa ou outra", colocando-as em apenas duas categorias extremas em vez de em um *continuum*.	"Eu cometi um erro, logo meu rendimento foi um fracasso." "Comi mais do que pretendia; portanto estraguei completamente minha dieta."	
2. Previsão do futuro (também denominada catastrofização)	Antecipo o futuro em termos negativos e acredito que o que acontecerá será tão horrível que eu não vou suportar.	"Vou fracassar e isso será insuportável." "Vou ficar tão perturbado que não conseguirei me concentrar na prova."	
3. Desqualificação dos aspectos positivos	Desqualifico e desvalorizo as experiências e acontecimentos positivos insistindo que eles não são importantes.	"Fui aprovado no exame, mas foi apenas sorte." "Entrar para a universidade não é grande coisa, qualquer um consegue."	
4. Raciocínio emocional	Acredito que minhas emoções refletem o que as coisas realmente são e deixo que elas guiem minhas atitudes e julgamentos.	"Eu acho que ela me ama, portanto, deve ser verdade." "Tenho pavor de aviões; logo, voar deve ser perigoso." "Meus sentimentos dizem que não devo acreditar nele."	
5. Rotulação	Coloco um rótulo fixo, global e geralmente negativo em mim ou nos outros.	"Sou um fracassado." "Ele é uma pessoa podre." "Ela é uma completa imbecil."	
6. Ampliação/ minimização	Avalio a mim mesmo, aos outros e às situações ampliando os aspectos negativos e/ou minimizando os aspectos positivos.	"Consegui um 8 na prova. Isso demonstra o quanto meu desempenho foi ruim." "Consegui um 10. Isto significa que o teste foi muito fácil."	

7. Abstração seletiva (também denominada filtro mental e visão em túnel)	Presto atenção em um ou em poucos detalhes e não consigo ver o quadro inteiro.	"Miguel apontou um erro em meu trabalho. Então, posso ser despedido." (não considerando o retorno positivo de Miguel.) "Não consigo esquecer que aquela informação que dei durante minha apresentação estava errada." (deixando de considerar o sucesso da apresentação e os aplausos das pessoas.)
8. Leitura mental	Acredito que conheço os pensamentos e intenções dos outros (ou que eles conhecem meus pensamentos e intenções) sem ter evidências suficientes.	"Ele está pensando que eu falhei." "Ela pensou que eu não conhecia o projeto." "Ele sabe que eu não gosto de ser tocada deste jeito."
9. Supergeneralização	Tomo casos negativos isolados e os generalizo, tornando-os um padrão interminável com o uso repetido de palavras como "sempre", "nunca", "jamais", "todo", "inteiro", etc.	"Estava chovendo esta manhã, o que significa que choverá todo o fim de semana." "Que azar! Perdi o avião; logo, isso vai estragar minhas férias inteiras." "Minha dor de cabeça nunca vai passar."
10. Personalização	Assumo que os comportamentos dos outros e que eventos externos dizem respeito (ou são direcionados) a mim, sem considerar outras explicações plausíveis.	"Me senti mal porque a moça da caixa não me agradeceu." (Sem considerar que ela não agradeceu a ninguém.) "Meu marido me deixou porque eu fui uma má esposa" (Sem considerar que ela foi sua quarta esposa.)
11. Afirmações do tipo "deveria" (também "devia", "devo", "tenho de")	Digo a mim mesmo que os acontecimentos, os comportamentos das pessoas e as minhas próprias atitudes "deveriam" ser da forma que espero que sejam e não como realmente são.	"Eu deveria ter sido uma mãe melhor". "Ele deveria ter se casado com Ana em vez de Maria." "Eu não devia ter cometido tantos erros."
12. Conclusões precipitadas	Tiro conclusões (negativas ou positivas) a partir de nenhuma ou de poucas evidências confirmatórias.	"Logo que o vi, soube que ele faria um trabalho deplorável." "Ele olhou para mim de um modo que logo concluí que ele foi o responsável pelo acidente."

(Continua)

© 2015, *Trial-Based Cognitive Therapy*, Irismar Reis de Oliveira, Routledge

Tabela A1 *(Continuação)*

Distorção cognitiva	Definição	Exemplos	Meus exemplos
13. Culpar (a outros ou a si mesmo)	Considero os outros como fontes de meus sentimentos e experiências, deixando de considerar minha própria responsabilidade; ou, inversamente, responsabilizo-me pelos comportamentos e atitudes de outros.	"Meus pais são os únicos culpados por minha infelicidade." "É minha culpa que meu filho tenha se casado com uma pessoa tão egoísta e descuidada."	
14. E se?	Fico me fazendo perguntas do tipo "e se acontecer alguma coisa?"	"E se eu bater o carro?" "E se eu tiver um ataque cardíaco?" "E se meu marido me deixar?"	
15. Comparações injustas	Comparo-me com outras pessoas que parecem se sair melhor do que eu e me coloco em posição de desvantagem.	"Meu pai prefere meu irmão mais velho a mim porque ele é mais inteligente do que eu." "Não consigo suportar o fato de ela ter mais sucesso do que eu."	

*Copyright: Irismar Reis de Oliveira; http://trial-basedcognitivetherapy.com.

Questionário de Distorções Cognitivas (CD-Quest)

Irismar Reis de Oliveira, MD, PhD
Departamento de Neurociências e Saúde Mental
Universidade Federal da Bahia, Brasil

Todos nós temos milhares de pensamentos durante o dia. Esses pensamentos são palavras, frases e imagens que vêm à nossa mente enquanto estamos fazendo coisas. Muitos desses pensamentos são corretos, mas muitos são distorcidos. Por isso, são chamados de erros cognitivos ou distorções cognitivas.

Por exemplo, Paulo é um jornalista competente que teve seu trabalho de 10 páginas avaliado por João, editor de um importante jornal local. João fez correções em um parágrafo do texto e fez algumas sugestões de menor importância. Embora aprovasse o texto de Paulo, este ficou ansioso e pensou: "Este trabalho está muito ruim. Se estivesse bom, João não teria feito qualquer correção".

Para Paulo, ou o trabalho é bom ou é ruim. Esse tipo de erro de pensamento é, às vezes, chamado de pensamento dicotômico. Como esse pensamento voltou à mente de Paulo várias vezes de sexta-feira a domingo (três dias), e Paulo acreditou nele pelo menos 75%, ele fez um círculo em torno do número 4 na quarta coluna da grade abaixo.

1. **Pensamento dicotômico (também chamado pensamento tudo ou nada, preto e branco ou polarizado):** Eu vejo a situação, a pessoa ou o acontecimento em termos de "tudo ou nada", encaixando-os em apenas duas categorias extremas em vez de em um *continuum*.

EXEMPLOS: "Eu cometi um erro; portanto, sou um fracasso"; "Comi mais do que planejei; portanto, estraguei completamente a minha dieta." Exemplo de Paulo: "Este trabalho está muito ruim. Se estivesse bom, João não teria feito qualquer correção."

Frequência:	Não (Não ocorreu)	Ocasional (1-2 dias durante esta semana)	Boa parte do tempo (3-5 dias durante esta semana)	Quase todo o tempo (6-7 dias durante esta semana)
Intensidade: Acreditei...	0			
Um pouco (até 30%)		1	2	3
Médio (31 a 70%)		2	3	4
Muito (mais de 70%)		3	④	5

Por favor, vire a página e avalie seu próprio estilo de pensamento.

Copyright: Irismar Reis de Oliveira; http//trial-basedcognitivetherapy.com

Questionário de Distorções Cognitivas
CD-Quest
Irismar Reis de Oliveira, MD, PhD

Nome: _____ Data: _____

Faça um círculo em torno do número correspondente a cada opção abaixo, indicando os erros ou distorções cognitivas que você notou estar fazendo *durante esta semana*. Ao avaliar cada distorção cognitiva, por favor, indique o quanto você acreditou nela no momento em que ocorreu (não o quanto você acredita agora) e com que frequência ela ocorreu.

DURANTE A SEMANA PASSADA, PERCEBI QUE ESTAVA PENSANDO DA SEGUINTE FORMA:

1. **Pensamento dicotômico (também denominado pensamento do tipo tudo ou nada, preto e branco ou polarizado):** Eu vejo a situação, a pessoa ou o acontecimento em termos de "uma coisa ou outra", colocando-as em apenas duas categorias extremas em vez de em um *continuum*.
EXEMPLOS: "Eu cometi um erro; portanto, sou um fracasso." "Comi mais do que planejei; portanto, estraguei completamente minha dieta."

Frequência:	Não (Não ocorreu)	Ocasional (1-2 dias durante esta semana)	Boa parte do tempo (3-5 dias durante esta semana)	Quase todo o tempo (6-7 dias durante esta semana)
Intensidade: Acreditei...	0			
Um pouco (até 30%)		1	2	3
Médio (31 a 70%)		2	3	4
Muito (mais de 70%)		3	4	5

2. **Previsão do futuro (também denominada catastrofização):** Antecipo o futuro em termos negativos e acredito que o que acontecerá será tão horrível que eu não vou suportar.
EXEMPLOS: "Vou fracassar e isso será insuportável". "Vou ficar tão perturbado que não conseguirei me concentrar na prova."

Frequência:	Não (Não ocorreu)	Ocasional (1-2 dias durante esta semana)	Boa parte do tempo (3-5 dias durante esta semana)	Quase todo o tempo (6-7 dias durante esta semana)
Intensidade: Acreditei...	0			
Um pouco (até 30%)		1	2	3
Médio (31 a 70%)		2	3	4
Muito (mais de 70%)		3	4	5

3. **Desqualificação dos aspectos positivos:** Desqualifico e desvalorizo experiências e acontecimentos positivos, insistindo que eles não são importantes.

EXEMPLOS: "Fui aprovado no exame, mas foi apenas sorte." "Entrar para a universidade não é grande coisa, qualquer um consegue."

Frequência:	Não (Não ocorreu)	Ocasional (1-2 dias durante esta semana)	Boa parte do tempo (3-5 dias durante esta semana)	Quase todo o tempo (6-7 dias durante esta semana)
Intensidade: Acreditei...	0			
Um pouco (até 30%)		1	2	3
Médio (31 a 70%)		2	3	4
Muito (mais de 70%)		3	4	5

4. **Raciocínio emocional:** Acredito que minhas emoções refletem o que as coisas realmente são e as deixo que elas guiem minhas atitudes e meus julgamentos.

EXEMPLOS: "Eu acho que ela me ama; portanto, deve ser verdade." "Tenho pavor de aviões; logo, voar deve ser perigoso." "Meus sentimentos dizem que não devo acreditar nele."

Frequência:	Não (Não ocorreu)	Ocasional (1-2 dias durante esta semana)	Boa parte do tempo (3-5 dias durante esta semana)	Quase todo o tempo (6-7 dias durante esta semana)
Intensidade: Acreditei...	0			
Um pouco (até 30%)		1	2	3
Médio (31 a 70%)		2	3	4
Muito (mais de 70%)		3	4	5

© 2015, *Trial-Based Cognitive Therapy*, Irismar Reis de Oliveira, Routledge

5. **Rotulação:** Coloco um rótulo fixo global e geralmente negativo, em mim ou nos outros.

EXEMPLOS: "Sou um fracassado." "Ele é uma pessoa podre." "Ela é uma completa imbecil."

Frequência:	Não (Não ocorreu)	Ocasional (1-2 dias durante esta semana)	Boa parte do tempo (3-5 dias durante esta semana)	Quase todo o tempo (6-7 dias durante esta semana)
Intensidade: Acreditei...	0			
Um pouco (até 30%)		1	2	3
Médio (31 a 70%)		2	3	4
Muito (mais de 70%)		3	4	5

6. **Ampliação/minimização:** Avalio a mim mesmo(a), aos outros e às situações ampliando os aspectos negativos e/ou minimizando os aspectos positivos.

EXEMPLOS: "Consegui um 8 na prova. Isso demonstra o quanto meu desempenho foi ruim." "Consegui um 10. Isso significa que o teste foi muito fácil."

Frequência:	Não (Não ocorreu)	Ocasional (1-2 dias durante esta semana)	Boa parte do tempo (3-5 dias durante esta semana)	Quase todo o tempo (6-7 dias durante esta semana)
Intensidade: Acreditei...	0			
Um pouco (até 30%)		1	2	3
Médio (31 a 70%)		2	3	4
Muito (mais de 70%)		3	4	5

7. **Abstração seletiva (também denominada filtro mental e visão em túnel):** Presto atenção em um ou em poucos detalhes e não consigo ver o quadro inteiro.

EXEMPLOS: "Miguel apontou um erro em meu trabalho. Então, posso ser despedido." (Não considerando o retorno positivo de Miguel). "Não consigo esquecer que aquela informação que dei durante minha apresentação estava errada." (Deixando de considerar o sucesso da apresentação e os aplausos das pessoas.)

Frequência:	Não (Não ocorreu)	Ocasional (1-2 dias durante esta semana)	Boa parte do tempo (3-5 dias durante esta semana)	Quase todo o tempo (6-7 dias durante esta semana)
Intensidade: Acreditei...	0			
Um pouco (até 30%)		1	2	3
Médio (31 a 70%)		2	3	4
Muito (mais de 70%)		3	4	5

8. **Leitura mental:** Acredito que conheço os pensamentos ou as intenções dos outros (ou que eles conhecem meus pensamentos ou intenções) sem ter evidências suficientes.
EXEMPLOS: "Ele está pensando que eu falhei." "Ela achou que eu não conhecia o projeto." "Ele sabe que eu não gosto de ser tocado(a) desse jeito."

Frequência:	Não (Não ocorreu)	Ocasional (1-2 dias durante esta semana)	Boa parte do tempo (3-5 dias durante esta semana)	Quase todo o tempo (6-7 dias durante esta semana)
Intensidade: Acreditei...	0			
Um pouco (até 30%)		1	2	3
Médio (31 a 70%)		2	3	4
Muito (mais de 70%)		3	4	5

9. **Supergeneralização:** Tomo casos negativos isolados e os generalizo, transformando-os em um padrão interminável com o uso repetido de palavras como "sempre", "nunca", "jamais", "todo", "inteiro", etc.
EXEMPLOS: "Estava chovendo esta manhã, o que significa que choverá todo o fim de semana." "Que azar! Perdi o avião; logo, isso vai estragar minhas férias inteiras." "Minha dor de cabeça nunca vai passar."

Frequência:	Não (Não ocorreu)	Ocasional (1-2 dias durante esta semana)	Boa parte do tempo (3-5 dias durante esta semana)	Quase todo o tempo (6-7 dias durante esta semana)
Intensidade: Acreditei...	0			
Um pouco (até 30%)		1	2	3
Médio (31 a 70%)		2	3	4
Muito (mais de 70%)		3	4	5

© 2015, *Trial-Based Cognitive Therapy*, Irismar Reis de Oliveira, Routledge

10. **Personalização:** Assumo que os comportamentos dos outros e que eventos externos dizem respeito (ou são direcionados) a mim, sem considerar outras explicações plausíveis.

EXEMPLOS: "Me senti mal porque a moça do caixa não me agradeceu" (sem considerar que ela não agradeceu ninguém). "Meu marido me deixou porque eu era uma péssima esposa." (Sem considerar que ela era sua quarta esposa.)

Frequência:	Não (Não ocorreu)	Ocasional (1-2 dias durante esta semana)	Boa parte do tempo (3-5 dias durante esta semana)	Quase todo o tempo (6-7 dias durante esta semana)
Intensidade: Acreditei...	0			
Um pouco (até 30%)		1	2	3
Médio (31 a 70%)		2	3	4
Muito (mais de 70%)		3	4	5

11. **Afirmações do tipo "deveria" (também "devia", "devo", "tenho de"):** Digo a mim mesmo que os acontecimentos, os comportamentos das pessoas e as minhas próprias atitudes "deveria" ser da forma que espero que sejam e não como realmente são.

EXEMPLOS: "Eu deveria ter sido uma mãe melhor." "Ele deveria ter se casado com Ana em vez de Maria." "Eu não devia ter cometido tantos erros."

Frequência:	Não (Não ocorreu)	Ocasional (1-2 dias durante esta semana)	Boa parte do tempo (3-5 dias durante esta semana)	Quase todo o tempo (6-7 dias durante esta semana)
Intensidade: Acreditei...	0			
Um pouco (até 30%)		1	2	3
Médio (31 a 70%)		2	3	4
Muito (mais de 70%)		3	4	5

© 2015, *Trial-Based Cognitive Therapy*, Irismar Reis de Oliveira, Routledge

12. **Conclusões precipitadas (também conhecidas como inferências arbitrárias):** Tiro conclusões (negativas ou positivas) a partir de nenhuma ou de poucas evidências confirmatórias.
EXEMPLOS: "Logo que o vi, soube que ele faria um trabalho deplorável." "Ele olhou para mim de um modo que logo concluí que ele foi o responsável pelo acidente."

Frequência:	Não (Não ocorreu)	Ocasional (1-2 dias durante esta semana)	Boa parte do tempo (3-5 dias durante esta semana)	Quase todo o tempo (6-7 dias durante esta semana)
Intensidade: Acreditei...	0			
Um pouco (até 30%)		1	2	3
Médio (31 a 70%)		2	3	4
Muito (mais de 70%)		3	4	5

13. **Culpar (a outros ou a si mesmo):** Considero os outros como fontes de meus sentimentos e experiências, deixando de considerar minha própria responsabilidade; ou, inversamente, responsabilizo-me pelos comportamentos e atitudes de outros.
EXEMPLOS: "Meus pais são os únicos culpados por minha infelicidade." "É minha culpa que meu filho tenha se casado com uma pessoa tão egoísta e indiferente."

Frequência:	Não (Não ocorreu)	Ocasional (1-2 dias durante esta semana)	Boa parte do tempo (3-5 dias durante esta semana)	Quase todo o tempo (6-7 dias durante esta semana)
Intensidade: Acreditei...	0			
Um pouco (até 30%)		1	2	3
Médio (31 a 70%)		2	3	4
Muito (mais de 70%)		3	4	5

14. **E se?:** Fico me fazendo perguntas do tipo "e se acontecer alguma coisa?".

EXEMPLOS: "E se eu bater o carro?" "E se eu tiver um ataque cardíaco?" "E se meu marido me deixar?"

Frequência:	Não (Não ocorreu)	Ocasional (1-2 dias durante esta semana)	Boa parte do tempo (3-5 dias durante esta semana)	Quase todo o tempo (6-7 dias durante esta semana)
Intensidade: Acreditei...	0			
Um pouco (até 30%)		1	2	3
Médio (31 a 70%)		2	3	4
Muito (mais de 70%)		3	4	5

15. **Comparações injustas:** Comparo-me com outras pessoas que parecem se sair melhor do que eu e me coloco em posição de desvantagem.

EXEMPLOS: "Meu pai sempre preferiu meu irmão mais velho porque ele é muito mais inteligente do que eu." "Não consigo suportar o fato de ela ter mais sucesso do que eu."

Frequência:	Não (Não ocorreu)	Ocasional (1-2 dias durante esta semana)	Boa parte do tempo (3-5 dias durante esta semana)	Quase todo o tempo (6-7 dias durante esta semana)
Intensidade: Acreditei...	0			
Um pouco (até 30%)		1	2	3
Médio (31 a 70%)		2	3	4
Muito (mais de 70%)		3	4	5

© 2015, *Trial-Based Cognitive Therapy*, Irismar Reis de Oliveira, Routledge

Tabela A2 Formulário da TCP (Processo I)

Por favor, descreva resumidamente a situação

1. Inquérito para revelar a acusação (crença nuclear). O que se passou em sua mente antes de começar a se sentir dessa forma? Pergunte-se o que esses pensamentos diriam sobre você mesmo(a), supondo que eles são verdadeiros. A resposta *"isso significa que eu sou..."* é a **autoacusação** (crença nuclear) revelada.	2. Alegação da promotoria. Cite todas as evidências que você tem que **apoiam** a acusação/crença nuclear identificada na coluna 1.	3. Alegação do advogado de defesa. Cite todas as evidências que você tem que **não apoiam** a acusação/crença nuclear identificada na coluna 1.	4. Segunda alegação da promotoria. Cite os pensamentos que questionam, desvalorizam ou desqualificam cada evidência positiva da coluna 3, geralmente expressos como pensamentos do tipo "Sim, mas...".	5. Segunda alegação do advogado de defesa. Copie cada pensamento da coluna 3, ligando-os com a conjunção MAS, após ler cada sentença da coluna 4. Nota: As colunas 5 e 6 são preenchidas ao mesmo tempo.	6. Significado da alegação do advogado de defesa. Cite o significado que você atribui a cada sentença da coluna 5.	7. Veredito do júri. Descreva as distorções cognitivas cometidas pela promotoria e pela defesa e dê o veredito.
Técnica da seta descendente: *Se esses pensamentos fossem verdadeiros, o que eles diriam a meu respeito?* → *Eu sou_____*	1) 2) 3) 4) 5) 6)	1) 2) 3) 4) 5) 6)	Mas... 1) 2) 3) 4) 5) 6)	Mas... 1) 2) 3) 4) 5) 6)	Isso significa que... 1) 2) 3) 4) 5) 6)	Distorções cognitivas: Promotor 1 / Defesa 1 1: / 1: 2: / 2: 3: / 3: 4: / 4: 5: / 5: 6: / 6: Promotor 2 / Defesa 2 1: / 1: 2: / 2: 3: / 3: 4: / 4: 5: / 5: 6: / 6: Veredito:
Agora, quanto (%) você acredita que é _____? Inicial: Final: Que emoção essa crença faz você sentir? Qual a intensidade (%) dessa emoção? Inicial: Final:	Agora, quanto (%) você acredita que é _____? Qual a intensidade (%) de sua/seu _____ agora? ____%	Agora, quanto (%) você acredita que é _____? Qual a intensidade (%) de sua/seu _____ agora? ____%	Agora, quanto (%) você acredita que é _____? Qual a intensidade (%) de sua/seu _____ agora? ____%		Agora, quanto (%) você acredita que é _____? Qual a intensidade (%) de sua/seu _____ agora? ____%	Agora, quanto (%) você acredita que é _____? Qual a intensidade (%) de sua/seu _____ agora? ____%

Copyright: Irismar Reis de Oliveira; www.trial-basedcognitivetherapy.com

© 2015, *Trial-Based Cognitive Therapy*, Irismar Reis de Oliveira, Routledge

Tabela A3 Preparação para o recurso (formulário para uma crença)

Nova crença nuclear positiva: Eu sou _____ (Por favor, escreva aqui ao menos uma evidência que apoie a nova crença nuclear. Além disso, escreva diariamente, no espaço entre parênteses, quanto você acredita nela).

Data (%)	Data (%)
1.	1.
2.	2.
3.	3.
Data (%)	Data (%)
1.	1.
2.	2.
3.	3.
Data (%)	Data (%)
1.	1.
2.	2.
3.	3.
Data (%)	Data (%)
1.	1.
2.	2.
3.	3.

Copyright: Irismar Reis de Oliveira; http//trial-basedcognitivetherapy.com

Tabela A4 Preparação para o recurso (formulário para duas ou mais crenças)

Crenças nucleares novas positivas. Por favor, escreva ao menos uma evidência que apoie as novas crenças nucleares. Registre também quanto você acredita nelas (%) diariamente. Observe que uma evidência pode apoiar uma ou mais novas crenças nucleares.

Data	Crença 1		Crença 2		Data	Crença 1		Crença 2	
		(%)		(%)			(%)		(%)
.../.../...	1. 2. 3.		1. 2. 3.		.../.../...	1. 2. 3.		1. 2. 3.	
		(%)		(%)			(%)		(%)
.../.../...	1. 2. 3.		1. 2. 3.		.../.../...	1. 2. 3.		1. 2. 3.	
		(%)		(%)			(%)		(%)
.../.../...	1. 2. 3.		1. 2. 3.		.../.../...	1. 2. 3.		1. 2. 3.	
		(%)		(%)			(%)		(%)
.../.../...	1. 2. 3.		1. 2. 3.		.../.../...	1. 2. 3.		1. 2. 3.	

Copyright: Irismar Reis de Oliveira; http//trial-basedcognitivetherapy.com

Tabela A5 Preparação para o recurso (formulário para três ou mais crenças)

Crenças nucleares positivas novas. Por favor, escreva ao menos uma evidência que apoie as novas crenças nucleares. Registre também quanto você acredita nelas (%) diariamente. Observe que uma evidência pode apoiar uma ou mais novas crenças nucleares.

Data	Crença 1:		Crença 2		Crença 3:		Crença 4	
.../.../....	1. 2. 3.	(%)	1. 2. 3.	(%)	1. 2. 3.	(%)	1. 2. 3.	(%)
.../.../....	1. 2. 3.	(%)	1. 2. 3.	(%)	1. 2. 3.	(%)	1. 2. 3.	(%)
.../.../....	1. 2. 3.	(%)	1. 2. 3.	(%)	1. 2. 3.	(%)	1. 2. 3.	(%)
.../.../....	1. 2. 3.	(%)	1. 2. 3.	(%)	1. 2. 3.	(%)	1. 2. 3.	(%)

© 2015, *Trial-Based Cognitive Therapy*, Irismar Reis de Oliveira, Routledge

Tabela A6 Grade de participação

Eu acredito _____ **% que sou culpado por** _____

Avaliação da participação	Primeira avaliação	Segunda avaliação	Terceira avaliação	Quarta avaliação	Quinta avaliação
Eu					
Porcentagem total	100	100	100	100	100

Eu acredito ____ **% que sou culpado por** _____.

Copyright: Irismar Reis de Oliveira; http//trial-basedcognitivetherapy.com

REFERÊNCIAS

Alford B.A., & Beck, A.T. (1997). *The integrative power of cognitive therapy* . New York: Guilford.

Beck, A.T. (1979). *Cognitive therapy and the emotional disorders*. New York: Meridian.

Beck, A.T., Epstein, N., Brown, G., & Steer, R. A. (1988). An inventory for measuring clinical anxiety: Psychometric properties. *Journal of Consulting and Clinical Psychology, 56,* 893–897.

Beck, A.T., Rush, A.J., Shaw, B.F., & Emery, G. (1979). *Cognitive therapy of depression*. New York: Guilford.

Beck, J.S. (2012). *Cognitive therapy: Basics and beyond*. 2nd ed. New York: Guilford Press.

Bennett-Levy, J., Westbrook, D., Fennell, M., Cooper, M., Rouf, K., and Hackmann, A. (2004). Behavioural experiments: Historical and conceptual underpinnings. In J. Bennett-Levy, G. Butler, M. Fennell, A. Hackmann, M. Mueller, & D. Westbrook (Eds.), *Oxford guide to behavioural experiments in cognitive therapy* (pp. 1–20). New York: Oxford University Press.

Burns, D.D. (1980). *Feeling good: The new mood therapy*. New York: Signet.

Carstenson, B. (1955). The auxiliary chair technique—a case study. *Group Psychotherapy, 8,* 50–56.

Cromarty, P., & Marks, I. (1995). Does rational role-play enhance the outcome of exposure therapy in dysmorphophobia? A case study. *British Journal of Psychiatry, 167,* 399–402.

de Oliveira, I.R. (2007). Sentence-reversion-based thought record (SRBTR): A new strategy to deal with "yes, but . . . " dysfunctional thoughts in cognitive therapy. *European Review of Applied Psychology, 57,* 17–22.

de Oliveira, I.R. (2008). Trial-Based Thought Record (TBTR): Preliminary data on a strategy to deal with core beliefs by combining sentence reversion and the use of analogy with a judicial process. *Jornal Brasileiro de Psiquiatria, 30,* 12–18.

de Oliveira, I. R. (2011a). *Downward/upward arrow: Accepted entry in Common Language for Psychotherapy Procedures.* Retrieved August 7, 2011, from www. commonlanguagepsychotherapy.org.

de Oliveira, I.R. (2011b). Kafka's trial dilemma: Proposal of a practical solution to Joseph K.'s unknown accusation. *Medical Hypotheses, 77,* 5–6.

de Oliveira, I. R. (2011c). *Trial-based thought record: Accepted entry in Common Language for Psychotherapy Procedures.* Retrieved August 7, 2011, from www. commonlanguagepsychotherapy.org.

de Oliveira, I.R. (2012a). Assessing and restructuring dysfunctional cognitions. In I.R. de Oliveira (Ed.), *Standard and innovative strategies in cognitive behavior therapy* (pp. 3–16). Rijeka: Intech.

de Oliveira, I.R. (2012b). Use of the trial-based thought record to change negative core beliefs. In I.R. de Oliveira (Ed.), *Standard and innovative strategies in cognitive behavior therapy* (pp. 35–60). Rijeka: Intech.

de Oliveira, I.R. (2014). Trial-based therapy (TBT): A new cognitive-behavior therapy approach. In I.R. de Oliveira, T. Schwartz, & S.M. Stahl (Eds.), *Integrating psychotherapy and psychopharmacology: A handbook for clinicians* (pp. 24–65). New York: Routledge.

de Oliveira, I.R., Bonfim, T.D., Duran, E.P., Penido, M.A., Matsumoto, L.S., Coutinho, F., & Velasquez, M.L. (2013, November 13–16). *Changing negative core beliefs with the trial-based thought record: A randomized study.* Poster presented at NEI Global Psychopharmacology Congress, Colorado Springs.

de Oliveira, I. R., Duran, E. P., & Velasquez, M. (2012, October 18–21). *A transdiagnostic observation of the efficacy of the trial-based thought record in changing negative core beliefs and reducing self-criticism.* Poster presented at NEI Global Psychopharmacology Congress, San Diego.

de Oliveira, I.R., Hemmany, C., Powell, V.B., Bonfim, T.D., Duran, E.P., Novais, N., . . . Cesnik, J.A. (2012). Trial-based psychotherapy and the efficacy of trial-based thought record in changing unhelpful core beliefs and reducing self-criticism. *CNS Spectrums, 17*, 16–23.

de Oliveira, I. R., Osório, F.L., Sudak, D., Abreu, J.N., Crippa, J.A.S., Powell, V.B., Landeiro, F., & Wenzel, A. (2011, November 10–13). *Initial psychometric properties of the Cognitive Distortions Questionnaire (CD-Quest).* Presented at the 45th Annual Meeting of the Association for Behavioral and Cognitive Therapies (ABCT), Toronto.

de Oliveira, I. R., Powell,V.B.,Wenzel,A., Caldas, M., Seixas, C.,Almeida, C., . . . Sudak, D. (2012). Efficacy of the trial-based thought record, a new cognitive therapy strategy designed to change core beliefs, in social phobia. *Journal of Clinical Pharmacy and Therapeutics, 37*(3), 328–334.

Freeman, A., & DeWolf, R. (1992). *The 10 dumbest mistakes smart people make and how to avoid them.* New York: HarperPerennial.

Greenberger D., & Padesky, C.A. (1995). *Mind over mood.* New York: Guilford.

Kafka, F. (1966). *Letter to his father.* New York: Schocken.

Kafka, F. (1998). *The trial.* New York: Schocken. (Original work published 1925)

Kuyken,W., Fothergill, C.D., Musa, M., & Chadwick, P. (2005). The reliability and quality of cognitive case formulation. *Behaviour Research and Therapy, 43*, 1187–1201.

Leahy, R.L. (2003). *Cognitive therapy techniques: A practitioner's guide.* New York: Guilford. Leahy, R.L., Tirch, D., & Napolitano, L.A. (2011). *Emotion regulation in psychotherapy.* New York: Guilford.

Liebowitz, M. R. (1987). Social phobia. *Modern Problems in Pharmacopsychiatry, 22,* 141–173.

Messer, S.B. (1992).A critical examination of belief structures in interpretive and eclectic psychotherapy. In J.C. Narcross & M.R. Goldfried (Eds.), *Handbook of psychotherapy integration* (pp. 130–165). New York: Basic Books.

Padesky, C. (2004). Behavioural experiments: At the crossroads. In J. Bennett-Levy, G. Butler, M. Fennell, A. Hackmann, M. Mueller, & D. Westbrook (Eds.), *Oxford guide to behavioural experiments in cognitive therapy* (pp. 433–438). New York: Oxford University Press.

Powell, V.B., de Oliveira, O.H., Seixas, C., Almeida, C., Grangeon, M.C., Caldas, . . . de Oliveira, I.R. (2013). Changing core beliefs with trial-based therapy may improve quality of life in social phobia: A randomized study. *Revista Brasileira de Psiquiatria, 35*(3).

Stach, R. (2005). *Kafka: The decisive years.* New York: Harcourt.

Watson, D., & Friend, R. (1969). Measurement of social-evaluative anxiety. *Journal of Consulting and Clinical Psychology, 33,* 448–457.

Wells, A. (2009). *Metacognitive therapy of anxiety and depression.* New York: Guilford.

Wenzel, A. (2012). Modification of core beliefs in cognitive therapy. In I.R. de Oliveira (Ed.), *Standard and innovative strategies in cognitive behavior therapy* (pp. 17–34). Rijeka: Intech.

ÍNDICE

abordagem da cadeira vazia 2, 71-72, 81-85, 92-93
abordagem integrativa assimilativa 4, 189
abstração seletiva 33-34, 208-209
afirmações do tipo "deveria" 35, 210
afirmações do tipo "não devia" 35, 210
ambivalência 64, 70-72, 81-85
ampliação/minimização 33, 208
ansiedade 7-8
apresentação 139-140; quadro da TCP para 141-142
autoacusação 1, 92-93, 103-105
avaliação e participação, baseada no processo (Processo III) 185-187
avaliações 8
avaliações alternativas 8
avaliações de primeiro nível *ver* pensamentos automáticos (PAs)
avaliando 71-72, 84-85

BAI (Inventário de Ansiedade de Beck) 3, 27
BDI (Inventário de Depressão de Beck) 27
Beck, Aaron 1, 43-44; *Cognitive Therapy: Basics and Beyond* 6
Beck, Judith 7

Carta ao Pai: Kafka, Franz 1
carta assertiva ao promotor 136-137
catastrofização 31-32, 206
CD-Quest *ver* Questionário de distorções cognitivas (CD-Quest)
CMBP (consciência metacognitiva baseada no processo) (Processo II) 4, 101-102, 159-171
CNs incondicionais 8
CNs *ver* crenças nucleares
cognição, terceiro nível de 92-95
cognições 5-6, 43
cognições exageradas 43

cognições tendenciosas 43
Cognitive Therapy: Basics and Beyond: Beck 6
comparações 37
comparações injustas 37, 212
comportamentos de segurança 8, 64-66, 70
comportamentos do tipo "se-então" 65
comportamentos inadaptativos 27
conceituação *ver* diagrama de conceituação cognitiva (DCC)
conclusões precipitadas 35-36, 210-212
consciência 5
consciência explícita 5
consciência implícita 5
consciência metacognitiva (Processo II) *ver* consciência metacognitiva baseada no processo (Processo II)
consciência metacognitiva baseada no processo (CMBP) (Processo II) 4, 101-102, 159-171; definida 160-162; diálogo de ilustração de caso 163-169; explicando 162-164, 169-171; *feedback* 169-170; inquérito 161; tarefa de casa 170-171
consenso 71-72
crenças inúteis 1
crenças nucleares (CNs) 1, 5, 7-8, 92-93, 104-105, 129-136; múltiplas negativas 139-158; positivas 155; *ver também* segunda crença nuclear, modificando com Processo I
crenças nucleares disfuncionais *ver* crenças nucleares (CNs)
crenças nucleares negativas, modificando com o Processo I 91-117, 139-158; definidas 92-93; descrição da técnica 96-102; diagrama de conceituação cognitiva (DCC) 94-95; diálogo de ilustração de caso 101-104, 101-115; e o

terceiro nível de cognição 92-95; folha de trabalho 116; formulário de TCP 98; múltiplas 139-158; obstáculos a 100-102; posição das cadeiras durante 93; segunda crença nuclear 129-133
culpar 36, 211-212

DCC (diagrama de conceituação cognitiva) 7-9
de Oliveira, Irismar Reis: *Standard and Innovative Strategies in Cognitive Behavior Therapy* 6
declarações do tipo "sim, mas... " 44, 97
definindo a agenda 38-40, 53-59, 75-77, 102-114, 163-165
definindo metas 17-19
desafios de gênero 4
desqualificando aspectos positivos 32, 207
desvantagens, identificando 71-72, 81-82
"deveria" (afirmações do tipo)35, 210
diagrama de conceituação cognitiva (DCC) 7-9, 18-24, 64-65, 94-95, 114-115
diagramas e formulários para uso do paciente 191-204
diálogos de ilustração de caso 12-17, 38-42, 52-54, 73-87, 101-115, 120-122, 131-133, 137, 140-158, 163-169, 176-180, 186-189
distorções cognitivas 12-16, 27-43; apresentando 24-26; definições e exemplos 13-15

Ellis, Albert 1
Emery, G. 43
emoções 1-3, 71-72, 81-85
erros de pensamento *ver* distorções cognitivas
Escala de Ansiedade Social de Liebowitz (LSAS) 3
Escala de Medo de Avaliação Negativa (FNE) 3
esquemas 5
eu racional 71-72, 81-85
experimentos comportamentais 64, 70
exposição, apresentando 69

filtro mental 33-34, 208-209
FNE (Escala de Medo de Avaliação Negativa) 3

fobia social 12-16
forma de recurso no Processo I 119-127, 135-137; definindo a agenda 121-126; diálogo de ilustração de caso 120-122, 137-139; e modificando uma segunda crença nuclear 135-137; explicando 119-121, 135-137; folha de trabalho 127; questionários e tarefa de casa 121-122; tarefa de casa 125-127
formato estático 2
formulação de caso 6-8, 101-115
formulários e diagramas para uso do paciente 191-204

grade de participação 217
Greenberger, D. 43

Hierarquia de Sintomas Codificados por Cores (HSCC) 64-68, 77-81
HSCC *ver* Hierarquia de Sintomas Codificados por Cores

inferência arbitrária 35-36, 210-212
informações interpessoais 5
inquérito, Processo I 96, 102-105
instrumentos de autorrelato 27-28
Inventário de Ansiedade de Beck (BAI) 3, 27
Inventário de Depressão de Beck (BDI) 27

Kafka, Franz 92-93; *Carta ao Pai* 1; *O processo* 1, 92-93

leitura mental 34, 209
LSAS (Escala de Ansiedade Social de Liebowitz) 3

mente racional, 64
metáfora do barco à vela 173-183
metáforas 160, 162, 173-171
minimização/ampliação 33, 208
modelo cognitivo 5-26; apresentando a terapia 5-6, 12-17; conceituação 6-8, 18-24; definindo metas 17-19; diálogo de ilustração de caso 12-17; distorções 12-16, 24-26; e influências recíprocas 6;

explicando 8-12; identificação de problemas 16-18; tarefa de casa 25-26
múltiplas crenças nucleares negativas 139-158;

níveis de consciência 5; *ver também* consciência metacognitiva baseada no processo (CMBP) (Processo II)
níveis de processamento de informações 5, 7
níveis não conscientes 5

pacientes com transtorno da personalidade 4
Padesky, C. A. 43
PAs (pensamentos automáticos) 5, 7-8, 43-61
PAs negativos 12-16
pensamento dicotômico 12-16, 24-25, 28, 30-31, 40-41, 108-109, 150-153, 205-206
pensamento do tipo "tudo ou nada" 24-25, 28, 30-31
pensamento em "preto e branco" 24-25, 28, 30-31
pensamento polarizado 28, 30-31, 205-206
pensamentos automáticos (PAs) 5, 7-8, 43-61
pensamentos automáticos disfuncionais 43-61; agenda 53-59; diálogo de ilustração de caso 52-54; Registro de Pensamento Intrapessoal (RP-Intra) 44-49; tarefa de casa 53-55, 59-61
pensamentos que surgem em diferentes situações 1
perguntas do tipo "e se" 36, 211-212
personalização 35, 210
planos de ação 72-76, 85-86-87, 201
pontuações de sintomas de TOC 67, 68
preparando um recurso no Processo I 99, 111-114, 214-216
pressupostos subjacentes (PSs) 5, 7-8, 63-89; agenda e tarefa de casa 75-81; desafios de gênero 4; Diagrama de Conceituação Cognitiva da TCP 64-65; diagramas de conceituação 65; duração do tratamento 3-4; educação do paciente sobre 6; Hierarquia de Sintomas Codificados por Cores (HSCC) 65-68; ilustração de caso 73-75; introdução à exposição 68;

pesquisa 2-3; Registro de Pensamento Intrapessoal (RP-Intra) 45-47, 50-51, 56; revisão de questionários 76-78; *Role-Play* consensual (RPC) 70-74, 79-87; tarefa de casa 88-89
prevenção de recaída 176-180
previsão do futuro 31-32, 206, 207
problemas, identificando 16-18
problemas apresentados 6
Processo, O (Kafka) 1, 92-93
Processo I *ver* crenças nucleares negativas, mudando com o Processo I
Processo II *ver* consciência metacognitiva baseada em processo (CMBP) (Processo II)
Processo III *ver* avaliação de participação baseada no processo (Processo III)
programação das sessões 189
psicoeducação 2
PSs *ver* pressupostos subjacentes

QPA (Questionário de Pensamentos Automáticos) 27
Questionário de distorções cognitivas (CD-Quest) 27-42; apresentando 39-41; explicando 28-29; lista 202-100
Questionário de Pensamentos Automáticos (QPA) 27-29
questionários, revisando 39-40, 53-55, 76-78, 102-103

raciocínio emocional 32, 207
razão 71-72
registro de pensamento baseado no processo (RPBP) 1-4; *ver também* crenças nucleares negativas, mudando com o Processo I
Registro de Pensamento Disfuncional (RPD) 43-44
Registro de Pensamento Interpessoal (RP-Inter) 49-53
Registro de Pensamento Intrapessoal (RP-Intra) 44-49, 55-59
regras condicionais 8
relaxamento e a metáfora do barco à vela 173-171; diagramas de conceituação 181-183; diálogo de ilustração de caso 174-180; explicando 173-174

remissão de sintomas 65
replicação trans-diagnóstica 2
resumindo sessões 25-26, 41-42, 59-61, 88-89, 114-115
revisão 71-72, 84-85, 169-170
Role-play Consensual (RPC) 64, 70-74, 79-87
rotulação 33, 208
RPBP ver registro de pensamento baseado no processo (RPBP)
RPC ver Role-play Consensual
RPD (Registro de Pensamento Disfuncional) 43-44
RP-Inter (Registro de Pensamento Interpessoal) 49-53
RP-Intra (Registro de Pensamento Intrapessoal) 44-49, 55-59
Rush, A. J. 43

segunda crença nuclear, modificando com o Processo I 129-137; atribuindo a tarefa de casa 132-133; convocando testemunhas 130-132; diálogo de ilustração de caso 131-132; explicando 129-131; formulário de preparação para o recurso 133
sessões de conclusão 25-26, 41-42, 55-61, 88-89, 115-117, 157-158, 170-171
Shaw, B. F. 43
si mesmo 1
sintomas ver Hierarquia de Sintomas Codificados por Cores (HSCC)
Standard and Innovative Strategies in Cognitive Behavior Therapy (de Oliveira) 6
supergeneralização 34, 209

tarefa de casa 137, 170-171; atribuindo 41-42, 59-61, 88-89, 112-114, 125-126, 132, 137, 170-171; planejando 25-26; revisando 39-40, 53-55, 75-77, 121-122

TAS (transtorno de ansiedade social) 2
TC (terapia cognitiva) 1
TCC (terapia cognitivo-comportamental) 1, 6
TCP ver terapia cognitiva processual (TCP)
técnica da reversão de pensamento 92-93
técnica da seta ascendente 92-93
técnica da seta descendente 92-93, 96
técnica do advogado de defesa, Processo I 92-93, 96-97, 104-109, 145-150
técnica do esquema positivo 92-93
técnica do exame de evidências 92-93
técnica do promotor, Processo I 96-97, 103-107, 121-124; carta ao 136-137; e múltiplas crenças nucleares 144-149
técnica dos diários de autoafirmações positivas 92-93
técnicas 1-2, 189-190
terapia, introdução à 5-6
terapia cognitiva (TC) 1
terapia cognitiva processual (TCP) 1; diagramas de conceituação 7, 9, 11-12, 23-24; formulário a ser preenchido 213-213; pesquisa 2-3; tratamento 3-4
terapia cognitivo-comportamental (TCC) 1, 6
tomada de decisões 70-72, 79-87
transtorno de ansiedade social (TAS) 2
tratamento antidepressivo 73-76
"tudo ou nada" 30

Universidade Federal da Bahia 1

vantagens, identificando 71-72, 81-82
veredito do júri, Processo I 97, 108-112, 124-125, 149-154, 162, 168-169; *ver também* consciência metacognitiva baseada no processo (Processo II)
visão em túnel 33-34, 208-209
voz interna 71-72